劳动争议风险预警

刘业林 著

中国工人出版社

图书在版编目（CIP）数据

劳动争议风险预警 / 刘业林著. —北京：中国工人出版社，2023.3
ISBN 978-7-5008-8124-7

Ⅰ.①劳… Ⅱ.①刘… Ⅲ.①劳动争议—劳动法—研究—中国 Ⅳ.①D922.591.4

中国国家版本馆CIP数据核字（2023）第048611号

劳动争议风险预警

出 版 人	董　宽
责任编辑	赵晨羽
责任校对	张　彦
责任印制	栾征宇
出版发行	中国工人出版社
地　　址	北京市东城区鼓楼外大街45号　邮编：100120
网　　址	http://www.wp-china.com
电　　话	（010）62005043（总编室）　（010）62005039（印制管理中心） （010）62382916（工会与劳动关系分社）
发行热线	（010）82029051　62383056
经　　销	各地书店
印　　刷	北京市密东印刷有限公司
开　　本	700毫米×1000毫米　1/16
印　　张	16.75
字　　数	240千字
版　　次	2023年5月第1版　2025年11月第4次印刷
定　　价	52.00元

CONTENTS

目　录

第三部分

用人单位掉过的那些“坑”

PART 01

第一部分

劳动争议的那些风险“点”

劳动合同是劳动者维权的“护身符”

风险预警 1　再急于找工作，这五类有问题合同也不能签

每当求职的高峰时段，招聘会上劳动者爆棚的场景就成为常态。值此时节，少数用人单位利用劳动者求职心切、劳动法律知识欠缺的弱势境遇，在签订劳动合同时玩弄伎俩、设置陷阱，侵害劳动者的合法权益。在对近年来涉及劳动合同的劳动争议进行充分梳理的基础上，本书提醒广大求职者要睁大眼睛、小心提防，五大类“有问题”的劳动合同千万不能签，避免掉入用人单位故意设置的合同陷阱。

问题合同一：签订试用合同

侵权表现：少数用人单位为了规避法律，与试用期员工约定“先试用，后签劳动合同”，或者签订单独的试用合同，转正之后才签正式合同。现实常常是试用期即将结束，劳动者也会被单位以种种理由“炒”了。

维权提示：《中华人民共和国劳动合同法》[①]规定，不管劳动合同双方当事人订立的是固定期劳动合同，还是无固定期劳动合同，如果约定了试用期，劳动合同期限的前一段期间（根据合同期限长短，可能是一个月、两个月或者六个月）就是试用期，试用期包括在整个劳动合同期限里。也就是说，在

① 本书中简称《劳动合同法》，为行文简洁，其他法律一般也省略“中华人民共和国”。

签订正式劳动合同之后，双方才可以约定试用期，而不是在试用期满后再签订劳动合同，更不存在所谓的单独的“试用合同”。

问题合同二：签订霸王合同

侵权表现：少数用人单位持有“你不干总有人干”的强势心态，在合同中设置一些霸王条款，如“入职一年内不结婚、不怀孕”“单位可以根据生产经营需要随时调整员工的工作岗位”“必须无条件服从单位的加班要求”，用强行约定排除劳动者的法定权利。

维权提示：劳动合同订立需要遵循的重要原则就是合法有效、平等自愿、协商一致。依据《劳动合同法》第二十六条的规定，霸王条款常常属于无效条款。用人单位以霸王条款来约束劳动者，或者劳动者触犯霸王条款引发劳动争议时，劳动者可以主张霸王条款无效，并积极运用法律手段维护自身的合法权益。

问题合同三：签订空白合同

侵权表现：少数用人单位利用劳动合同的格式化填写特点，让职工在空白合同上签字，单位单方保存劳动合同文本。一旦双方发生纠纷，少数用人单位就会在劳动合同上原有的空白处补填有利于单位胜诉的内容，导致诉讼双方对劳动合同的真实性发生重大分歧。

维权提示：根据《劳动合同法》第十七条的规定，劳动合同期限、工作内容、工作地点、工作时间、休息休假、劳动报酬等九个方面属于劳动合同的必备条款，空白合同属于法律法规禁止签订的合同。劳动者在签订劳动合同时，千万要看清条款，仔细查看合同文本的内容是否完整、有无缺项或空白、起止日期是否明确等，千万不要在单位提供的空白合同上签字，以免被不法用人单位利用。只有当其合同内容与自己的意思表示一致，再履行签字手续，并坚持保留一份劳动合同原件。

问题合同四：签订阴阳合同

侵权表现：一些用人单位为了应付劳动保障部门检查，准备了两份合同，一份是按照劳动保障部门的要求，用规范的文本签订，用来应付检查的假合同（即“阳合同”），实际上并不执行；另一份是用人单位从自身利益出发拟订的不规范、不合法的真合同（即“阴合同”），用以约束劳动者，实际执行。

维权提示：阴阳合同严重侵害了劳动者的合法权益，劳动者自救的办法十分简单，就是紧紧地抓住阳合同。用人单位自以为阴合同是真合同，但阴合同终究见不得阳光，一旦发生劳动争议打起官司来，阴合同终将因为没有充分的法律依据而不具有法律效力。劳动者只要将阳合同紧紧地抓在手中，高擎维权利剑，就必定能够打赢官司，违规用人单位最终只能是搬起石头砸自己的脚。

问题合同五：签订生死合同

侵权表现：少数用人单位为了逃避责任，在劳动合同中约定“发生工伤事故概不负责”“出现伤病自理，如有意外企业概不负责”等内容，妄图以约定条款逃避责任。

维权提示：根据《社会保险法》《劳动合同法》等法律法规的规定，用人单位免除自己法定责任的“生死伤病自理”条款是无效条款。劳动者只要被认定为工伤，工作期间发生的病、伤、残、亡等情形，用人单位都要承担相应的法定责任。但是，对于劳动者来说，切不可抱有侥幸心理，最好将“生死合同”拒之门外，切莫将生命置于险境。即使被逼签订了此类合同，发生了工伤事故，劳动者也不能自认倒霉，仍可依法主张自己的合法权益。

特别提示：签订劳动合同是一件极为认真、严肃的事，从法律的角度分析，劳动合同属于法律文书，一经签订，即对劳动关系双方产生法律约束力。因此，广大劳动者在签订劳动合同时，一定要认真行使劳动合同签订权利，看清楚每一个条款，问清楚每一个不明白之处，遇到不懂的要向专业人士咨询，在不能确定全部劳动合同内容的情况下，绝不要轻易签上自己的名字，否则很可能会为此承担极大的利益风险，并大大增加后期维权的难度。

风险预警 2　劳动合同中的“霸王条款”无效

劳动合同本来是保护劳动者和用人单位双方利益的重要法律文书，可在现实生活中，少数用人单位利用自身的强势地位，在劳动合同中夹藏私货，设置了一些“霸王条款”，但是让用人单位大失所望的是，劳动合同中违法设置的“霸王条款”无效。经过对多年来劳动争议案件的梳理，可将劳动合同中的“霸王条款”分为以下五个方面：

霸王条款一：违法约定收取押金或扣押有关证件

少数用人单位利用劳动者求职心切的心理，在劳动合同中要求职工提供担保或者以定金、保证金、服务费、培训费等名义向劳动者收取押金，或是扣押职工的身份证、学历证、暂住证等其他能证明职工身份的个人证件，防止职工不辞而别。

根据《劳动合同法》等法律法规，以任何形式向职工收取定金、保证金（物）和抵押金（物），都属于违法行为，职工有权拒绝。如果已被收取押金或扣押证件，职工有权在进入用人单位后随时要求予以返还。

霸王条款二：单方约定职工伤、病、残、亡一切自理

为了逃避自己的法定责任，少数用人单位在合同中约定工作中出现伤、病、残、亡等现象，企业概不负责。这类企业大多集中在建筑、化工、机械等工伤事故多发行业。

我国工伤保险赔偿遵循无过错责任原则，根据《工伤保险条例》等法律法规，只要不是由劳动者本人故意行为所致，如发生工伤事故，不论职工是否存在过错，无论造成伤害的责任在谁，都应该按照规定标准对其进行伤害补偿。

霸王条款三：限制离职，向违约离职职工收取违约金

一些用人单位在合同中约定，如果劳动者没有履行完劳动合同提前离职，要支付违约金。根据《劳动法》《劳动合同法》规定，劳动者享受自由离职权，合同虽未履行完毕，职工只要提前三十日以书面形式通知用人单位，就可以解除劳动合同；在试用期内只需要提前三日通知用人单位，就可以解除劳动合同。法律规定只有两种情况下，用人单位可收取违约金：一是公司支付培训费用并约定了服务期限，职工在约定的服务期内主动离职的；二是违反了竞业限制责任的。

霸王条款四：对女职工结婚生育提出年龄、年限等限制条件

一些女职工相对集中的单位，出于对自身生产经营的考虑，会在劳动合同中规定女职工需要工作多少年、达到多少岁方可结婚、生育。

《就业服务与就业管理规定》明确要求，用人单位录用女职工时，不得在劳动合同中规定限制女职工结婚、生育的内容。用人单位在招用人员时，除国家规定的不适合妇女从事的工种或者岗位外，不得以性别为由拒绝录用妇女或者提高对妇女的录用标准。

霸王条款五：要求职工无条件服从单位加班要求

一些用人单位为了满足自身生产进度的要求，在劳动合同中对加班加点做出强制性规定，要求凡是加班加点，职工都要无条件服从，否则就做旷工处理或者给以罚款。

根据《劳动法》规定，用人单位由于生产经营需要，要事先与工会和劳动者协商后，才可以延长工作时间，一般每日不得超过一小时；因特殊原因需要延长工作时间的，在保障劳动者身体健康的条件下延长工作时间每日不得超过三小时，但是每月不得超过三十六小时。

特别提示：劳动合同不是用人单位一方说了算，订立劳动合同，应当遵循平等自愿、协商一致的原则。《劳动合同法》规定，以欺诈、胁迫的手段或者乘人之危，使对方在违背真实意思的情况下订立或者变更劳动合同的；用人单位免除自己的法定责任、排除劳动者权利的；以及违反法律、行政法规强制性规定的，都属于无效劳动合同。劳动合同部分无效，不影响其他部分效力的，其他部分仍然有效。劳动合同中强行设置的霸王条款，基本上都属于法律法规规定的无效条款。如果劳动者遭遇霸王条款，用人单位以此来约束劳动者，或者劳动者触犯霸王条款引发劳动争议，劳动者可拿起法律武器，依法主张劳动合同中的霸王条款无效，劳动者的合法主张将会得到法律的支持。

试用期不是用人单位肆意作为的“随意期”

风险预警 3 新进员工谨防试用期“六大陷阱”

不少用人单位利用就业形势严峻，劳动者求职心切又缺少必要的维权知识，在试用期上玩起了花样，故意设置一些违反法律法规的条款，规避自身的责任和义务，侵犯劳动者的合法权益。新进员工要特别谨防试用期“六大陷阱”，在深入了解的基础上严加防范。

陷阱一：试用合格再签订劳动合同

先试用再签订劳动合同，一般有试用阶段不签订劳动合同、仅仅签订试用期合同、同时签订试用期合同和劳动合同等表现形式。

根据《劳动合同法》第十九条第四款规定：“试用期包含在劳动合同期限内。劳动合同仅约定试用期的，试用期不成立，该期限为劳动合同期限。”也就是说，试用期是依附于劳动合同、以劳动合同为前提条件的，没有劳动合同就没有试用期条款，不存在单独的“试用期合同”。不仅如此，在试用期，如果用人单位不签订书面劳动合同超过一个月的，劳动者还可以依据《劳动合同法》第八十二条的规定，主张双倍工资补偿。

陷阱二：试用期过长或与签订的劳动合同期限不符

不少用人单位规定的试用期限过长，或者随意确定试用期限，如有的单位仅与劳动者签订一年期劳动合同，但是试用期也长达 6 个月。

《劳动合同法》采用把试用期与合同期限相挂钩的制度，规定：“劳动合同期限3个月以上不满1年的，试用期不得超过1个月；劳动合同期限1年以上不满3年的，试用期不得超过2个月；3年以上固定期限和无固定期限的劳动合同，试用期不得超过6个月。”也就是说，试用期的长短与劳动合同期限有一种对应关系。如果劳动合同试用期的约定超过了法律规定的期限，劳动者可以要求变更相应的劳动合同期限，也可以要求用人单位对超过部分按照非试用期工资标准支付工资。除此以外，依据《劳动合同法》第八十三条的规定，劳动者还有权要求用人单位以试用期满后月工资为标准，按已经履行的超过法定试用期的期间向劳动者支付赔偿金。

陷阱三：擅自延长试用期或多次试用

一些用人单位认为试用期就是考察期，往往在第一次试用期快要结束时，以时间太短、考察不全面、还需继续努力为由，对原来的试用期进行延长或与劳动者重新约定一个或者多个试用期。

《劳动合同法》第十九条第二款规定：“同一用人单位与同一劳动者只能约定一次试用期。”也就是说，用人单位不得以任何理由与劳动者重复约定试用期，也不得对原来约定的试用期进行延长。如果单位在一次试用期的合理时间内依然不能判断劳动者是否能胜任工作，就应该承担由此而带来的风险。

陷阱四：试用期工资低于最低工资

一些用人单位把试用期职工当作“价廉物美”的劳动力，试用期工资常常低于最低工资标准，甚至还出现“零工资”试用的情形。

《劳动合同法》第二十条规定：“劳动者在试用期的工资不得低于本单位相同岗位最低档工资或者劳动合同约定工资的百分之八十，并不得低于用人单位所在地的最低工资标准。”劳动者在试用期内的工资权益受最低工资标准和相同岗位最低档工资或者劳动合同约定工资的80%的双重保护，用人单位不得肆意减少试用期职工工资，试用期既不是“廉价期”，也不是“白用期”。

陷阱五：试用期内不为职工缴纳社会保险

一些用人单位为降低用工成本，往往以试用期不包含在劳动合同期限中，或以试用期满再说为由，不给劳动者办理社会保险，劳动者往往不懂或不敢提出异议。

根据《劳动合同法》《社会保险法》等法律规定，劳动关系自用工之日起建立，在试用期间，用人单位和劳动者同样存在劳动关系，劳动者享受包括社会保险权在内的所有劳动权利，不能因为劳动者的试用期身份而加以限制或与其他劳动者区别对待。此外，社会保险是国家实施的一项强制性的保险制度，依法缴纳社会保险是用人单位和劳动者的法定义务，不因任何一方的意思改变而改变。因此，不管是用人单位和劳动者私下约定免缴社会保险，还是用人单位以商业保险取代社会保险，都是违法的，也是无效的。

陷阱六：试用期内随意辞退职工

一些用人单位认为，既然是试用，用人单位在试用期内可以无条件、随心所欲地解除劳动合同，有的单位甚至走马灯似的更换试用人员。很多职工也认为这是理所当然的事情，自己的合法权益受到了损害还蒙在鼓里。

根据《劳动合同法》第二十一条规定，在试用期，除劳动者有本法第三十九条和第四十条第一项、第二项规定的情形外，用人单位不得解除劳动合同。用人单位在试用期解除劳动合同的，应当向劳动者说明理由。也就是说，解除试用期员工，也需要用人单位证明劳动者存在不符合录用条件、严重违纪、严重失职、劳动合同无效等法定解除情形，才能依法解除试用期职工。试用期最常见的解除理由就是：不符合录用条件，但需要用人单位有证据证明劳动者不符合录用条件，如果不能证明就随意解除，就属于违法解除劳动合同，劳动者有权依法要求用人单位支付赔偿金。

特别提示：广大劳动者要深入了解和掌握《劳动法》《劳动合同法》等法律法规关于试用期制度的各种规定，借用法律的“慧眼”，辨别试用期条款中的暗道与陷阱，防止用人单位滥用试用期制度。同时，还要注意保留相关证据，一旦发现自己的权益受损，如试用期工资过低、不缴纳社会保险费、违规延长试用期等，要及时向劳动监察部门举报或提起劳动仲裁和诉讼，运用法律武器来依法维护自己的合法权益。

加班争议，是热点，也是难点

风险预警 4　谨防用人单位逃避加班费的“四大歪招”

每当长假过后，加班工资都会成为劳动争议或信访咨询的热点问题。用人单位安排劳动者加班，理应依法支付加班工资，可不少用人单位却想出种种办法来逃避。广大劳动者要加倍小心，谨防用人单位逃避加班费的“四大歪招”。

根据《劳动法》等法律法规，用人单位安排劳动者工作日延长工作时间的，要按照不低于劳动者本人工资或依法约定的加班工资基数的 150% 支付加班工资；安排休息日工作又不能在六个月之内安排同等时间补休的，要按照不低于劳动者本人工资或依法约定的加班工资基数的 200% 支付加班工资；安排法定休假日工作的，要按照不低于劳动者本人工资或依法约定的加班工资基数的 300% 支付加班工资。广大劳动者要睁大眼睛，识别用人单位逃避加班费的种种“歪招”。

“歪招”一：用发实物或过节费代替加班工资。有的单位安排职工在法定节假日加班，用发放诸如月饼、粽子、食用油等过节礼品或者过节费来代替加班工资。

过节发实物或节日费，都是因节日而发，无须劳动者提供额外工作，属于过节福利；而加班工资是对劳动者牺牲节假日坚守岗位的专项补偿，属于劳动报酬，必须以货币形式给付。因此，安排职工在法定节假日加班，必须依法支付加班工资，不得以实物或过节费来冲抵。

“歪招”二：用加班津贴代替加班工资。一些用人单位不管劳动者每月是否加班、加多少班，每月都发放固定数额的加班津贴，以津贴的形式对加班做出补偿。

加班津贴是用人单位给本单位员工设定的一项福利制度，法律对加班津贴并没有强制要求。加班工资是法律给用人单位设定的一项法定义务，加班津贴不能代替加班工资，用人单位支付了加班津贴不能必然免除支付加班工资的法定义务。如果每月发放的加班津贴超过了每月依法应当支付的加班费，当然无可厚非，但是若没有达到，仍属于违法行为。

“歪招”三：随意确定加班工资计算基数。一些用人单位为了减少支付加班工资，随意规定职工加一天班多少钱，就以这个为加班基数；或者随意规定职工工资中前几项为加班基数，确定的基数甚至低于最低工资标准。

依照法律规定，加班费的计算基数按照以下顺序来确定：（1）劳动合同有约定的，按不低于劳动合同约定的劳动者本人所在岗位（职位）相对应的工资标准确定。集体合同确定的标准高于劳动合同约定标准的，按集体合同标准确定。（2）劳动合同、集体合同均未约定的，可由用人单位与职工代表通过工资集体协商确定，协商结果应签订工资集体协议。（3）用人单位与劳动者无任何约定的，加班工资的计算必须是以职工本人的月均工资为基础。法律同时规定，无论以何种方式确定加班工资计算基数，都不得低于最低工资标准。

“歪招”四：以实行计件工资为由不发加班工资。现实生活中，很多用人单位认为，计件工资制就是劳动者根据自己的工作量多劳多得，不存在加班情形。

按照法律规定，实行计件工资制的单位，在劳动者完成计件定额后，在标准工时之外安排劳动者加班的，都应当依法支付加班费。计件工资制下的加班工资测算，应根据延时加班、休息日加班、法定节假日加班三种情形，分别按照不低于劳动者本人法定工作时间计件单价的150%、200%、300%支付其加班工资。

特别提示：劳动者要增强收集和保留加班相关证据的意识，做一个善于维权的“有心人”。收集和保留的加班证据可以是考勤表、交接班记录、加班通知单、电子邮件等，也可以是加班的业务记录、证明加班事实的管理制度，甚至包括加班就餐发票等。一旦发生劳动争议，这些证据都会成为支持劳动者维权的强大力量，劳动者在掌握大量证据的情况下，首先与单位进行协商，如无法达成一致时，可以拿起法律武器，通过提请劳动监察、申请劳动仲裁等方式，切实维护自己的合法权益。

风险预警5　劳动者有权拒绝用人单位强制加班

每逢节假日，“节日不加班”成为很多劳动者的心愿。有些用人单位为了防止劳动者拒绝加班，甚至警告劳动者，节假日如若拒绝加班，将视为旷工，后果自负。

那么，对于用人单位强行的加班安排，劳动者只能唯命是从吗？其实不然，依据相关法律法规，用人单位安排加班要事先征得劳动者和工会的同意，劳动者有权拒绝用人单位的强制安排。

休息权是劳动者的一项基本权利，用人单位应依法予以保障。《国务院关于职工工作时间的规定》第三条规定，职工每日工作8小时，每周工作40小时。第六条规定：任何单位和个人不得擅自延长职工工作时间。《劳动法》第四十一条规定：“用人单位由于生产经营需要，经与工会和劳动者协商后可以延长工作时间，一般每日不得超过一小时；因特殊原因需要延长工作时间的，在保障劳动者身体健康的条件下延长工作时间每日不得超过三小时，但是每月不得超过三十六小时。”上述法律法规明确地告诉我们：

（1）劳动者每周工作时间不应超过40小时，超过40小时的工作时间即为加班；

（2）用人单位安排劳动者加班，需事先和工会以及劳动者本人协商一致；

（3）即使达成一致，一般每日只能加班1小时，在保障劳动者身体健康的条件下，最长不超过3小时；

（4）每月加班总时间不得超过36小时；

（5）用人单位未经协商强行安排加班，劳动者有权利拒绝。

因此，在法定节假日期间，用人单位要安排员工加班，应事先征得工会和劳动者的同意，不得强行命令劳动者加班，除抢修、救险、救灾等法定情形外，劳动者对于用人单位强行加班的安排有权予以拒绝，以维护自己法定的休息权。个别单位以劳动者不同意节假日加班安排为由，扣减工资甚至解除劳动合同，属于违法行为。如果发生争议，劳动者可以向劳动监察部门举报，或提请劳动仲裁，以维护自己的合法权益。

特别提示：有四种特殊情形发生时，劳动者不得拒绝加班，具体包括发生自然灾害、事故或因其他原因，使人民的安全健康和国家财产遭到严重威胁，需要紧急处理；生产设备、交通运输线路、公共设施发生故障，影响生产和公众利益，须及时抢修；须利用法定节日或公休假日的停产期间进行设备检修、保养；为完成国防紧急任务，或完成上级在国家计划外安排的其他紧急生产任务，以及商业、供销企业在旺季完成收购、运输、加工农副产品紧急任务。发生上述四种特殊情况时，用人单位组织职工加班可不受法律规定的条件限制，但应按照法律规定的标准支付加班工资。

风险预警6　法定节假日加班不能以调休代替加班费

每逢节假日，休假时间、加班工资等问题都会引起社会各界的广泛关注。

可能有点出乎用人单位意料的是，安排劳动者在法定节假日期间加班，不能以调休的形式冲抵，必须向劳动者支付加班工资。

平时，我们习惯将用人单位因生产经营需要，安排劳动者在法定工作时间之外继续工作的，统称为加班加点。其实，依照法律法规，加班加点可分为三种情形：一是延时加班，即安排劳动者在工作日延长工作时间的，也称为加点；二是安排劳动者在休息日加班的；三是安排劳动者在法定节假日加班的。之所以把加班加点如此细分，是因为依照《劳动法》《工资支付暂行规定》等法律法规，在这三种情况下需要执行不同的加班工资支付标准。

法定节假日具有不可替代性，如果用人单位安排劳动者在法定节假日加班，调休、补休等方式也无法弥补劳动者应该享受的法定节假日的相关权利，所以法律规定，用人单位必须向劳动者支付加班工资。对于工作日延时加班以及休息日加班的，因为《劳动法》等法律法规赋予劳动者依法享有休息权，所以用人单位应当首先安排调休；在一定时间内不能安排劳动者调休的，应当向劳动者支付加班工资。

特别提示：少数用人单位以调休的方式代替支付法定节假日期间的加班工资，这种做法是违法的。以国庆长假为例，正确的做法是，10 月 1 日、2 日和 3 日属于法定节假日，如果安排劳动者加班，必须按照不低于劳动者本人工资或依法约定的加班工资基数的 300% 支付加班工资，不得以调休的方式来替代；10 月 4 日至 7 日属于国庆前后休息日的调整，由用人单位决定是安排调休，还是支付加班工资。如果在六个月之内不能安排劳动者调休的，需要按照不低于劳动者本人工资或依法约定的加班工资基数的 200% 支付加班工资。

风险预警 7　法定节假日加班工资基数，用人单位不得随意确定

安排劳动者在法定节假日加班，应依法支付三倍工资的加班费，这是一

个早已被人们所熟知的“计算法则 ”。加班费应该以多少钱作为加班工资基数？加班基数究竟谁说了算？需要提醒广大劳动者的是，法定节假日加班工资基数，用人单位不得随意确定。

加班工资争议一直是劳动争议案件中主要的案件类型。据统计，大量劳动争议案件中，涉及加班费争议的多达 80%。加班工资基数，是个既容易被忽视又存在大量侵权现象的领域。在协调处理中，如何依法、准确地确定加班工资基数，是处理此类劳动争议案件的关键。

依据《劳动法》《劳动合同法》等法律法规，确定法定节假日包括平时工作日、休息日的加班工资基数，主要依据以下四方面的原则：

（1）如果劳动合同对加班工资基数已作出了明确约定的，应按照双方的约定计算加班工资。按照契约必守的原则，只要不存在劳动者被欺诈或者胁迫的情形，即使劳动者每月实际工资收入高于合同约定，也应当按照合同约定的加班工资基数来计算，但最少不得低于最低工资标准。

（2）如果劳动合同明确约定工资数额，但没有约定加班工资基数的，应当以劳动合同约定的工资作为加班工资基数。应当注意的是，如果劳动合同上工资项目分为“基本工资”“岗位工资”“职务工资”等，应当以各个工资项目的总和作为基数计发加班费，而不能以其中单独一项作为计算基数。比如，劳动合同没有约定加班工资基数，用人单位仅仅以“基本工资”一项作为加班工资基数计算加班费的，就属于不依法支付加班费的违法行为。

（3）如果劳动合同对劳动报酬没有明确，或者约定不明确，引发劳动争议的，依照《劳动合同法》第十八条的规定，最好的解决方法是劳动者与用人单位重新协商；协商不成的，可由用人单位与职工代表通过集体协商确定，协商结果应签订集体合同。

（4）如果集体合同、劳动合同均没有约定工资数额以及加班工资基数的，应当以劳动者本人实际月工资收入作为加班工资基数。在计算劳动者本人实际收入时，只要是劳动者在正常劳动时间内，在提供正常劳动的情况下取得的收入，均应当纳入加班工资基数的计算范畴，但用人单位已经支付的加班工资应当扣除，不能列入计算范围。

特别提示：不管用哪种方式确定加班工资基数，都不得低于最低工资标准，这是依法支付劳动者加班工资的底线。依照加班工资基数确定原则，提供一组加班工资的计算公式，供广大劳动者对照参考：

· 法定节假日加班工资 = 加班工资基数 ÷21.75 × 天数 × 300%

· 法定节假日小时加班工资 = 加班工资基数 ÷21.75 ÷ 8 × 小时数 × 300%

· 休息日加班工资 = 加班工资基数 ÷21.75 × 天数 × 200%

· 休息日小时加班工资 = 加班工资基数 ÷21.75 ÷ 8 × 小时数 × 200%

· 平日延时加班工资 = 加班工资基数 ÷21.75 ÷ 8 × 小时数 × 150%

风险预警 8　最低工资不应包括加班加点工资

在实际维权中，不少劳动者的月工资收入从表面上看都高于当地最低工资标准，但细细分析后不难发现，很多企业长期执行 12 小时工作制，甚至一些企业常年没有什么休息日，劳动者所谓的高工资，很大一部分是由加班工资组成的。

依据《最低工资规定》等法律规定，最低工资是指劳动者在法定工作时间或依法签订的劳动合同约定的工作时间内提供了正常劳动的前提下，用人单位依法应支付的最低劳动报酬。最低工资包括基本工资和奖金、津贴、补贴，但不包括加班加点工资、特殊劳动条件下的津贴以及国家规定的劳动者福利待遇。《劳动法》和《工资支付暂行规定》规定，如果劳动者为企业提供了正常劳动，企业支付给劳动者的劳动报酬不得低于当地最低工资标准。

劳动者要引起足够注意的是，计算最低工资时，要剔除掉职工的加班加点工资。加班加点工资是在法定标准工作时间以外劳动者所从事的劳动而支付的报酬。依据《劳动法》第四十四条以及《工资支付暂行规定》第十三条规定，用人单位在劳动者完成劳动定额或规定的工作任务后，根据实际需要安排劳动者在法定标准工作时间以外工作的，应分别按 150%、200%、300% 支付劳动者工资。很多职工加班加点，就是为了多赚点钱，结果实际领到手的工资，如果剔除掉加班加点工资，竟低于最低工资标准，这实际上是一种隐性侵权。劳动者计算自己月工资收入时，要剔除掉加班加点工资，看看自己的月收入是否低于最低工资标准。

特别提示：如果企业支付给劳动者的月工资收入，剔除掉加班加点工资后低于最低工资标准时，劳动者可通过三种途径维权：一是可以要求所在单位工会组织或上级工会协助解决，工会组织应当支持和帮助劳动者维护其合法权益；二是可以直接向劳动保障部门举报投诉，劳动保障部门应按规定程序及时处理；三是可以依法提起仲裁或者诉讼。劳动者要及时向有关部门举报投诉，并注意收集保存相关证据，才能更好地维护自己的权益。

风险预警 9　劳动者主张加班费，先要学会举证加班事实

明明加了班，却因“口说无凭”得不到法律的支持，这成为当前劳动者依法维权常常面临的尴尬问题。劳动者因证据不足导致追讨加班费败诉的，占加班费争议案件总量的 60% 以上。劳动者主张加班费，首先要学会如何举证加班事实的存在。因为有没有证据、证据证明力的强弱，将对维权结果产生决定性的影响。

加班费争议中的举证责任，适用民事诉讼中“谁主张，谁举证”的基本原则。《劳动争议调解仲裁法》第六条明确规定：“发生劳动争议，当事人对自己提出的主张，有责任提供证据。与争议事项有关的证据属于用人单位掌握管理的，用人单位应当提供；用人单位不提供的，应当承担不利后果。”《最高人民法院关于审理劳动争议案件适用法律问题的解释（一）》第四十二

条更是明确规定了加班费纠纷的举证责任分配问题：“劳动者主张加班费的，应当就加班事实的存在承担举证责任。但劳动者有证据证明用人单位掌握加班事实存在的证据，用人单位不提供的，由用人单位承担不利后果。”也就是说，劳动者向用人单位主张加班费，要先行举证，证明自己曾经加过班，并想方设法提供证据证明加班事实的存在。

司法实践中，基于保护劳动者的原则，通常会放宽或降低对劳动者履行举证责任的要求，即只要求劳动者一方提出的基本证据或者初步证据可以证明有加班事实的存在，就视为其举证责任已经完成，转由用人单位对劳动者的实际加班情况负举证责任，用人单位不能举证的承担不利后果。

对于加班事项的举证，劳动者提供的基本证据或初步证据不一定要很充分，那些与加班事实有关联的小线索、小环节、小细节，都可能成为劳动者举证存在加班事实的证据。劳动者只要做个保存证据的“有心人”，从加班前、加班中、加班后三个时间节点入手，细心取证，就一定能收集和保留关于加班的一些有效证据：

（1）加班前或平日工作中可以收集的证据，比如单位领导线上通知加班的，可以截屏保留证据；单位在内网上公布加班人员名单的，可以复制保存网页；单位张贴书面加班通知的，可以拍照留存；用人单位写有作息时间的规章制度、考勤制度的，可以想方设法复制一份自己留存。

（2）劳动者加班中，可以注意保留交接班记录、领取材料记录、工作流程记录，也可以保留加班时工作邮件或电话往来的一些记录；如果加班情况考勤无法反映，则应注意对自己所做的工作内容进行记录，将开会时间、地点、参加人数、会议内容等记录下来。

（3）加班后，劳动者要争取有同事出庭作证；要保留加班后向单位报销打的费及报销理由的复印件，以及劳动者向主管主张加班费时的录音、线上聊天记录等视听材料。

特别提示：当用人单位无视法律规定拒付加班费时，劳动者可以向劳动监察部门举报或是申请劳动仲裁，并想方设法收集关于加班事实的证据，运用法律手段维护自身的合法权益。即使离职，劳动者也应依据用人单位的违法事由，向用人单位发出解除劳动关系的通知并保留相关证据，以保障自己依法取得解除合同的经济补偿金。如果劳动者意气用事、“一走了之”，不仅对主张加班费于事无补，反而会因主动辞职，为获得经济补偿金平添了很多障碍。

参加社会保险是不可讨价还价的法定义务

风险预警 10　用人单位与劳动者私下约定不缴纳社会保险费无效

在实际维权过程中，少数用人单位通过与劳动者签订协议，让劳动者自己表明不参加社会保险，或者让劳动者自己声明甚至书面承诺不参加社会保险，这些约定既不合法，也没有任何法律约束力，用人单位还将承担相应的法律责任和风险。

用人单位之所以私下和劳动者约定不缴纳社会保险费，就是意图通过这种形式达到不缴、少缴社会保险费的目的。一些劳动者之所以愿意和用人单位如此约定，就是意图在短期内直接拿到更多的工资。这些规避法律的行为，违反了社会保险制度的强制性行为，最终将影响社会保险制度的建立和社会公众利益，损害社会公共安全。

《社会保险法》《劳动法》等法律法规规定，用人单位和劳动者必须依法参加社会保险，缴纳社会保险费。社会保险是法定的强制性保险，依法参加社会保险是劳动者和用人单位的法定义务。在法律上，权利可以放弃，但法定义务必须履行，不得以任何方式逃避或放弃。即使劳动者主动提出放弃社会保险，也不能免除用人单位为职工缴纳社会保险费的义务。

虽然用人单位和职工之间通过协议、合同或者承诺书等方式有“约”在先，但由于这个不参加社会保险的约定，与《社会保险法》《劳动法》等法律法规相抵触，从签订一开始，这个约定就属于无效约定。即使用人单位和劳动者属于自愿签订劳动合同，也不能改变其违法约定的性质，导致双方约定的违法条款无效。

特别提示：由于用人单位和劳动者关于不参加社会保险的约定属于违法约定，自始无效，因此该约定就不能成为劳动者反悔时用人单位不参加社会保险的抗辩理由。换言之，即使该约定是劳动者当时真实意思的表示，劳动者事后仍可反悔，其要求用人单位为其办理社会保险的请求仍能得到法律的支持。在法律条款设计上，考虑到用人单位在劳动关系中处于主导地位，尽管在不参加社会保险的约定中，劳动者也有过错，但法律不追究劳动者的责任，相应不利后果主要由用人单位承担。通过这样的制度安排，可以强化用人单位的法治意识，更好地发挥用人单位在构建和谐劳动关系中的积极作用。

对用人单位更为不利的是，即使劳动者和用人单位约定不参加社会保险，当劳动者在离开用人单位时，仍然可以要求用人单位缴纳相关社会保险费，并以“未依法为劳动者缴纳社会保险费”为由索要经济补偿金，这种请求往往会得到劳动仲裁、社保经办机构的支持。这样一来，用人单位就会更加得不偿失，常常是“哑巴吃黄连”。

风险预警 11　劳动者自愿放弃社会保险，用人单位难逃其责

用人单位愿意为劳动者缴纳社会保险，而劳动者却不愿意缴纳，甚至自愿签订放弃社会保险协议。在这种情况下，如果事后劳动者遇到患病报销医药费、工伤赔偿等问题，用人单位能免责吗？劳动者自愿放弃社会保险后，事后可以反悔吗？ 让用人单位大失所望的是，即使劳动者自愿放弃社会保险，用人单位仍难逃其责。

在现实生活中，一些订立短期劳动合同的职工或外地职工，由于担心账

户转移手续烦琐或不愿意承担个人缴纳部分；有的单位为省钱或省事，在不缴纳社会保险上与少数劳动者一拍即合。用人单位出于对劳动法律法规的敬畏，“创造”出了很多规避社会保险的替代形式，如高薪代保，即双方约定，用人单位以较高的劳动报酬代替社会保险，社会保险由劳动者个人承担且风险自负；工资代保，即用人单位与劳动者约定，支付给劳动者的工资中包括单位应当承担的保险费用；商保替代，即用人单位给劳动者买商业保险代替缴纳社会保险；放弃声明，即让职工签订自愿放弃社会保险的协议或承诺；等等。

如果劳动者自愿放弃社会保险，用人单位能免责吗？用人单位未依法给职工缴纳社会保险费，无论怎么规避，至少面临三方面的法律风险：

（1）劳动者投诉的风险。因劳动者自愿放弃社会保险属于无效民事行为，劳动者事后有权要求用人单位补缴社会保险，补缴起始日要从劳动者与用人单位建立劳动关系之日起算。如劳动者有确切证据证明当初是因单位胁迫“被自愿”，依据《劳动合同法》第三十八条、第四十六条的规定，劳动者有权随时提出辞职，并要求用人单位支付经济补偿金。

（2）工伤、医疗费承担的风险。依据《社会保险法》第四条、第四十一条以及《工伤保险条件》第六十二条规定，即使劳动者确实是自愿放弃社会保险，用人单位仍不能豁免工伤、医疗费等赔偿责任。

（3）劳动行政部门查处的风险。依据《社会保险法》第八十四条、第八十六条规定，即使劳动者保证不追究用人单位的责任，但用人单位仍然面临劳动保障行政部门强制征缴以及行政处罚的法律风险。逾期不改正的，对用人单位处应缴社会保险费数额一倍以上三倍以下的罚款，对其直接负责的主管人员和其他直接责任人员处 500 元以上 3000 元以下的罚款。

广大劳动者要自觉增强法律意识和自我保护意识，对于应享有的合法权利，不能轻易放弃。法律是保护自己最有力、最稳定的武器，只有依法维权，才能使自己的合法权益免受侵害。

特别提示：社会保险是国家强制实行的一种社会保障制度，具有法定的强制性。《劳动法》《社会保险法》《社会保险费征缴暂行条例》等法律法规明确规定，参加社会保险、缴纳社会保险费是法律对用人单位和劳动者设置的强制性条款，是用人单位和劳动者必须同时履行的法定义务。所以，不管用人单位采取什么办法、借口，也不管用人单位与劳动者如何约定，只要没有为劳动者依法缴纳社会保险费，都属于违法行为。在法律范畴内，依法参加社会保险，没有任何变通形式，劳动者个人无权自主决定放弃社会保险。

风险预警 12 住房公积金不是单位可缴可不缴的福利

社会上流行着这样一种观点："五险"（养老、医疗、工伤、失业、生育）是国家强制的社会保险，而"一金"即住房公积金只是一种职工福利，如果没有特别约定，单位可以根据自己的效益情况自行决定缴或者不缴。这其实是一个误解，住房公积金并不是单位可缴可不缴的福利。

住房公积金是住房制度改革的产物，它覆盖了符合缴存条件的用人单位内所有在职职工，无论其单位性质如何，无论其家庭收入高低，无论其是否已有住房，用人单位和职工本人都必须按照国家的有关规定缴纳住房公积金。

住房公积金由两部分组成，一是职工个人每月缴存部分，这部分属于职工工资；二是单位每月为职工个人缴存部分，这部分实质上是单位以住房公积金的形式给每名职工增加的住房工资，属于职工薪酬的一部分。这两部分都归职工个人所有，主要基于住房公积金的本质属性，即工资性。住房公积金不属于职工福利，这个概念不能被模糊。

依据国务院颁布的《住房公积金管理条例》，新设立的单位应当自设立之日起 30 日内到住房公积金管理中心办理住房公积金缴存登记，并自登记之日起 20 日内为本单位职工办理住房公积金账户设立手续；单位录用职工的，应当自录用之日起 30 日内为职工办理职工住房公积金账户的设立或者转移手续。单位应当按时、足额缴存住房公积金，不得逾期缴存或者少缴。

针对不少用人单位认为“五险”是法定的、“一金”是自愿的错误认识，广大用人单位要强化依法经营意识，充分认识到住房公积金和“五大保险”一样，都具有强制的法律约束力；为在职职工缴存住房公积金是单位强制的法定义务，用人单位不得以任何理由拒绝。不论用人单位与职工对缴存住房公积金约定与否，均不能免除用人单位按照规定方式和金额为职工缴存住房公积金的法定义务。经营困难、效益不好，同样不能作为不缴住房公积金的理由和借口。

住房公积金是在职职工的一项法定权利，但它的维权途径与其他劳动争议有所不同。国家将住房公积金的处罚职能授予住房公积金管理中心，该中心是行使处罚权的唯一单位。当公积金权益受到侵害时，劳动者应该去公积金管理中心投诉举报，而不是到劳动仲裁部门提起劳动仲裁。就单位不办理住房公积金缴存登记或者不为本单位职工办理住房公积金账户设立手续的违法情形，住房公积金管理中心将责令限期办理；逾期不办理的，将处一万元以上五万元以下的罚款；单位逾期仍不缴存的，公积金管理中心将直接申请人民法院强制执行。

特别提示：广大劳动者住房公积金合法权益的维护，不仅需要公积金管理部门加大行政监督力度，更需要劳动者不断增强法律意识和维权观念，定期查询个人住房公积金的缴存情况，及时发现单位的侵权行为，积极向公积金管理中心举报和投诉。在提起公积金的维权投诉时，劳动者要注意收集相关证据，主要包括：证明职工与单位之间存在劳动关系的材料，如劳动合同、社保缴纳证明等；证明工资收入的材料，如工资条、银行工资卡等。

劳动规章绝不是用人单位的“一言堂”

风险预警 13　企业劳动规章未经民主程序将视为无效

企业劳动规章一直被视为“企业家规”，但它并非一经制定就必然对职工具有法律约束力，履行民主程序是其生效的重要必备条件。未经民主程序制定的劳动规章制度，在劳动仲裁和诉讼环节，将被视为无效。

调查发现，有三分之一左右的企业在制定劳动规章制度时存在程序不规范现象，主要表现为没有经过职代会或全体职工讨论，以行政办公会、党政联席会取代职代会，职工代表比例不当，职代会到期没有及时换届，职工不知晓等方面。

企业劳动规章制度的生效，必须同时具备内容合法、程序民主、公示员工，这三个条件缺一不可。《最高人民法院关于审理劳动争议案件适用法律问题的解释（一）》第五十条规定：“通过民主程序制定的规章制度，不违反国家法律、行政法规及政策规定，并已向劳动者公示的，可以作为确定双方权利和义务的依据。”劳动者依法维权时，可以仔细对照企业劳动规章生效的三个必备条件，寻找对自己有利的证据。

制定企业劳动规章应依法履行民主程序，《劳动合同法》第四条规定，用人单位在制定、修改或者决定有关劳动报酬、工作时间、休息休假、劳动安全卫生、保险福利、职工培训、劳动纪律以及劳动定额管理等直接涉及劳动者切身利益的规章制度或者重大事项时，应当经职工代表大会或者全体职工讨论，提出方案和意见，与工会或者职工代表平等协商确定。

在具体的司法实践中，劳动保障行政部门、人民法院对违反民主程序所制定的涉及职工切身利益的劳动规章制度，应视为无效；未按照民主程序单方面制定的涉及劳动者切身利益的劳动规章制度，工会组织和劳动者有权拒绝接受。

特别提示：调处劳动争议，最终要凭证据说话。制定规章制度是否依法履行了民主程序，用人单位需提供相关的事实证据，包括用人单位的职代会制度（含职代会工作机构、届期、职工代表人数、产生办法等）、职代会讨论劳动规章制度的会议纪要和公示情况、职代会召开情况报告表、协商代表签名的协商会议记录。同时，用人单位还需要提供依法履行劳动规章制度告知程序的事实和证据，包括用人单位公示规章制度的照片以及相关材料，职工签收有关规章制度的记录等。这些认定要件，在调处因劳动规章引发的劳动争议时，由用人单位负责提供。如不能提供，用人单位将承担不利后果。

风险预警 14　未向劳动者公示告知的劳动规章无效

劳动规章制度，俗称单位的“家法”“家规”，每个单位都十分重视，根据自身需要出台了大大小小、或繁或简的规章制度。那么，这些规章制度是否一出台就能有效约束员工呢？许多用人单位认为理所当然，但答案却是否定的。未向劳动者公示告知的劳动规章制度，对劳动者没有法律约束力。

依据《劳动法》《劳动合同法》以及最高人民法院相关司法解释，用人单位的规章制度合法有效，必须同时具备三个要件：一是规章制度的内容要合法，二是经过民主程序制定，三是向劳动者公示或告知。这三个要件必须同时具备，缺一不可。对于公示告知程序，用人单位最聪明的做法，就是第一时间将依法制定、直接涉及劳动者切身利益的劳动规章制度决定公示，或者告知劳动者。

在现实生活中，不少用人单位的劳动规章制度处于秘密状态，研究出台后，不是广而告之，而是锁在管理者的抽屉里，等到某个职工违反了相关规定时，才拿出来惩处职工，常常为此引发争议。

对于用人单位的规章制度“秘而不宣”的现象，我们要提醒用人单位和广大劳动者，公示告知是劳动规章制度对劳动者发生效力的重要前提，也是必备前提。如果没有履行有效的公示告知程序，无论多么完备、科学的规章制度，无论制定过程如何公正合法，它都形同废纸，对劳动者不产生效力。

特别提示：用人单位对劳动规章制度经公示告知负举证责任，司法实践中，当劳动者以其不知情为由主张单位规章制度未告知或未公示，用人单位就需要提供已经公示或告知的证据，如果不能提供，用人单位需要承担举证不能的不利后果。一些单位即使有公示或告知劳动者的过程，但如果公示或告知方法使用不当，导致证据材料没有保留，无法向仲裁庭或法庭举证，同样要承担不利的法律后果。

劳动者高温权益并非遥不可及

风险预警 15　劳动者“五大高温权益”不容侵犯

每到盛夏时节，职工高温权益维护这一话题，就像节节攀升的气温一样居高不下。炎炎烈日，不仅考验着劳动者的生理和心理忍耐力，更考验着用人单位的人文关怀和职工权益保障程度。

由于法律知识的缺乏，劳动者往往对自身所拥有的高温权益不甚了解。用人单位不肯支付高温费怎么办？劳务派遣工能否享受高温津贴？用人单位需深入了解的是，劳动者至少拥有五方面的高温权益。

高温权益一：从事高温场所作业，享有高温津贴补偿权

错误做法：不少用人单位把高温津贴定义为福利，认为这是由企业自主决定的，可发可不发。

维权提醒：高温津贴是劳动者依法享受的一项权利。依据国家安监总局、卫生部、人力资源社会保障部、全国总工会 2012 年颁布的《防暑降温措施管理办法》，劳动者从事高温作业的，依法享受岗位津贴。用人单位安排劳动者在 35℃以上高温天气从事室外露天作业以及不能采取有效措施将工作场所温度降低到 33℃以下的，应当向劳动者发放高温津贴，并纳入工资总额。《防暑降温措施管理办法》特别规定，用人单位不得以防暑降温饮料充抵高温津贴。

高温权益二：调整高温作业的时间和强度，享有停工减工休息权

错误做法：在夏季，不少用人单位从不安排劳动者停工休息，即使安排劳动者停工或减工，劳动者工资收入也会相应停发或少发。

维权提醒：在高温天气期间，用人单位应当适当增加劳动者的休息时间、减轻劳动强度以及减少高温时段室外作业。依据《防暑降温措施管理办法》规定，当日最高气温达到40℃以上，应当停止室外露天作业；当日最高气温达到37℃以上、40℃以下时，用人单位全天安排劳动者室外露天作业时间累计不得超过六小时，连续作业时间不得超过国家规定，且在气温最高时段三小时内不得安排室外露天作业；当日最高气温达到35℃以上、37℃以下时，用人单位应当采取换班轮休等方式，缩短劳动者连续作业时间，并且不得安排室外露天作业劳动者加班。

高温条件下，停工不停薪，减工不减薪。《防暑降温措施管理办法》特别规定，因高温天气停止工作、缩短工作时间的，用人单位不得扣除或降低劳动者工资。

高温权益三：加强高温时段的劳动保护，享有冒险作业拒绝权

错误做法：一些企业为了赶进度、增效益，无视劳动者生命安全，强迫高温冒险作业和加班。劳动者为保住饭碗，往往不得不屈服。

维权提醒：依据《劳动法》《劳动合同法》，用人单位在没有提供高温作业下的必要工作条件时，比如为劳动者发放降温、防晒、解暑等工作设备、物品及药品，甚至强令劳动者在没有防暑降温设施或高温防护条件下冒险作业的，劳动者有权拒绝执行工作指令，而此不视为劳动者违反劳动合同。如果劳动者因此被解聘的，用人单位属于违法解除劳动关系；如果劳动者以用人单位未按照劳动合同约定提供劳动保护或者劳动条件为由辞职的，可以要求用人单位支付经济补偿金。

高温权益四：高温津贴不计入最低工资，享有劳动报酬保障权

错误做法：个别企业在发放工资时，将高温津贴计入最低工资中，变相扣减劳动者的工资收入。

维权提醒：依据《最低工资规定》，最低工资中不包括中班、夜班、高温、低温、井下、有毒有害等特殊工作环境、条件下的津贴。也就是说，扣除了高温津贴等法定不包括的项目后，劳动者每月实际拿到手的钱不能低于当地最低工资标准。将高温津贴计入最低工资，实际上“暗扣”了劳动者的工资收入，侵害了职工的合法权益。

高温权益五：劳务派遣工同样享受高温津贴，享有同工同酬分享权

错误做法：有的单位发放高温津贴不与高温下的劳动强度挂钩，还将一些“临时工”、劳务派遣员工等所谓“编外人员”排除在外。

维权提醒：《劳动合同法》第六十二条规定，实际用工单位应当履行的义务包括“提供与工作岗位相关的福利待遇”。《劳动合同法》第六十三条规定，被派遣劳动者享有与用工单位的劳动者同工同酬的权利。因此，只要劳务派遣的劳动者是从事高温作业的，就可以与用工单位的其他劳动者一样，依法享受高温津贴。

特别提示：在高温季节，劳动者“五大高温权益”不容侵犯。用人单位要根据生产特点和具体条件，适当调整夏季高温作业劳动和休息制度，严格控制加班加点，减少高温时段作业，减轻劳动强度，保证安全生产，确保职工的身体健康和生命安全。

风险预警 16　劳动者高温作业中暑可申请工伤认定

“大暑”节气，一般是我国大部分地区最热的时期。连日高温，常常让上班族“伤不起”，不少企业职工因高温下作业而中暑。中暑后，很多职工都是自己进医院治疗康复，享受的往往是病假待遇。其实，劳动者因高温作业中暑，是可以申请工伤认定的。

多数职工因高温作业中暑，常常把责任归结为自己身体素质差、抵抗力弱等原因，一般都没往工伤上想。2012年6月，国家安监总局、卫生部、人力资源社会保障部、全国总工会联合出台《防暑降温措施管理办法》，为高温作业和高温岗位的劳动者提供了有力的庇护。该办法规定，劳动者因高温作业或者高温天气作业引起中暑，经诊断为职业病的，享受工伤保险待遇。对于这样的利好消息，很多职工却并不知情。

何为高温天气？何为高温作业？依据《防暑降温措施管理办法》，高温天气是指地市级以上气象主管部门所属气象台站向公众发布的日最高气温35℃以上的天气。高温天气作业是指用人单位在高温天气期间安排劳动者在高温自然气象环境下进行的作业。

在高温天气期间，用人单位应当根据生产特点和具体条件，采取合理安排工作时间、轮换作业、适当增加高温工作环境下劳动者的休息时间和减轻劳动强度、减少高温时段室外作业等措施。

劳动者因高温作业出现中暑症状时，用人单位应当立即采取救助措施，使其迅速脱离高温环境，到通风阴凉处休息，供给防暑降温饮料，并采取必要的对症处理措施；病情严重者，用人单位应当及时送劳动者到医疗卫生机构治疗。因高温作业或者高温天气作业引起中暑，经诊断为职业病的，即可按规定享受相应的工伤待遇，就诊产生的医疗费用由用人单位或工伤保险基金承担。

特别提示：就高温防护工作，根据国家有关规定，用人单位应当为高温作业、高温天气作业的劳动者供给足够的、符合卫生标准的防暑降温饮料及必需的药品。用人单位不得以发放钱物替代提供防暑降温饮料，防暑降温饮料不得充抵高温津贴。因高温天气停止工作、缩短工作时间的，用人单位不得扣除或降低劳动者工资。

善于维权是一门技术活

风险预警 17　劳动者要学会事先收集九类维权证据

打官司就是打证据，可现实生活中，很多劳动者却常常面临这样无助又无奈的局面：明明用人单位侵权事实明显，可自己连证明与用人单位存在劳动关系的证据都没有。据不完全统计，劳动者因无证据或证据不足导致自诉案件败诉的，占整个劳动争议案件总数的 30%。劳动者依法维权，必须学会事先留心收集和保留九大类证据。

“谁主张，谁举证”，这是劳动争议处理中的常态举证规则。《劳动争议调解仲裁法》第六条规定，发生劳动争议，当事人对自己提出的主张，有责任提供证据。但在实际维权中，很多劳动者虽然有一定的维权意识，但收集和保留维权证据的意识和观念都比较差，由于缺少证据，常常出现“劳动者有理却寸步难行”的尴尬局面。

在劳动争议的协调处理中，证明劳动者与用人单位存在劳动关系是依法维权的第一步。在用人单位没有与劳动者签订劳动合同或者劳动者本人手上没有劳动合同文本的情况下，为有效提高维权的成功率，依据有关法律法规和大量成功维权的实践，要学会收集和保留以下九大类维权证据：

（1）工资卡、工资条或其他工资发放记录（最好有单位盖章）、职工花名册。如无法收集到上述证据原件，可采取复印或拍照方式。

（2）社会保险缴费记录。如用人单位为劳动者缴纳社会保险，劳动者可以到劳动行政部门打印自己的社会保险缴费记录。

（3）用人单位向劳动者发放的工作证、服务证、上岗证、胸卡、门禁卡、出入证、暂住证、健康证、资质证等能够证明劳动者职务职位的证件（最好上面有单位盖章）。

（4）劳动者入职时填写的招工招聘登记表、报名表等招用记录，采取复印或拍照方式收集。

（5）用人单位的考勤记录（考勤表、出勤卡等），采取复印或拍照方式收集。在加班费争议中，单位的排班表、主管领导签名或盖有单位公章的加班通知，都是证明存在加班事实的初步证据。

（6）同事的书面证言，但此类证据需注意：一是打官司时，出具证言的同事一般要到庭作证；二是同事需要有证据证明自己与用人单位存在劳动关系。

（7）用人单位下发的含有劳动者名字的各种文件、证明、通知等书面资料，如加盖了用人单位公章的荣誉证书、介绍信、委托书，以用人单位职工名义参加的公益活动、劳动竞赛的凭证等。

（8）劳动者代表用人单位与其他实体或个人签订的文件等，如代表用人单位与其他用人单位签订的经济合同。

（9）用合法的手段取得的证明劳动关系存在的录音、录像、手机短信、电子邮件、聊天记录。此类证据最好是记录劳动者与用人单位法定代表人或主要负责人协商谈判双方劳动关系事宜的相关信息。

特别提示：证据一般分为直接证据和间接证据，直接证据就是能够直接证明某一事实的证据，如用人单位和劳动者签订的劳动合同，就是证明劳动关系的最直接证据；间接证据因受到证据本身的效力、证据的来源甚至证据的收集方法等方面的影响，一般证明效力相对弱些，需要两份及两份以上的证据，才能证明某一事实。劳动者在没有直接证据的情况下，建议在合法的前提下，尽量多地收集上述的九大类维权证据。劳动者拥有的证据越多，在劳动争议处理过程中的话语权就越大，依法维权的成功率就越高。

风险预警 18　劳动者要谨防劳动争议败诉的五大风险

劳动者维权意识日益增强，劳动争议的胜诉率却持续下降。有关部门的数据表明，多年来，劳动者在劳动争议中的全部胜诉率，不足五成。为此，广大劳动者要谨防劳动争议败诉的五大风险。

风险一：证据意识差，举证能力弱

《劳动争议调解仲裁法》规定，发生劳动争议，当事人对自己提出的主张，有责任提供证据。劳动者如不能提供支持自己主张的相关证据，将面临败诉的风险。比如，劳动者向用人单位主张加班费，依据法律规定，加班事实的基础举证责任在劳动者，劳动者要先行证明用人单位安排自己加过班并提供相关证据，如不能证明，就可能导致追讨加班费行为的失败。

风险二：对法律法规存在误读，申诉请求不当

劳动者维权意识不断加强的同时，部分劳动者误读法律法规、“漫天要价”的现象仍大量存在。例如，劳动者退休后继续工作，与单位形成的是劳务关系，发生争议时，劳动者要求依据《劳动合同法》兑现相关待遇，则不会得到支持。再如，少数处于孕期的女职工，认为自己属于劳动法律法规的保护对象，故意多次违反企业规章制度，最终被单位解除劳动合同，就很难得到法律的支持和保护。

风险三：没有及时维权，超过仲裁时效

根据《劳动争议调解仲裁法》规定，劳动者与用人单位发生争议，应在知道或应当知道其权利被侵害之日起一年内申请劳动仲裁。如劳动者不能及时主张自己的权利，超过仲裁时效的请求事项，仲裁委员会将不予支持。

风险四：申请事项非仲裁委员会受理范围

《劳动争议调解仲裁法》规定了仲裁委员会受案范围，对于用人单位与其招用的已达到法定退休年龄的劳动者发生的争议；用人单位与其招用的未办理《外国人就业证》《港澳台人员就业证》等就业许可的外国人、港澳台居民、无国籍人发生的争议；村民委员会、居民委员会、业主委员会等群众性自治组织与劳动者发生的争议；劳动者与用人单位之间因增加社会保险险种、补足社会保险缴费基数及变更参保地发生的争议；劳动者与用人单位因住房公积金、住房补贴发生的争议；劳动者与用人单位因支付带薪年休假工资报酬发生的争议；用人单位与劳动者因股权、知识产权权益及利益分配发生的争议，均不作为劳动争议处理。

风险五：不按时出庭或随意退庭

根据劳动争议办案规则，申请人收到书面通知，无正当理由拒不到庭或者未经许可中途退庭的，将被视为放弃自己的权利，仲裁部门可按撤诉处理，申请人重新申请仲裁的，仲裁委员会不予受理。劳动者应当清醒认识到不按时出庭或随意退庭的法律后果。

特别提示：针对劳动者逐年下降的劳动争议胜诉率，广大劳动者要切实增强维权意识、证据意识和法律风险意识，深入学习了解法律法规，做依法维权的“明白人”；对用人单位不支付加班费、拒绝签订劳动合同、拒缴社会保险等违法情形，劳动者要主动提出异议，对于用人单位拒不改正的，劳动者要做个“有心人”，注意收集和保留相关证据材料，以免陷入“口说无凭”的尴尬境地。

PART 02

第二部分

劳动者踩过的那些“雷”

合同履行类争议

案例 1

保险业务代理员与保险公司之间形成什么法律关系？

案情简介：2013 年 3 月，赵某入职某保险股份有限公司，经考试合格，取得《保险销售从业人员资格证书》，并与公司签订了《个人代理人保险代理合同》。合同约定：保险公司委托赵某在公司授权范围内，以保险公司的名义代公司办理个人人身保险业务，公司按合同约定支付代理手续费（佣金）；合同有效期为一年，期限届满前一个月如双方均无异议，合同将自动延续到下一年。流年似水，转眼到了 2016 年 2 月，公司以赵某达不到公司业绩考核要求为由，提出不再与赵某续签《个人代理人保险代理合同》。赵某本身也有离去之意，但要求公司按照《劳动合同法》的规定，支付三年的经济补偿金。公司答复：公司与赵某签订的《个人代理人保险代理合同》第一条就明确规定，本合同及相关文件内容均不直接或间接构成甲方与乙方之间有雇主与雇员关系，依本合同双方建立的是保险代理关系，而非劳动关系；因此，公司与赵某仅仅是保险代理关系，不适用《劳动合同法》，不需要支付任何经济补偿金。赵某则声称，在公司期间，自己遵守公司制定的与代理业务相关的规章制度，按时参加公司的各种培训、会议和研讨等活动，按照公司的要求对活动和业绩情况进行记录，符合劳动关系的特征。双方争执不下。赵某提请劳动仲裁，请求确认与保险公司之间存在劳动关系，并要求保险公司支付经济补偿金。那么，赵某与保险公司构成劳动关系吗？

案例解析：争议本案的焦点在于，保险公司与赵某之间究竟是劳动关系还是保险代理关系。

在现代保险市场上，保险代理已成为世界各国保险企业开发保险业务的主要形式和途径之一。根据《保险法》规定，保险代理人是根据保险人的委托，向保险人收取佣金，并在保险人授权的范围内代为办理保险业务的机构或者个人。那么，如何判别劳动关系与保险代理关系呢？从法律特征上，我们至少可以从以下四个方面进行区分：

（1）看从业资质。从事保险代理业务有着严格的资格条件，而在劳动关系中，除特殊岗位和特殊部门，劳动者一般没有资质限制。依据《保险法》和《保险销售从业人员监管办法》规定，保险销售从业人员应当符合中国保监会规定的资格条件，取得中国保监会颁发的资格证书，执业前取得所在保险公司、保险代理机构发放的执业证书。

（2）看法律依据。一般情况下，保险人与保险代理人之间属于委托代理关系，双方的权利义务适用《保险法》《民法典》《保险销售从业人员监管办法》以及双方之前签订的委托代理合同，而劳动关系一般适用《劳动法》《劳动合同法》等劳动法律法规以及双方签订的劳动合同。《保险法》第一百二十六条规定，保险人委托保险代理人代为办理保险业务，应当与保险代理人签订委托代理协议，依法约定双方的权利和义务。

（3）看报酬支付。在保险代理关系中，保险公司根据保险代理人的业务量支付一定比例的佣金，没有额度的限制，同一公司的保险代理人的佣金有时相差很大，保险代理人的收入高低完全取决于其完成的保费数量。《保险法》第一百一十七条规定："保险代理人是根据保险人的委托，向保险人收取佣金，并在保险人授权的范围内代为办理保险业务的机构或者个人。"在劳动关系中，依据《劳动法》规定，用人单位根据本单位的生产经营特点和经济效益，依法自主确定本单位的工资分配方式和工资水平。工资应当以货币形式按月支付给劳动者本人。同一工作岗位之间的劳动者劳动报酬差距一般不会太大，工资分配遵循按劳分配原则，实行同工同酬。

（4）看管理方式。在保险代理关系中，双方仅仅具有经济属性，保险代理人根据保险人的委托，向保险人收取佣金，保险代理人对保险公司没有人身依附性。尽管不少保险公司对保险代理人加强了管理，实行晨会制、定期培训、编入团队等，但是总体上，保险公司对保险代理人的管理十分宽松，保险代理人一般实行单兵作战，可自由掌握自己的工作时间、工作量，保险公司主要依据保险代理人的工作业绩进行考核。在劳动关系中，依据《劳动和社会保障部关于确立劳动关系有关事项的通知》规定，劳动者提供的劳动是用人单位业务的组成部分。用人单位依法制定的各项劳动规章制度适用于劳动者，劳动者受用人单位的劳动管理，从事用人单位安排的有报酬的劳动。更为重要的是，劳动关系具有人身属性和经济属性，用人单位不仅要支付劳动报酬、缴纳社会保险，还可以对劳动者依法进行用工管理。

本案中，赵某主张其与保险公司存在劳动关系，保险公司则主张双方系保险代理关系。经仲裁委员会查明，保险公司2013年3月与赵某签订的《个人代理人保险代理合同》，约定本合同及相关文件内容均不直接或间接构成甲方与乙方之间有雇主与雇员关系，并明确指出双方建立的是保险代理关系，而不是劳动关系。此合同系双方自愿签订，内容也不违反相关法律法规，符合保险代理关系构成的各项法律要件，应属合法有效，对赵某和公司均具有法律约束力。因此，赵某与保险公司建立的是保险代理关系。据此，仲裁委员会裁决，驳回赵某的相关请求。

法条链接：《保险法》第一百一十七条、第一百二十六条

《保险销售从业人员监管办法》第四条、第六条

《劳动法》第四十七条、第五十条

《劳动和社会保障部关于确立劳动关系有关事项的通知》第一条

案例2

用人单位口头变更劳动合同是否有效?

案情简介：袁某是某化工企业二十多年的老职工，一直在企业离心机岗位工作。他听同事说，圆盘过滤岗位与自己现在的岗位工作内容相近，工资收入也差不多，但人要舒服很多。袁某就向企业提出工作调动的请求。袁某软磨硬泡，但企业定员定岗，一个萝卜一个坑，在圆盘过滤岗位没有缺员的情况下，袁某的愿望也就迟迟没有实现。2021年9月，圆盘过滤岗位上一名职工患病，要休病假。一直关注圆盘过滤岗位的袁某再次提出工作调动的要求。企业答应了袁某的申请，同意他从次日起调到圆盘过滤岗位上班。由于袁某是老员工，企业没有书面变更劳动合同，只是口头通知袁某调岗。

到了圆盘过滤岗位，袁某才发现，新岗位并没有他想象中那么舒服、惬意。更让袁某难过的是，他与新岗位的主管互相看不惯，常常磕磕碰碰。刚到新岗位工作两个月，袁某与新岗位的主管就发生了一次激烈的口角，盛怒之下，袁某向企业提出，希望回到自己工作了二十多年的离心机岗位。工作调动哪能是过家家，企业一口回绝了袁某的要求。袁某找到分管人力资源的副总，申辩企业自始至终只是口头通知他调岗，没有书面合同予以确认，因此此次调岗无效，要求恢复原工作岗位。企业答复，袁某主动并多次申请调岗，而且他到圆盘过滤岗位工作已有两个月；虽然企业没有对这次调岗进行书面确认，但这只是程序上的瑕疵，不能因此否认袁某已认可新岗位的事实，所以此次调岗是双方协商一致的结果，袁某在短期内再次申请调岗的要求无法满足。多次争执无果，袁某找到市总工会咨询求助。那么，袁某再次回到原工作岗位的要求能得到法律的支持吗？用人单位口头变更劳动合同的行为是否有效?

案例解析：本案争议的焦点在于，口头变更劳动合同是否具有法律效力。

一、劳动合同变更的类型有哪些?

劳动合同变更属于劳动合同存续期间当事人权利义务的调整，一般可以分为两种情形：

一是协商变更。根据《劳动合同法》第三十五条的规定，用人单位与劳动者协商一致，可以变更劳动合同约定的内容。用人单位和劳动者之间应当采取自愿协商的方式，不允许一方当事人未经协商单方变更劳动合同。变更劳动合同，应当采用书面形式。实践中，变更劳动合同，既包括标准的合同形式，用人单位发给劳动者的工资单、岗位变化通知等文字记载，也可视为“书面变更”。

二是法定变更。用人单位依据法律规定单方面变更劳动合同，可以细分为可以变更和必须变更。其中用人单位有权选择可以变更的情形包括：劳动者不能胜任工作、患病或非因工负伤医疗期满以及客观情况发生重大变化，主要是《劳动合同法》第四十条规定的非过失解除的调整工作岗位程序。必须依法予以变更合同内容的情形包括：女职工从事危险作业岗位，因工伤、职业病造成伤残的合同变更；因国家最低工资标准调整进行的合同变更；因签订集体合同造成相关人员劳动合同的变更；等等。

二、口头变更劳动合同是否有效?

依据《劳动合同法》第三十五条的规定，变更劳动合同，应当采用书面形式。也就是说，口头变更不具有法律约束力。在用人单位的实际管理中，除了书面形式的变更合同之外，一些用人单位采用口头形式变更劳动者的劳动合同，且长期实际履行。如一概否定口头变更劳动合同的效力，很容易导致劳动关系的不确定，也不利于维护劳动者的合法权益。

2021 年 1 月 1 日，《最高人民法院关于审理劳动争议案件适用法律问题的解释（一）》（以下简称《解释（一）》）正式施行，第四十三条规定：“用人单位与劳动者协商一致变更劳动合同，虽未采用书面形式，但已经实际履行了口头变更的劳动合同超过一个月，变更后的劳动合同内容不违反法律、行政法规且不违背公序良俗，当事人以未采用书面形式为由主张劳动合同变更无效的，人民法院不予支持。”

在一定条件下允许口头变更劳动合同的存在，其实是法律法规对现实存在的一种折中和调和。《解释（一）》赋予了口头变更劳动合同限制条件下的法律效力，实际上是对《劳动合同法》第三十五条的突破，是一个建立在大量实践基础上的创设性规定。其现实意义，有待今后司法实践的检验和考量。

三、如何认定口头变更劳动合同的效力？

对于口头变更并实际履行了较长时间的劳动合同，《解释（一）》确认其一定限制条件下的法律效力，主要考虑企业生产经营管理的现状，也是为了处理一些悬而未决的事实状态。那么，如何判断和认定口头变更劳动合同是否生效呢？

依据《解释（一）》第四十三条的规定，变更劳动合同生效须同时满足三个前提条件：一是实际履行了口头变更的劳动合同超过一个月，这是口头变更劳动合同生效的核心条件。双方实际履行行为须达到一定的履行时间，才能表现并被认为双方之间的劳动合同已实际变更，并达成了合意。二是双方协商一致。如果当事人在变更时有异议，就不属于协商变更了。三是变更后的劳动合同内容合理合法，不违反法律、行政法规、国家政策以及公序良俗。

本案中，应袁某的多次请求，企业与袁某口头约定变更工作岗位，双方达成调岗的共识，变更后的劳动合同合理合法；袁某在变更后的圆盘过滤岗位上实际工作了两个月，完全符合《解释（一）》关于口头变更劳动合同生效的法律要件。袁某要求回到原工作岗位的请求，没有法律依据，企业可以依法拒绝。

特别提示：对于劳动者来说，在决定是否接受用人单位提出的调岗、调薪或者变更劳动合同等其他内容时，应该慎重考虑，一旦同意且实际履行超过一个月的时限，即使没有书面变更协议，劳动合同变更也将被认定为有效；实际履行超过一个月以上，劳动者再提出异议，维权难度将大大增加。对于用人单位来说，即使是双方协商一致的口头变更，也应注意保存相关的书面证据，否则一旦引发劳动争议，在司法实践中，用人单位需要对口头变更事实承担相应的举证责任。

法条链接：《劳动合同法》第三十五条

《最高人民法院关于审理劳动争议案件适用法律问题的解释（一）》第四十三条

案例 3

人事文员不签订劳动合同，能获得两倍工资补偿吗？

案情简介：2013 年 2 月 25 日，张某入职某化工有限公司，担任人事文员工作，每月工资 5000 元。2013 年 7 月 29 日，张某以公司口头解除劳动合同为由，不再到岗上班。2013 年 8 月 23 日，张某向市仲裁委提起仲裁申请，诉称工作期间，公司没有与自己签订劳动合同，要求化工公司支付未签订劳动合同期间的两倍工资（2013 年 3 月 25 日至 2013 年 7 月 29 日），支付违法解除劳动合同赔偿金。化工公司在仲裁庭上辩称，张某是公司唯一从事人力资源工作的人员，与职工签订劳动合同是张某的工作职责之一，现因其自身失职造成未签订劳动合同，公司不应当承担责任；张某自动离职，公司无须支付违法解除劳动合同赔偿金。化工公司还向仲裁庭提供了《录用登记备案花名册》《退工登记花名册》等证据，证明张某在公司从事人事文员工作，签订劳动合同是张某的工作职责。那么，人事文员不签订劳动合同，有权获得两倍工资的赔偿吗？

案例解析：《劳动合同法》实施后，一些劳动者故意或拖延不签订劳动合同，事后向用人单位索要两倍工资，由此引发劳动争议。本案就是此类新型劳动争议的典型案例。

一、不签订劳动合同，用人单位支付两倍工资的法律要件有哪些？

“支付两倍工资”，这一惩罚性民事赔偿责任，是《劳动合同法》为遏制用人单位故意不签订劳动合同以逃避责任的行为，而特意设计的创新制度。依据《劳动合同法》《劳动合同法实施条例》相关规定，用人单位自用工之日起超过一个月不满一年未与劳动者订立书面劳动合同的，应当依照《劳动合同法》第八十二条的规定向劳动者每月支付两倍的工资，并与劳动者补签书面劳动合同。

从操作实践来看，用人单位因不签订劳动合同，要向劳动者支付两倍工资，一般需具备以下三方面的法律要件：（1）用人单位主观故意或有意放纵不与劳动者签订劳动合同，在一个月宽限期里，没有向劳动者发出签订劳动合同的书面通知；（2）不签订劳动合同的行为，自用工之日起超过一个月以上；（3）超过一个月未签订劳动合同，没有书面通知劳动者终止劳动关系。也就是说，只有未签订劳动合同的原因是用人单位的主观故意或有意放纵，劳动者才能主张两倍工资。

二、劳动者不签订劳动合同，能获得两倍工资赔偿吗？

《劳动合同法》第十条第一款明确规定："建立劳动关系，应当订立书面劳动合同。"主动签订劳动合同，是法律赋予用人单位和劳动者双方的强制性要求。

在现实生活中，劳动者主动选择不签订劳动合同的现象也时有发生。依据《劳动合同法》以及《劳动合同法实施条例》的相关规定，对于劳动者不愿签订劳动合同的，一般分三种情形进行处理：

（1）自用工之日起一个月内，经用人单位书面通知后，劳动者不与用人单位订立书面劳动合同的，用人单位应当书面通知劳动者终止劳动关系，无须向劳动者支付经济补偿，但是应当依法向劳动者支付其实际工作时间的劳动报酬。

（2）自用工之日起超过一个月不满一年，劳动者不与用人单位订立书面劳动合同的，用人单位应当书面通知劳动者终止劳动关系，并依照《劳动合同法》第四十七条的规定支付经济补偿。

（3）自用工之日起满一年，用人单位未与劳动者订立书面劳动合同的，法律不再区分劳动者是否愿意，规定自用工之日起满一个月的次日至满一年的前一日，用人单位应向劳动者每月支付两倍的工资，并视为自用工之日起满一年的当日已经与劳动者订立无固定期限劳动合同，并且要立即与劳动者补签书面劳动合同。

三、人事文员不签订劳动合同，能获得两倍工资赔偿吗？

就人事文员不签订劳动合同索要两倍工资的情形，与普通劳动者不签订劳动合同案件相比，具有一定的特殊性。

从一般意义上讲，依据《劳动合同法》，用人单位和劳动者签订劳动合同，有个重要的原则就是诚实信用，这是劳动关系建立的基础和前提。作为单位唯一的人事文员，与所有员工签订劳动合同属于其自身工作职责，其应该知晓签订书面劳动合同的相关规定及不签订劳动合同的法律后果。人事文员不签劳动合同，存在着主观上放任甚至希望获取未签订劳动合同两倍工资的嫌疑，通过不诚信的手段获取两倍工资，有违诚实信用的基本原则。

从特定意义上讲，人事文员是公司与员工签订劳动合同的执行者。公司所有员工（除张某外）均与公司签订了劳动合同，唯有张某自己没有签订劳动合同，从工作职责和法理推定上，张某未签订自身的劳动合同，要么属于故意不签，要么属于未履行职责的工作失职。如属于故意不签而事后索要两倍工资，实为不当获利，不能获得；如属于未履行工作职责造成的工作失职，未签订劳动合同造成的后果，张某则应自行承担，不能转嫁给化工公司。

本案中，从公平执行法律规定出发，仲裁庭裁定，张某主张未签订劳动合同两倍工资的请求，不予支持。关于张某违法解除劳动关系的主张，根据举证规则，主张劳动合同变更、解除、终止的一方当事人，对合同关于变动的事实负有举证责任。张某因未提供任何证据对此予以证实，仲裁委最后认为，不能认定化工公司存在违法解除劳动关系的事实，张某主张用人单位违法解除劳动合同支付赔偿金的请求缺乏事实依据，不予支持。

法条链接：《劳动合同法》第三条、第十条、第八十二条

《劳动合同法实施条例》第五条、第六条

经济补偿类争议

案例 4

解除非全日制用工，是否需要支付经济补偿金？

案情简介：2013 年 9 月，经朋友介绍，赵某到某旅行社有限责任公司上班，担任代账会计。双方口头约定：赵某每天只上下午的半天班，每月工资 1500 元。公司没有和赵某签订劳动合同，也没有为赵某缴纳社会保险。虽然公司开出的工资不高，但因为只上半天班，加上赵某的孩子刚刚上初中，自己能有足够的时间照顾家，赵某也就安心在公司工作了。转眼间到了 2014 年 11 月，赵某听同事议论，因经营体制改革，公司将与新成立的文旅集团合并，大多数员工将被辞退。2014 年 12 月，传言变成了现实，很多员工看不到前途，主动提出辞呈，陆陆续续离开了公司。本来公司给的工资就不高，赵某就等着公司主动提出解除劳动关系，认为这样自己好歹还可以多拿一个多月的经济补偿金。2015 年 1 月 9 日，公司人事部通知赵某，从明天开始，不需要来公司上班了；赵某 1 月份只上了 9 天班，按理只能发 500 元工资，念及赵某为公司服务一年多，发放 1 月份全部工资 1500 元，从此双方两不找。公司的决定大大出乎赵某的意料，他问公司为啥不按照法律规定发给自己经济补偿金。人事部答复，因为赵某属于非全日制用工，按照法律规定，解除劳动合同不需要支付经济补偿。赵某很是郁闷，自己周一至周五，都是固定时间来公司上班，怎么突然就变成了非全日制用工了呢？即使自己属于非全日制用工，公司没有提前一个月告知自己，而是突然单方解除合同，也应该给自己一个说法。经人指点，赵某找到市总工会咨询求助。那么，用人单位解除非全日制用工，是否需要支付经济补偿金呢？

案例解析：近年来，以小时工为主要形式的非全日制用工发展迅速。这一用工形式适应了用人单位灵活用工和劳动者自主择业的需要，但由此引发的劳动争议也同步增长。

一、何为非全日制用工？如何判断非全日制用工？

非全日制用工是与全日制用工相对的概念。依照《劳动合同法》第六十八条的规定，所谓非全日制用工，是指以小时计酬为主，劳动者在同一用人单位一般平均每日工作时间不超过四小时，每周工作时间累计不超过二十四小时的用工形式。

非全日制用工与全日制用工有诸多区别，下面将详细分析，但判断是否是全日制用工，其实质标准是在同一单位平均每日工作不超过四小时，每周工作时间累计不超过二十四小时。以工作时间的长短作为界定非全日制用工的标准是国际通行的做法，我国《劳动合同法》界定非全日制用工采用每日工作时间结合周工作时间的标准，即一般平均每日不超过四小时，同时每周累计不超过二十四小时。

依据这个判断标准，在同一个单位中，如果劳动者每日工作时间不超过四小时，但每周累计工作时间超过二十四小时的，将构成一般劳动关系，而不是非全日制用工关系；如果劳动者每天平均工作时间超过了四小时，而每周累计不超过二十四小时，也将构成一般劳动关系，而不是非全日制用工关系。

二、如何区分全日制用工与非全日制用工？两者有哪些不同？

为规范用人单位非全日制用工行为，保障劳动者合法权益，促进非全日制就业健康发展，《劳动合同法》对非全日制用工作出了与全日制用工不同的特别规定：

（1）非全日制用工的劳动者可以与一个或一个以上的用人单位订立劳动

合同，但后订立的劳动合同不得影响先订立的劳动合同的履行。全日制用工的劳动者只能与一个用人单位订立劳动合同。

（2）非全日制用工双方当事人可以订立口头协议。全日制用工则应当订立书面劳动合同。

（3）非全日制用工劳动合同中不得约定试用期。全日制用工除完成一定工作任务为期限的劳动合同和三个月以下固定期限的劳动合同外，其他劳动合同可以约定试用期。

（4）非全日制用工双方当事人都可以随时通知对方终止用工；终止用工，用人单位不向劳动者支付经济补偿金。全日制用工双方当事人都需依法解除或终止劳动合同；用人单位解除或终止劳动合同，应当依法向劳动者支付经济补偿金；违法解除或终止劳动合同的，应当向劳动者支付经济赔偿金。

（5）非全日制用工每小时工资标准不得低于用人单位所在地人民政府规定的最低小时工资标准。而全日制用工劳动者月工资则不得低于用人单位所在地人民政府规定的职工月最低工资标准。

（6）非全日制用工劳动报酬结算周期最长不得超过十五日。全日制用工工资应至少每月支付一次。

三、如何解除非全日制用工？是否需要支付经济补偿金？

在全日制用工中，有不允许解除合同、支付一定经济补偿金后允许解除合同以及满足法定条件但不用支付一定经济补偿金就允许解除合同等多种法定情形。在非全日制用工中，只有既不用满足条件，也不需要支付一定经济补偿金的随机解除合同这一种情形。换言之，在非全日制用工中，解除劳动合同是完全放开的，劳动者或者用人单位都可以随时通知对方终止用工，可以无理由解除劳动合同。

法律如此规定，主要出于以下两方面的考虑：一是因为经济补偿的主要功能之一是帮助劳动者在解除或者终止劳动合同后，渡过重新寻找工作的待业期。在非全日制用工中，劳动关系本来就宽松，寻找一份非全日制工作相对容易，劳动者还可以兼职，因此对劳动者而言，待业期本来就模糊，对随时结束劳动关系早有心理预期，经济补偿没有适用的条件。二是目前我国使用非全日制用工的企业多为微型、小型企业，生存压力比较大，如果要求其支付经济补偿，生产成本过高，将很难存续。

本案中，赵某每天到公司的上班时间按季节有所变化，春、秋季为下午2点至6点，夏季为下午3点至6点，冬季为下午1点半至5点半；双休日正常休息。赵某每天的工作时间不超过4小时，每周工作时间累计不超过20小时，冬季每周工作时间只有15小时，符合非全日制用工的评判标准。旅行社有限责任公司向市总工会解释，用工之前，公司已向赵某作了说明，可能赵某对“非全日制用工”这一用工形式没有一个完整的概念，由此产生了混淆和误解。在协调中，市总工会向旅行社指出，依照《劳动合同法》规定，非全日制用工劳动报酬结算周期最长不能超过15日，而旅行社与赵某每月结算一次工资，这不仅违反法律规定，还是导致赵某产生误解的一个重要原因。对市总工会的整改建议，旅行社表示感谢，并恳请市总工会帮助做好赵某的宣传解释工作。后经过市总工会具体、详细的解释，赵某的疑虑被彻底打消，高高兴兴地参加了公司为离职员工举办的欢送宴会，并与公司办理了相关交接手续。

特别提示：在非全日制用工中，所有解除劳动合同的行为，不管是出于什么原因，不管用人单位或者劳动者是否有过错，用人单位都不需要支付经济补偿。

法条链接：《劳动合同法》第六十八条、第六十九条 、第七十条 、第七十一条、第七十二条

案例 5

拒绝续签劳动合同，还能索要经济补偿吗？

案情简介：2018年12月3日，孟某与某保安公司的第一份劳动合同到

期。合同到期后，保安公司未及时与孟某办理续签劳动合同手续，孟某继续工作至2020年12月。期间，保安公司曾通知孟某续签劳动合同，孟某却予以拒绝。2020年12月25日，孟某主动提出离职，并在员工自愿离职申请表上签字，离职原因注明为劳动合同到期未续签。离职后，孟某第一时间申请劳动仲裁，请求仲裁委裁决公司支付未续签劳动合同的双倍工资以及解除劳动合同的经济补偿金。在法庭上，公司辩称，解除劳动合同的直接原因是孟某拒绝续签劳动合同，孟某属于自愿离职，并提出相关证据予以证明。孟某则认为，劳动合同未续签只是结果，未续签的真正原因是公司未支付加班费，在向公司多次索要未果的情况下，才决定辞职不干。那么，孟某的诉求能够得到法律的支持吗?

案例解析：劳动合同到期后，一般有续签、不续签或者默认以原合同条件继续履行等情况，无论哪一种情形，用人单位都应当依法及时办理相应的手续，否则很可能会引发争议。本案就是因劳动合同到期后未及时续签而引起的劳动争议。

一、哪些情形下，用人单位必须与劳动者续签劳动合同?

《劳动合同法》第四十四条规定，劳动合同期满的，劳动合同终止。至于下一步是否续签劳动合同，一般情况下，用人单位拥有主动选择权。在三种特殊情形下，劳动者拥有主动选择权，劳动者提出或者同意续订、订立劳动合同的，用人单位不仅要与其续订劳动合同，而且应当订立无固定期限劳动合同，劳动者要求订立固定期限劳动合同的除外。这三种情形分别是：

（1）劳动者在该用人单位连续工作满十年的；

（2）用人单位初次实行劳动合同制度或者国有企业改制重新订立劳动合同时，劳动者在该用人单位连续工作满十年且距法定退休年龄不足十年的；

（3）连续订立二次固定期限劳动合同，且劳动者没有本法第三十九条和第四十条第一项、第二项规定的情形，续订劳动合同的。

此三种情形下，用人单位有续订劳动合同的义务，否则就要承担相应的法律责任。

二、因拒签而未签订劳动合同，劳动者能索要双倍工资吗？

建立劳动关系，就应当订立书面劳动合同。劳动合同期满，劳动者拒绝续签书面劳动合同，事后，又以未签订书面劳动合同为由主张双倍工资，该如何处理这类争议呢？《劳动合同法实施条例》将此类争议的处理分为三种情形：

第一种情形，自劳动合同期满次日起一个月内，经用人单位书面通知后，劳动者不与用人单位订立书面劳动合同的，用人单位应当书面通知劳动者终止劳动关系，无须向劳动者支付双倍工资和经济补偿金，但是应当依法向劳动者支付其实际工作期间的劳动报酬。

第二种情形，用人单位自劳动合同期满次日起超过一个月不满一年未与劳动者订立书面劳动合同的，应当依照《劳动合同法》第八十二条的规定向劳动者每月支付两倍的工资，并与劳动者补订书面劳动合同。如果劳动者不与用人单位订立书面劳动合同的，用人单位应当书面通知劳动者终止劳动关系，并依照《劳动合同法》第四十七条的规定支付经济补偿，无须支付双倍工资。

第三种情形，用人单位自劳动合同期满次日起满一年未与劳动者订立书面劳动合同的，自合同期满次日起满一个月的次日至满一年的前一日应当向劳动者每月支付两倍的工资，并视为自合同期满次日起满一年的当日已经与劳动者订立无固定期限劳动合同，应当立即与劳动者补订书面劳动合同。

细心的读者可能已经发现，处理这类劳动合同期满因各种原因导致没有续签劳动合同的争议，法律上并没有将它与第一次用工未及时签订书面劳动合同的争议作出区分，都判定属于没有及时签订劳动合同的争议。劳动合同期满后没有及时续签而继续用工，就属于事实用工。合同期满未续订劳动合同的次日，即为事实用工起算之日。

需要提醒劳动者的是，关于索要双倍工资，有一年仲裁时效的限制。也就是说，即使符合双倍工资的追索条件，如劳动者没有及时追索，超过应当追索之日起最长一年的仲裁时效，除非有证据证明追索双倍工资的仲裁时效有中止或中断等情形，否则就会失去法律保护，用人单位可以不予支付。

三、继续留用拒绝签订合同的劳动者，存在哪些法律风险?

从上面的分析可以看出，劳动者拒绝签订书面劳动合同，用人单位通常的程序是书面通知、及时补订、书面终止。但是，现实生活中，常常有不少企业，尤其是县域以下的非公小企业，出于招工难、想留人、嫌麻烦、不想缴纳社保或者法律观念淡薄等原因，仍然留用拒绝签订书面劳动合同的劳动者，埋下重重隐患。

用人单位继续留用拒绝签订书面劳动合同的劳动者，至少存在三方面的法律风险:

一是支付双倍工资的法律风险。只要用人单位继续留用未签订书面劳动合同的劳动者，就有可能面临支付 11 个月双倍工资的风险，就算劳动者提交了不签订书面劳动合同的申请或者承诺不追究用人单位责任的，也无法对抗法律规定。

二是签订无固定期限劳动合同的法律风险。用人单位自劳动合同期满的次日起，满一年不与劳动者订立书面劳动合同的，视为用人单位已与劳动者订立无固定期限劳动合同。

三是全额承担工伤赔偿费的法律风险。如果因为未签订书面劳动合同导致用人单位未及时为劳动者缴纳社会保险，劳动者如发生工伤，单位要全额承担工伤赔偿。

本案中，孟某劳动合同到期，双方以实际行动默认以原条件继续履行劳动合同。当公司为孟某办理续签劳动合同手续时，孟某在没有证据证明其新的劳动合同降低其劳动条件的情况下不同意续签，单位遂终止劳动关系。孟某主张未续签劳动合同的双倍工资，但其主张时未签订书面劳动合同已经两年，超过仲裁时效；孟某主张经济补偿金，自己又在自愿离职申请书上签字确认，其认为公司未支付加班费导致自己主动辞职，却未能提供有效证据。据此，孟某的这两项诉求均未能得到法律的支持。

特别提示：劳动合同是劳动者依法维权的重要证据。对于劳动者而言，拒绝续签劳动合同而继续留在原单位工作，一旦发生劳动争议，可能会因为缺乏证据陷入维权困境。

法条链接：《劳动合同法》第十条、第四十四条、第八十二条

《劳动合同法实施条例》第五条、第六条、第七条

《最高人民法院关于审理劳动争议案件适用法律问题的解释（一）》第三十四条

案例 6

劳动者追索双倍工资差额有仲裁限制吗？

案情简介：2011 年 1 月 1 日，杨某入职某化工公司，从事财务部出纳，月薪 4000 元。双方一直未签订书面劳动合同。2015 年 3 月 1 日，杨某因为工作中的琐事，与财务部经理发生激烈争吵，之后主动提出离职。2015 年 4 月 1 日，杨某向市劳动争议仲裁委员会提请劳动仲裁，要求化工公司支付入职以来未签订书面劳动合同的双倍工资差额 44000 元。那么，杨某关于未签书面劳动合同的双倍工资差额的请求，能得到法律的支持吗？

案例解析：《劳动合同法》实施后，劳动者因未签订书面劳动合同向用人单位索要双倍工资的案件迅猛增加，引起社会的广泛关注。本案的焦点问题在于，劳动者追索未签书面劳动合同的双倍工资，有仲裁时效限制吗？

一、何为劳动争议仲裁时效？何为特殊时效？

劳动争议仲裁时效，是指当事人因劳动争议纠纷，为维护其合法权益，向劳动争议仲裁机构提出仲裁申请的法定有效期限。

在我国，劳动争议仲裁时效有着发展变化的过程。2008 年 5 月 1 日之前，劳动争议的仲裁时效适用《劳动法》第八十二条的规定，提出仲裁要求的一方应当自劳动争议发生之日起六十日内，向劳动争议仲裁委员会提出书面申请。2008 年 5 月 1 日后，为加大对劳动者合法权益的保护力度，《劳动争议调解仲裁法》将劳动争议申请仲裁的时效期间从六十日延长至一年。

在现实生活中，很多劳动者出于生计和工作岗位稳定的考虑，在劳动关系存续期间，对用人单位拖欠劳动报酬的行为常常不敢主张权利。对此，《劳动争议调解仲裁法》作了一个创新性的制度设计，将劳动争议的仲裁时效分为一般时效和特殊时效。

一般时效的仲裁时效期间为一年，从当事人知道或者应当知道其权利被侵害之日起计算。另一类为特殊时效，劳动关系存续期间因拖欠劳动报酬发生争议的，劳动者申请仲裁不受一年仲裁时效期间的限制；但劳动关系终止的，应当自劳动关系终止之日起一年内提出。

二、如何计算支付未签订劳动合同双倍工资的起算点？

《劳动合同法》第十条第二款规定："已建立劳动关系，未同时订立书面劳动合同的，应当自用工之日起一个月内订立书面劳动合同。"《劳动合同法》第八十二条第一款规定："用人单位自用工之日起超过一个月不满一年未与劳动者订立书面劳动合同的，应当向劳动者每月支付二倍的工资。"

依据上述规定，用人单位因未签订书面劳动合同每月向劳动者支付双倍工资，需要同时满足三个法律要件：一是双方已经建立劳动关系；二是自用工之日起超过一个月不满一年，用人单位未与劳动者订立书面劳动合同；三是未签订书面劳动合同的责任在用人单位。

对于支付双倍工资的起算点，《劳动合同法实施条例》第七条作了具体的规定，用人单位自用工之日起满一年未与劳动者订立书面劳动合同的，自用工之日起满一个月的次日至满一年的前一日，应当依照《劳动合同法》第八十二条的规定，向劳动者每月支付两倍的工资，并视为自用工之日起满一年的当日已经与劳动者订立无固定期限劳动合同，应当立即与劳动者补订书面劳动合同。

从上述规定可以看出，正式用工后的第一个月是签订书面劳动合同的宽限期，在第一个月中，用人单位不与劳动者签订书面劳动合同，法律没有作出惩罚性规定。自正式用工的第二个月起，如果因用人单位的原因继续未签订书面劳动合同，用人单位就需要每月向劳动者支付两倍的工资。如果任其发展，至用工满一年之日，用人单位不仅需要支付前面 11 个月的双倍工资，还视同双方已经签订无固定期限劳动合同，并要立即与劳动者补订书面劳动合同。

三、追索未签订劳动合同的双倍工资有时效限制吗？

劳动者请求支付双倍工资差额时，常常会遇到这样一个问题：仲裁时效是从入职第二个月起算，还是从劳动者离职之日起算？这个问题的关键在于，双倍工资差额部分，是否属于劳动报酬？

之所以会产生这样的困惑，主要是因为“双倍工资”这一法律概念，很容易让人以为，双倍工资是工资的一种，属于劳动报酬的范畴。

关于工资的内涵，《劳动部关于贯彻执行〈中华人民共和国劳动法〉若干问题的意见》第五十三条明确规定，“工资”是指用人单位依据国家有关规定或劳动合同的约定，以货币形式直接支付给本单位劳动者的劳动报酬，一般包括计时工资、计件工资、奖金、津贴和补贴、延长工作时间的工资报酬以及特殊情况下支付的工资等。也就是说，工资是劳动者用自己的辛勤劳动换取的现金报酬，即按劳取酬。

双倍工资的差额部分，属于法律对用人单位的惩罚性赔偿，不属于劳动报酬，不能适用劳动争议特殊时效的规定，应当适用为期一年的一般时效，应从当事人知道或者应当知道其权利被侵害之日起计算。

本案中，杨某 2011 年 1 月 1 日入职，申请双倍工资差额的仲裁时效应自 2012 年 1 月 1 日始，最迟应于 2012 年 12 月 31 日前提出。本案中，市仲裁委裁决，杨某 2015 年 4 月 1 日就化工公司支付入职以来未签订书面劳动合同的双倍工资差额的仲裁申请，已超过仲裁时效，其诉求不再受法律保护。

特别提示：双倍工资的差额部分，即两倍工资中的另一倍工资，是法律为了遏止用人单位故意不签订劳动合同这一违法行为而特意设计的惩罚制度，只有当用人单位故意不签书面劳动合同这一违法行为发生，双倍工资的惩罚性质才会显现出来。双倍工资这一法律概念，虽有工资之名，却不属于工资的范畴。

法条链接：《劳动合同法》第十条、第八十二条

《劳动合同法实施条例》第七条

《劳动争议调解仲裁法》第二十七条

案例 7

试用期内辞职，劳动者需要赔偿培训费吗？

案情简介：2019 年 6 月，朱某入职某医药公司，与公司签订三年期劳动合同，试用期为六个月；合同约定朱某的工作岗位为人事专员，负责人力资源管理工作。上班后不久，公司安排朱某脱产 2 个月，参加第三方机构举办的人力资源管理业务培训班，并支付培训经费 12000 元。2019 年 9 月，朱某准备离职到朋友开的公司去工作。公司拒绝了朱某的离职申请，要求朱某赔偿公司培训费后方可办理离职手续。朱某不服，认为自己还在试用期里，可以行使随时解除权，只要提前三天通知单位即可。公司拿出与朱某签订的培训协议，上面约定：如朱某因任何原因（除不可抗力外），未能如约为公司工作满三年，应作如下赔偿：服务不足 6 个月，赔偿 100% 的培训开支；服务 6 个月以上但不足 18 个月，赔偿 75% 的培训开支；服务 18 个月以上但不足 27 个月，赔偿 50% 的培训开支；服务 27 个月以上但不足 36 个月，赔偿 25% 的培训开支。朱某认为自己还处于试用期，该协议对自己没有约束力。双方争执不下，朱某提请劳动仲裁。那么，劳动者试用期内提出辞职，需要赔偿用人单位支付的培训费吗？

案例解析：试用期是用人单位和劳动者双向选择的考察期。但对于在试用期内参加过指派培训的劳动者，能否挥挥衣袖、潇洒地与单位说再见呢？

一、如何区分职业培训和专业技术培训？

本案中，涉及普通劳动者可能分辨不清的两类培训，即职业培训与专业技术培训。准确区分这两类培训，是判断劳动者离职是否需要赔偿培训费的

前提和基础。根据司法实践，我们可以从专业技术培训具有的“四个专门”特征入手，进行有效的界定和区分。

一是专门的技术培训。职业培训是用人单位为培养和提高劳动者具有从事职业所需要的基本知识和基本技能而开展的训练和学习，培训内容具有基础性、普适性、灵活性等特点，如上岗培训、安全知识培训、规章制度培训、继续教育培训等。专业技术培训是用人单位为了使劳动者能胜任更高层次或更加专业的工作而开展的训练和学习，培训内容具有专业性、技能性、针对性等特点，如岗位专业技术、职业技能培训等。

二是专门的培训机构。职业培训占用正常工作时间较少，一般利用较短的培训周期或空余时间进行集中学习、集中培训，通常属于内训。专业技术培训的内容比较专业和复杂，劳动者一般要脱产参加学习进修，培训的时间较长，组织者通常是具有特定资质的第三方培训机构。

三是专门的培训对象。开展职业培训是用人单位的法定义务，因此，职业培训属于普及型培训，培训对象一般没有特殊限制，常常覆盖全体劳动者或者从事某一工种的全体人员。专业技术培训属于专业型培训，参训对象通常是经过筛选后确定的人员，指向的是特定人员，包括特定个体或特定群体。

四是专门的培训经费。根据《劳动法》的规定，用人单位应该依法提取和使用职业培训经费，有计划地对劳动者进行职业培训，职业培训费用应由用人单位从日常的职工教育经费中支出。专业技术培训的费用通常较高，需要专项培训费用来保障。依据《劳动合同法》第二十二条以及《劳动合同法实施条例》第十六条规定，认定属于专业技术培训时，用人单位要提供有支付凭证的培训发票。

二、试用期内辞职，劳动者需要赔偿培训费吗？

试用期内，劳动者提前三天以书面形式通知用人单位，就可以解除劳动关系，但这只是指一般情况。

劳动者参加过用人单位的指派培训，如果试用期内辞职，用人单位主张劳动者赔偿培训费，必须具备三个法律要件：一是劳动者参加的是专业技术培训；劳动者参加的培训，符合上文所述“四个专门”的特征。二是双方依法订立服务期协议；用人单位对劳动者进行专业技术培训，应与劳动者订立协议，约定服务期。三是劳动者属于违约离职。用人单位没有过错，劳动者违反约定提前离职，就属于违约离职。三个法律要件同时具备，用人单位才可以要求劳动者支付违约金，违约金的数额不得超过服务期尚未履行部分所应分摊的培训费用。

如果三个法律要件不能同时齐备，若劳动者参加的是岗位适应性培训，而非专业技术培训；虽选派劳动者参加专业技术培训，但没有与其约定服务期；用人单位过错在先，劳动者依照《劳动合同法》第三十八条的规定解除劳动合同等，此时，劳动者提前离职，无论是否在试用期，用人单位都不能要求劳动者支付违约金。

三、试用期为啥会成为培训费争议的“聚焦时段”？

有关培训费的争议案例，之所以会特别关注试用期这个时段，主要有两方面的原因：一是很多劳动者对试用期存在认知误区，把试用期误以为来去自由的“随意期”、不要担责的“免赔期”；二是很多人对法律法规的更新与变化，认知上没有及时更新。

1995 年，《劳动部办公厅关于试用期内解除劳动合同处理依据问题的复函》，其第三条规定，用人单位出资（指有支付货币凭证的情况）对职工进行各类技术培训，职工提出与单位解除劳动关系的，如果在试用期内，则用人单位不得要求劳动者支付该项培训费用。随着《劳动合同法》的深入实施，2016 年 4 月，人力资源社会保障部在第二批宣布失效和废止文件的通知中，宣布《劳动部办公厅关于试用期内解除劳动合同处理依据问题的复函》失效废止，其虽已宣布失效，但人们的记忆和认识却没有同步更新，常常导致判断失误。

比照《劳动合同法》第二十二条有关服务期的规定，用人单位为劳动者提供专项培训费用，对其进行专业技术培训的，可以与该劳动者订立协议，约定服务期。此条规定中的“劳动者”，并没有将处于试用期内的劳动者排除在外。也就是说，只要用人单位与劳动者签订的服务期协议是双方真实的意思表示，没有违反法律法规规定，就是合法有效的，对劳资双方均有法律约束力，无论劳动者是否处于试用期。劳动者一旦违反服务期约定，具备前文所述的三个法律要件，就应当按照约定向用人单位支付违约金。

本案中，朱某的工作岗位为人事专员，脱产参加第三方机构举办的人力资源管理业务培训班，医药公司为此支付专项培训经费 12000 元，并与朱某签订专项培训协议，约定相关违约责任，据此，可以认定朱某参加的人力资源管理业务培训为专业技术培训。朱某违约离职，依法应当承担相应的赔偿责任。经审理，市仲裁庭裁决朱某应全额赔偿医药公司支付的相关培训费用。

法条链接：《劳动合同法》第二十二条、第三十八条

《劳动合同法实施条例》第十六条

案例 8

生育津贴和产假工资，女职工能否同时享受？

案情简介：2010 年 8 月，女职工何某大学毕业，入职某制罐有限公司，任行政助理，约定每月工资 3500 元。何某入职后，公司规范地按时足额缴纳了全部的社会保险。寒来暑往，一转眼，何某在公司工作已经三年多，在这期间，何某甜蜜地恋爱、结婚，并幸福地成为准妈妈。2014 年 5 月底，何某怀胎十月，足月分娩。何某住院期间，公司分管领导、人事部经理以及同事纷纷前来探望，并告诉何某，她生产住院期间的医疗费用将由生育保险承担；休产假期间，视同何某正常劳动，公司将工资按月打到她的银行卡上。在家休假期间，何某听朋友说，按照国家规定，女职工生育还可以享受一笔生育津贴。何某听了满心欢喜。2014 年 9 月中旬，何某回到工作岗位后，听说生育保险基金已把自己的生育津贴打给了公司，何某赶紧到人事部门，询问如何办理领取手续。人事部门给她的答复是，何某产假期间，公司已经按月发

放了产假工资，生育津贴是贴补给单位用来发产假工资的，何某不能重复享受；另外，生育保险基金支付的生育津贴低于何某产前工资标准，出于人性化考虑，公司采取就高原则，不予追回，就算补贴给何某了。听人事部这样一解释，何某糊涂了，属于自己的生育津贴不仅没有发给自己，按照公司的解释，好像自己还占公司便宜了；产假工资和生育津贴，自己难道不可以兼得吗？公司是否找借口截留了自己的生育津贴？何某有很多疑问，在别人的指点下，她找到市总工会，咨询公司的解释是否站得住脚，公司按月发放了产假工资，自己是否还有权利享受生育津贴。

案例解析：本案涉及女职工生育期间的基本生活保障和女职工特殊权益保护问题。

一、何为生育津贴？享受生育津贴需具备哪些条件？

生育津贴，是指女职工享受产假或计划生育手术休假期间获得的工资性补偿，目的在于保障女职工产假或休假期间的基本生活需要。

享有生育津贴是生育职业女性的一项基本权利。根据《社会保险法》的规定，用人单位按时足额缴纳生育保险费，职工有下列情形之一的，可以按照国家规定享受生育津贴：（1）女职工生育享受产假；（2）享受计划生育手术休假；（3）法律、法规规定的其他情形。

目前，我国生育津贴的支付方式主要分两种：对已经参加生育保险的，按照用人单位上年度职工月平均工资的标准由生育保险基金支付；对未参加生育保险的，按照女职工产假前工资的标准由用人单位支付。

二、生育津贴与产假工资有何异同？生育津贴与产假工资能否兼得？

产假工资，严格地说是计划经济时代的称谓，那时没有健全的社会保障体系，女职工生育期间享受产假，待遇也由所在单位支付，统称为产假工资。

生育津贴，是用人单位按时足额缴纳生育保险费后，职工享受生育保险待遇的重要内容；生育保险待遇包括生育医疗费用和生育津贴。根据相关法律规定，社保机构按规定标准拨付给用人单位的职工生育津贴，用人单位必须用于职工在生育、产假内应享受的工资及福利待遇。

从上面的分析可以看出，对于已缴纳生育保险的企业，生育津贴是女职工产假期间的工资，不过其支付的主体为生育保险基金。说得更明白点，生育津贴就是原来所说的产假工资。全面推行社会保险制度以后，为了与国际通用术语衔接，“生育津贴”这一名词逐步取代了原来的“产假工资”。这可以从很多地方法规和政策的表述中得到印证，如《海南省城镇从业人员生育保险条例》第十六条规定，女性从业人员生育按照国家规定享受产假的，或按照国家规定享受计划生育手术休假的，在法定休假期间内，“由领取工资变更为享受生育津贴。”再如，《北京市人力资源和社会保障局关于调整本市职工生育保险政策有关问题的通知》（自 2012 年 1 月 1 日起实行）第三条中明确强调：“生育津贴即为产假工资。”

三、生育津贴低于职工产假前工资标准怎么处理？

生育津贴即为产假工资，那是不是生育津贴的标准就等同于职工产假前的工资标准呢？

按照《社会保险法》，用人单位应以劳动者每月的全部收入作为社会保险的缴费基数，所以，理论上，女职工享受的生育津贴待遇应等同于其休产假前上班的正常工资标准。然而在具体实践中，用人单位为了降低成本，很多采用最低缴费基数，或考虑操作方便，采用高于最低基数的平均缴费基数。因而，享受生育保险待遇的职工实际拿到的就是按照用人单位缴费基数测算出的生育津贴，有些会高于女职工产假前工资标准，但普遍的情况是，生育津贴会低于女职工产假前工资标准。

《妇女权益保障法》等法律法规规定，任何单位不得因结婚、怀孕、产假、哺乳等情形，降低女职工的工资。由于法律把生育女职工依照法律规定休产假视为提供了正常劳动，如果生育津贴低于女职工产假前的月工资标准，实际上是侵害了生育女职工的合法权益。

依照《社会保险法》等上位法的立法精神，各地法律法规对女职工产假期间的工资标准作了保护性规定，如《江苏省职工生育保险规定》第十八条规定，职工产假或者休假期间，享受的生育津贴低于其产假或者休假前工资标准的，由用人单位予以补足；高于其产假或者休假前工资标准的，用人单位不得截留。《北京市企业职工生育保险规定》第十五条规定，生育津贴为女职工产假期间的工资，生育津贴低于本人工资标准的，差额部分由企业补足。

也就是说，生育女职工在产假前的工资和生育津贴二者之间，享受数额较高的待遇，生育津贴低于女职工产假前工资标准的，用人单位应补足差额。

本案中，何某所在公司按时足额缴纳了各项社会保险，因此，当何某休产假时，何某的产假工资应由生育保险基金支付。由于生育津贴的申请与支付有一个时间周期，公司提前按照何某产假前的工资标准按月支付何某休产假期间的工资，这个做法并无不妥。虽然后来生育保险基金支付的生育津贴低于何某产前的工资标准，但公司提前按月将何某的工资打到了她的银行卡上，实际上就属于按照就高原则，已经对何某应该享受的生育津贴低于本人工资的差额部分进行了补足，是符合法律规定的。本案之所以会让何某产生困惑，是何某混淆了产假工资与生育津贴的概念，对公司的做法产生了误解。在市总工会耐心的解释下，何某的疑虑烟消云散。

特别提示：生育津贴就是女职工产假期间的工资，只不过是由生育保险基金支付的。因此，女职工享受产假或计划生育手术休假期间，原则上，生育津贴和产假工资不可兼得。

法条链接：《社会保险法》第五十四条、第五十六条

《女职工劳动保护特别规定》第五条、第八条

《妇女权益保障法》第二十七条

加班工资类争议

案例 9

安排劳动者节假日值班，单位要支付加班费吗？

案情简介：2013 年 6 月，戴某从职业技术学院毕业后，入职某电子有限公司，与公司签订了三年期劳动合同，工作岗位为办公室文员。转眼间，戴某迎来了工作后的第一个国庆黄金周。本想与闺蜜结伴旅游，好好放松一下。可放假前两天，戴某接到公司通知，全厂人员轮流值班，自己被安排在 10 月 1 日至 3 日去公司值班。自己是新进员工，理应好好表现，戴某只有取消了原来的旅游计划。2013 年 11 月，10 月工资发下来了，戴某发现只比上个月增加了 150 元，远远低于法定节假日 300% 的支付标准。公司财务部答复，值班历来都不发加班工资，发给戴某的 150 元，是 3 天的值班津贴。戴某提出疑义，虽说是值班，值班时长和平时上班没有任何区别，又在法定节假日期间，理应算加班。公司对戴某的异议不予理睬。利用调休机会，戴某到市总工会咨询，法定假日到公司值班，公司可以不发加班工资吗？

案例解析：实际生活中，很多单位都有“值班”的说法和做法，但在《劳动法》《劳动合同法》等相关法律法规中，却没有“值班”的概念，由此经常导致劳动争议的发生。那么，安排职工节假日值班，究竟算不算加班？值班是否能等同于加班？

值班、加班，都是法定标准工作时间的延长，都是按照用人单位的统一安排进行工作，都体现了单位的意志，因此，劳动者很容易混淆两者之间的概念。在司法实践中，加班、值班虽只有一字之差，但两者却存在很大的区别，主要体现在以下三个方面：

（1）工作内容不同。值班是指用人单位因安全、消防、假日等需要，或为处理突发事件、紧急公务等原因，安排本单位有关人员在夜间、公休日、法定休假日等非工作时间从事的非本职工作的活动，一般为非生产性的责任，如看门、接听电话等。而加班是指用人单位因生产经营需要，安排劳动者在法定标准工作时间之外，继续从事本职工作。从工作内容上看，加班是劳动者本职工作的延续，而值班一般与本职工作有较大区别，不具有工作的延续性。

（2）工作强度不同。由于工作量大或者时间紧迫，劳动者无法在正常时间内完成生产任务，不得不通过延长劳动时间的方法，来弥补时间的不足，所以，加班一般都有一定的工作强度或紧迫性，劳动者也没有时间休息。值班则不同，一般没有紧迫性，也没有太大的工作量，有事则忙，无事则闲，在值班过程中，一般都有较多的时间休息。另外，值班没有严格的时间限制，加班则必须受《劳动法》规定的每日不得超过一小时；因特殊原因需要延长工作时间的，在保障劳动者身体健康的条件下每日不得超过三小时，每月不得超过三十六小时的限制。

（3）法律后果不同。关于值班，目前尚无专门法律对其进行规范。如何值班，值班一次要多长时间，需要支付多少钱，安排值班是否应予协商，劳动者能否拒绝值班，等等，这些问题，往往由单位内部制定的规章制度予以调整。加班受《劳动法》《劳动合同法》《工资支付暂行规定》等诸多法律法规的调整，对加班程序、加班报酬都作出了明确而具体的规定，如加班报酬，根据法律规定，超时加班应当支付平时工资 150% 的加班费，双休日加班要支付 200% 的加班费，法定节假日加班要支付 300% 的加班费。

综上所述，认定劳动者在法定标准工作时间之外的工作是否属于加班，主要看两个方面：一是看劳动者是否继续在原来的岗位上工作，或者是否有具体的生产或经营任务；二是看劳动者的工作强度是否等于或高于日常工作。

为了避免劳动争议的发生，上海、北京等地的高级人民法院及劳动部门先后在其系统内的会议纪要中对“值班”作出了界定，明确了值班只需支付“值班津贴”，而不需要支付加班工资。《北京市高级人民法院、北京市劳动争议仲裁委员会关于劳动争议案件法律适用问题研讨会会议纪要（2009）》规定：“下列情形中，劳动者要求用人单位支付加班工资的，一般不予支持：（1）用人单位因安全、消防、节假日等需要，安排劳动者从事与本职工作无关的值班任务；（2）用人单位安排劳动者从事与其本职工作有关的值班任务，但值班期间可以休息的。在上述情况下，劳动者可以要求用人单位按照劳动合同、规章制度、集体合同等支付相应待遇。”

应该说，以上界定对有效区分值班与加班，具有积极的现实意义。从科学管理的角度来说，为了避免发生关于值班的劳动争议，用人单位在节假日安排职工值班时，不妨将“加班”和“值班”的区别以及待遇标准事先作出说明，或者在企业规章制度中作出详细的界定和解释，从而避免事后发生不必要的误会。

本案中，按照公司的安排，戴某国庆期间到公司去值班，仅仅是在值班室接听电话、按点巡查、应对突发情况，工作强度大大低于日常上班，不具有日常工作的连续性，难以认定为加班。在市总工会的耐心解释下，戴某恍然大悟。

特别提示：少数用人单位为了逃避支付加班工资，安排职工在节假日到单位“值班”，而值班的内容则是劳动者本职工作的延续，或者安排具体的生产经营任务给劳动者，这样，即使称为“值班”，也应当认定为加班，必须要按照法律规定支付加班工资。

法条链接：《劳动法》第四十一条、第四十四条

《上海市高级人民法院关于审理劳动争议案件若干问题的解答》

案例 10

未经批准自行加班，劳动者能否索要加班费？

案情简介：2021 年 5 月，冯某进入某碳素公司担任护炉工，工资标准为 3000 元 / 月。2022 年 4 月 23 日、24 日，冯某因个人私事未到岗工作。事后，冯某意识到问题的严重性，主动作出书面检查，书面认可对公司造成了一定的经济损失。2022 年 4 月 26 日，公司以严重违纪为由解除与冯某的劳动关系。2022 年 6 月，冯某提请劳动仲裁，请求仲裁委裁决碳素公司支付 2021 年 5 月至 2022 年 4 月期间休息日加班工资。在公开审理阶段，碳素公司辩称单位实行加班审批制度，公司规章制度第四条第一项规定："因公司突击性工作需要或因重大节假日需要加班的，部门应提前三天，填写《加班申请单》，由部门负责人签字、报财务部审核、总经理批准、办公室汇总备案，方可加班。员工可凭《加班申请单》由办公室出具《员工调休单》安排调休。未经批准的加班，公司一律不予认可。"而冯某没有提交公司安排加班的有效证据，仲裁委对冯某的仲裁请求不予支持。那么，劳动者未经用人单位批准自行加班，能索要加班工资吗？

案例解析：本案重点探讨的是用人单位劳动规章的有效性、科学性和严密性，以及劳动者如何依法防范用人单位预设的"制度陷阱"。

一、用人单位能否规定"加班必须经过审批，否则不予认可"？

现实生活中，为了加强考勤管理，很多用人单位采用电子打卡、指纹考勤甚至人脸识别等方式进行考勤，为用人单位节省了很多人力物力。先进的考勤设备可以清晰、准确地记录职工进厂、离厂的时间，但却无法解决或者说无法证明这样一个常有争议的问题，那就是，如果在非规定的工作时间之外，特别是下班以后，职工仍然身处工作场所，那么他（她）究竟是在工作，还是在休息？如果是在工作，究竟是单位安排的延时工作，还是个人的自愿加班？虽然用人单位可以制度性地规定职工最迟的必须到岗时间、最早的可以离岗时间，但却很难要求职工什么时间之前禁止进厂、什么时间之后必须离厂。因此，一旦发生加班方面的争议，非规定的工作时间之外（上班前、下班后）的工作行为认定，常常就会成为加班争议一个节点性的问题。

《劳动法》第四条和《劳动合同法》第四条都明确规定，用人单位应当依法建立和完善劳动规章制度，保障劳动者享有劳动权利、履行劳动义务。依法建立包括劳动报酬、工作时间、休息休假、劳动定额管理等内容的劳动规章制度，是法律赋予用人单位的用工管理权。因此，为预防和防止劳动者仅仅以考勤记录为依据主张加班费，用人单位建立加班审批制度，规定“所有加班必须经过相应的申请和审批，否则不予认可”等类似内容，可以说是用人单位在依法行使用工自主权，对于从源头预防劳动争议的发生，有着积极的现实意义。

值得注意的是，用人单位制定加班审批制度，并非一经制定或者一经公布，就自然生效。因为依据《劳动合同法》等相关法律法规，劳动规章制度生效必须同时具备内容合法、程序民主和公示员工这三个法律要件。用人单位规定“所有加班必须经过相应的申请和审批，否则不予认可”，属于用人单位自主经营管理的范畴，并不违反相关的法律法规或者相关禁止性规定，具备内容合法的要件。在此基础上，用人单位要将草拟的加班审批制度，提交职代会或者全体职工讨论，提出方案和意见，与工会或者职工代表平等协商确定。然后，用人单位还要将最终确定的加班审批制度通过有效的方式向全体职工公示告知。只有这样，加班审批制度才能对用人单位和劳动者同时具有法律约束力。

二、如何认定加班？如何区分自愿加班与单位认可的加班？

《劳动法》第四十一条规定，用人单位由于生产经营需要，经与工会和劳动者协商后可以延长工作时间，一般每日不得超过一小时；因特殊原因需要延长工作时间的，在保障劳动者身体健康的条件下延长工作时间每日不得超过三小时，但是每月不得超过三十六小时。《劳动合同法》第三十一条规定，用人单位安排加班的，应当按照国家有关规定向劳动者支付加班费。《工资支付暂行规定》第十三条规定，用人单位在劳动者完成劳动定额或规定的工作任务后，根据实际需要安排劳动者在法定标准工作时间以外工作的，应按法定的支付标准支付加班工资。

从列举的部分法律条文可以看出，法律对加班的协商程序、加班最长时限以及加班工资支付标准都有明确的规定。之所以对加班作出诸多法律限制，并要求支付较高标准的加班费，就是为了防止用人单位随意延长工作时间，切实保护劳动者的劳动报酬权和休息休假权。

在司法实践中，认定加班的充分必要条件至少有三：一是在法定标准工作时间或约定的工作时间以外；二是继续从事本职工作；三是用人单位安排。仔细研究上文列举的有关加班的法律条文，我们不难发现，每个法条都是以“用人单位”做主语。用人单位支付加班费的前提，是用人单位安排劳动者在法定标准工作时间或规定工作时间之外工作，而不是劳动者自愿加班。因此，在认定加班的三个充分必要条件中，“用人单位安排”就成为非常关键的一个认定要素。

从上面的分析，我们不难得出这样的结论：职工非工作时间之外滞留工作场所，不必然等于继续工作，更不直接等于超时加班。事实上，职工非工作时间之外滞留工作场所的原因有很多，包括主动加班、躲避上下班高峰、干私活、浏览新闻等。只有“用人单位根据实际需要，安排劳动者在法定标准工作时间或约定工作时间以外工作的”，即用人单位主动安排的加班，用人单位才应按照法定标准支付加班工资。

三、未经批准自行加班，能否索要加班费？

在用人单位依法实行加班审批制度的情况下，劳动者未经审批自行加班，仅仅以考勤记录为依据，一般很难主张或索要加班费。部分地区的审判指导意见也对此进行了明确，《江苏省高级人民法院、江苏省劳动争议仲裁委员会关于审理劳动争议案件的指导意见》就规定，用人单位有明确的加班审批制度，劳动者仅以电子考勤记录主张存在加班事实的，不予支持。

如果确实是劳动者自行加班，用人单位不支付加班工资倒也无可厚非。但有的用人单位利用不平等的强势地位，故意安排职工从事没有审批的加班而逃避加班费，劳动者该怎么办？更为卑劣的是，劳动者按规定提交了加班审批表，可当劳动者主张加班费时，用人单位一概不予承认，更不提供劳动者提交的加班审批表，反而以劳动者没有提交加班申请为由进行抵赖，劳动者该如何应对？

应对这种情况，劳动者要做善于依法维权的有心人，首先要就加班事实的存在承担举证责任。《最高人民法院关于审理劳动争议案件适用法律问题的解释（一）》第四十二条规定，劳动者主张加班费的，应当就加班事实的存在承担举证责任。劳动者有证据证明用人单位掌握加班事实存在的证据，用人单位不提供的，由用人单位承担不利后果。也就是说，如果用人单位故意以实行加班审批制度逃避加班费时，劳动者首先要就“加班事实”和“用人单位安排”这两个方面进行前期举证。说得更明确一点，就是劳动者不仅要证明自己加过班，还要证明这次加班是用人单位安排的。在平时工作中，特别是单位安排加班时，劳动者要利用各种方式，比如微信截屏、保留短信、电子邮件、手机拍照、通话录音等，注重收集可以证明“用人单位安排加班”的各种证据。只有证据在手，才能胜券在握。

本案中，冯某主张 2021 年 5 月至 2022 年 4 月期间的加班工资，由于碳素公司依法实行了程序严格的加班审批制度，可冯某始终未能向仲裁委提供公司安排加班的有效证据，仲裁委无法查实。最后，仲裁委作出裁决，对冯某主张加班费的请求不予支持。

法条链接：《劳动法》第四条、第四十一条

《劳动合同法》第四条、第三十一条

《最高人民法院关于审理劳动争议案件适用法律问题的解释（一）》第四十二条

病假年假类争议

案例 11

劳动者申请跨年享受年休假，单位是否应该批准？

案情简介：戴某是某电器销售公司的管理人员，公司业务具有明显的淡旺季之分。每年五六月份开始，公司业务就像节节攀升的气温一样，进入大忙季节。进入深秋以后，公司进入销售淡季，管理和销售人员的工作量都明显减少。公司每年都把这段时间用于安排员工休年假。2014 年 11 月，公司开始按照计划安排职工休当年的年假。快要轮到戴某休假时，戴某向人力资源部递交了一份申请，请求将 2014 年未休的 10 天年假推迟到 2015 年 6 月休。原来，戴某的孩子明年 6 月参加高考，戴某想把 2014 年的 10 天年休假和 2015 年的 10 天年休假并在一起休，这样自己就有了将近一个月的时间，可以安心地做好孩子高考的后勤保障工作了。但是，这份申请到了人力资源部那里，却被打了回票。公司回绝戴某的理由有两条：一是五六月份正是公司业务开始忙碌的时候，戴某一口气请这么长的假期，必定会对公司业务产生影响，戴某应以大局为重；二是公司年初就排定了全年年休假安排，如果其他职工都效仿戴某，都不按照年假计划休假，那公司以后怎么进行有效的管理？而戴某坚持，自己的孩子参加高考，一辈子就这么一次，事关重大，出于人性化管理，公司应该予以批准。戴某和人力资源部理论了半天，公司始终不肯松口。在别人的指点下，戴某找到市总工会，咨询自己有没有权利申请跨年度休年休假，公司可以不批准自己跨年度休假的申请吗?

案例解析：随着带薪年休假制度的不断落实，给广大劳动者带来了实质性的休假福利。但与此同时，由此引发的劳动争议，也在不断增多，本案就是一个代表案例。

一、何时休年休假，究竟谁说了算?

享受带薪休假是法律赋予劳动者的一项基本权利。《劳动法》第四十五条规定，国家实行带薪年休假制度；劳动者连续工作一年以上的，享受带薪年休假。《职工带薪年休假条例》第二条规定，单位应当保证职工享受年休假；机关、团体、企业、事业单位、民办非企业单位、有雇工的个体工商户等单位的职工连续工作 1 年以上的，享受带薪年休假。

职工享有带薪休假的法定权利，但职工是否可以随时申请年休假?用人单位是否必须批准呢?依据《职工带薪年休假条例》第五条第一款和《企业职工带薪年休假实施办法》第九条规定，用人单位根据生产、工作的具体情况，并考虑职工本人意愿，统筹安排年休假。这一法条明确了统筹安排职工年休假是企业的经营自主权，这里面包含了两层意思：一是用人单位享有根据实际情况自主安排年休假的权利；二是年休假的安排要考虑职工本人的意愿，也就是说要根据员工的想法进行适当合理的安排。

在执行年休假制度中，我们要把握两个原则：一是年休假国家法定原则，法定原则不仅指年休假的天数法定，而且指年休假的延转、免除等情形及违法责任法定。二是年休假单位调控原则，单位可以在国家规定的法定天数情形下，结合职工意愿和单位自身情况，自主安排员工年休假计划。

二、员工提出跨年度休假申请，用人单位有权不批准吗?

在年休假安排的方式选择上，《职工带薪年休假条例》第五条第二款作了详细的规定，主要有四个方面：一是年休假可以根据单位实际灵活安排，或集中使用，或分段使用；二是年休假应在当年休完，一般不跨年安排；三是如果单位因生产、工作特点确有必要跨年度安排的，可以跨年度安排；四是即便跨年度安排，也只能跨 1 个年度。《企业职工带薪年休假实施办法》第九条对用人单位确因工作需要跨 1 个年度安排年休假的，明确要求，应征得职工本人同意。

对职工而言，年休假确实是法律规定的法定带薪假，是职工应该享有的法定权利。但我们同时也要清晰地认识到，法律对这个假期的保护主要体现在年假的天数、未休年假的补偿上。对具体如何安排年休假，法律明确规定用人单位拥有统筹安排权。

我们仔细认真研读《职工带薪年休假条例》第五条和《企业职工带薪年休假实施办法》第九条后会发现，对跨年度安排年休假这一问题，法律规定首先是“一般不跨年度安排”。其次，“因生产、工作特点确有必要跨年度安排职工年休假”，其实施主体是用人单位，而且前提条件是确有必要、征得职工本人同意。最后，在当年不能安排职工年休假时，在征得职工同意的基础上，用人单位可以选择跨年度安排，也可以选择按照职工日工资收入的 300% 支付未休年假工资报酬（包含用人单位支付职工正常工作期间的工资收入）。

对职工申请跨年度休假的问题，法律首先是不倡导，其次，批与不批，法律赋予用人单位自主管理的权利，单位既可以通过合法有效的规章制度予以规范，也可以根据单位的实际情况自主作出处理。说得更直白一点，职工申请跨年度休年假，批或者不批，单位说了算。

三、怎样避免和减少扎堆休假、跨年度休假申请这类矛盾？

每到年终岁末，一些还没来得及休年假的职工，为了赶上年休假的末班车，常常会扎堆提出休假申请，或者提出跨年度休假的要求。年底又正是每个单位收官总结、谋划新年思路的关键时候，年末职工扎堆休假，单位很难同意；同意跨年度要求，来年休假安排的难度就相当大。职工的担心也很现实，不休的年休假，责任到底在谁，单位是否给予补偿；过期没休的年休假会不会被清零。这些矛盾一旦处理不善，轻则会产生误解、不愉快，重则会造成职工与单位之间关系的紧张和不适。因此务必引起高度重视，不容小觑。

剖析“扎堆休年假申请”“要求跨年度休年假”这一现象，表面上是职工休假申请与企业生产经营之间发生冲突，但实质上，反映出的是企业在人力资源管理上存在的问题。《职工带薪年休假条例》赋予单位统筹安排年休假的自主管理权，单位就应该在“统筹”上下功夫，并要充分考虑职工的意愿。企业如果将人力资源管理做得规范、细致、人性化，完全可以有效规避“突击休假、扎堆休假”等现象发生。如果企业一味地强化自身的自主管理权，不在乎职工本人的意愿和想法，显然是一桩双赔的买卖，给了假期还笼络不到人心，得不偿失，也有违立法的初衷。

有效避免年休假争议，建议用人单位将刚性政策与人性化管理相结合，加强和职工的事先沟通，年初就制订全年的年休假计划，有序组织实施；更为重要的是，应通过民主程序，依法制定单位的年休假制度，结合单位实际和职工意愿，给予职工最大的休假保障；当单位或个人遇到难处时，双方要充分协商、沟通，取得对方的谅解和支持。如职工坚持要在年底休假，企业应当积极和职工沟通，告知其休假确实会对企业的生产经营有影响，争取职工的理解和谅解，或者协调假期，或者延后至下一年，或者按照该职工日工资收入的 300% 支付年休假工资报酬（包含用人单位支付职工正常工作期间的工资收入）。

本案中，电器销售公司年初就制订全年职工年休假计划，在公司销售淡季时安排职工休假，从执行年休假制度的角度来看，没有过错。戴某由于孩子明年高考，希望单位跨年度安排年休假，情有可原，但法不容情，单位可以不予批准，因为导致戴某未能如期休假的原因，完全属于戴某的“个人原因”。市总工会介入协调后，首先告知戴某，电器销售公司根据全年年休假计划安排戴某 11 月休假，已经尽到了企业安排员工休假的法定义务。如果戴某坚持原有的延期休假申请，不仅得不到单位的批准，还有可能享受不到未休年休假的工资补偿。

在协调中，市总工会提出，公司在执行年休假制度时，能否考虑把刚性的制度变为柔性的尺子，对于像戴某这样有特殊需要的职工，建议公司结合经营情况，与戴某充分协商，将年休假时间调整到双方都可以接受的时间段，也可以通过书面声明或协议的方式，明确戴某在休假期间，遇到销售任务紧张或者人员无法调配时，戴某必须以公司利益为重，服从公司的安排。在市总工会的协调下，公司接受了市总工会的建议，同意假如条件允许，将戴某的部分年休假安排在 2015 年高考前后。戴某虽然没有如愿实现跨年度休假的申请，但至少给了他一线希望，他主动提出，如果单位在明年高考前后给他照顾，他愿意放弃今年的年休假。最终，在市总工会的调解下，戴某与公司握手言和。

法条链接：《职工带薪年休假条例》第二条 、第五条 、第九条、第十条

案例 12

单位可以统一安排春节期间休年假吗？

案情简介：袁某是某建筑公司的老员工，入职将近十年。2017 年春节前，公司宣布，放假从除夕前三天开始，一直放到正月十五，连放 18 天。放假通知说，除去 3 天法定节假日，其他为公司给所有在职员工的带薪年休假，年内不再安排年休假。作为老员工，袁某知道公司的考虑，统一将年休假放在春节期间休掉，美其名曰照顾外地员工回家过年，而实际上，春节前后正好是建筑企业的淡季，这样安排，既把所有职工的年休假都休掉了，又回避了淡季职工无事可做的尴尬。袁某的女儿今年高考，原计划暑假利用年休假带孩子出去旅游，公司的集中放假安排把袁某的计划打乱了。袁某找到公司人力资源部，质疑公司安排年休假时没有征求职工个人意见，违反了考虑职工意愿的法律要求。公司的答复是，何时休年休假，决定权在用人单位，职工的意愿仅仅是参考因素，而不是决定因素，希望袁某以公司利益为重，服从休假安排。那么，公司可以春节期间统一安排职工休年休假吗？公司执意如此安排，是否违法？

案例解析： 每年春节前，网上常常会出现各种“拼假攻略”，很多人暗自期待超长版春节长假的到来，过一个气定神闲的春节。可一旦用人单位强制职工在春节期间休年休假，却让事情变得有些复杂起来，甚至有人不乐意了，觉得自己的合法权益被侵犯了。本案的代表意义就在于，用人单位能否不征求职工本人意见，统一安排年休假？

一、享受带薪年休假的休假条件是什么？

休息休假权是《宪法》赋予公民应当享有的基本权利。为了平等保护各类劳动者的休息休假权，《职工带薪年休假条例》第二条规定，机关、团体、企业、事业单位、民办非企业单位、有雇工的个体工商户等单位的职工连续工作一年以上的，享受带薪年休假，职工在年休假期间享受与正常工作期间相同的工资收入。此条规定将年休假的实施范围覆盖到各类用人单位。

就职工年休假的具体天数，《职工带薪年休假条例》第三条作了区分说明，规定职工累计工作已满 1 年不满 10 年的，年休假 5 天；已满 10 年不满 20 年的，年休假 10 天；已满 20 年的，年休假 15 天；国家法定休假日、休息日不计入年休假的假期。

对于不享受当年年休假的人群，《职工带薪年休假条例》第四条作了列举说明，主要包括：（1）职工依法享受寒暑假，其休假天数多于年休假天数的；（2）职工请事假累计 20 天以上且单位按照规定不扣工资的；（3）累计工作满 1 年不满 10 年的职工，请病假累计 2 个月以上的；（4）累计工作满 10 年不满 20 年的职工，请病假累计 3 个月以上的；（5）累计工作满 20 年以上的职工，请病假累计 4 个月以上的。

二、用人单位有权强制职工在春节期间统一休年假吗？

关于年休假的安排和实施，《职工带薪年休假条例》第五条和《企业职工带薪年休假实施办法》第九条都作了意思完全一致的规定，即用人单位根据生产、工作的具体情况，并考虑职工本人意愿，统筹安排年休假。

细细品味这两条表述几乎一模一样的规定，我们至少可以梳理出下面这三层意思：第一，安排年休假，是采取单位统筹安排与职工意愿相结合的方法进行；第二，用人单位有权根据生产、工作的具体情况，统筹安排职工休年休假；第三，用人单位统筹安排休年休假时，要充分考虑职工的本人意愿。

不可回避的是，当用人单位的“统筹安排”和职工的“本人意愿”发生冲突时该怎么办?《职工带薪年休假条例》和《企业职工带薪年休假实施办法》把安排年休假的统筹权力赋予了用人单位。也就是说，用人单位安排年休假时，职工的本人意愿属于需要或应该充分考虑的因素，但它仅仅是考虑因素、影响因素，不是决定因素。安排年休假的决定权或者说主导权在用人单位。职工的本人意愿与用人单位的统筹安排发生冲突时，按照现行的法律规定，职工只能以大局为重，服从单位的统一安排。

三、统一安排职工指定时间休年休假是否合理?

从法律意义上说，用人单位统一安排职工休年休假并没有违法，但不代表这种安排方式就很合理。

完全照顾和考虑单位的利益，而不顾职工的个人意愿，这本身就是不尊重劳动者权益的表现。统筹安排，不应该是一刀切，更不代表用人单位可以置职工的个人意愿于不顾，完全自说自话。

正确的做法应该是用人单位每年年初制订全年的职工休假计划，根据单位的生产经营情况统筹安排。为了充分体现管理的温度和人性化，用人单位可以建立征求职工意愿的民主程序，在尽可能的情况下充分考虑职工的休假申请，真正做到统筹安排职工的年休假。

当然，根据“法无禁止即可为”的原则，用人单位可以依法制定和完善规章制度，规定职工不经单位同意强行休假属于违纪行为，可以作出相应的惩处。

本案中，袁某所在的建筑公司出于春节期间业务清淡、职工工作量不饱和、外地员工多等因素，统一将年休假安排在春节期间，从法律上讲并不违法。当然，不违法不代表这种做法就合情合理。公司安排前，要尽量做好耐心细致的思想政治工作，尽可能考虑到广大职工的意愿和要求，真正做到以人为本、统筹安排，促进劳动关系的和谐稳定。

法条链接：《职工带薪年休假条例》第二条、第三条、第四条、第五条、第九条

案例 13

劳动者连续休病假，遇到节假日、双休日是否需要扣除？

案情简介：梁某是市区一家机械制造有限公司的老员工，在该公司工龄已达 16 年，与公司签订了无固定期劳动合同。梁某是个体育爱好者，喜爱篮球、游泳、健身、登山，加入了不少体育爱好者协会。2014 年 4 月，梁某与好友一起去登山，他们选择的登山路线很少有人去过，十分艰难，成功登顶后，梁某等人十分开心。正应了那句话：上山难，下山更难。下山时，梁某一脚踏空，掉入一道山涧。幸好坡度不高，梁某正好掉入山涧的深水区，受的伤不是很重。经医院检查，梁某腰部扭伤，小腿韧带拉伤，医院开出了病休一个月的建休证明。公司人力资源部及时批准了梁某的病假申请。治疗期间，梁某的一个好友提醒他，五月份，头尾各遇到一个小长假（五一劳动节和端午节），加上双休日，共有休息日 10 天，虽然医院给梁某开出的病假是一个月，但梁某实际病休日只有 21 天，另外 10 天，本来就是带薪假日，应该按正常计薪日发工资。梁某一听，觉得很有道理，当即打电话询问公司人力资源部。人力资源部给梁某的答复是，一个月病假，是按整月计算的，病假期间遇到节假日、双休日，不另外扣除，都按病休日计算。梁某追问公司这样做有何依据，答复说，员工手册上有这样的规定，公司也一直是这样操作的。梁某内心很是疑惑，对公司的答复不太满意。通过 114 查号台，梁某把电话打到市总工会，咨询职工连续休病假，计算病假工资时，是否需要扣除节假日、双休日？

案例解析：这是一起劳资双方因计算医疗期的口径不一致而引发的劳动争议。

一、如何计算医疗期？

病假，字面意思就是因病请假，指职工因疾病或非因工负伤，需要停止工作医疗时，企业根据劳动者本人实际参加工作年限和在本单位工作年限而给予一定的医疗假期。

在法律条文中，我们看到更多的是另外一个词——“医疗期”。根据《劳动部关于发布〈企业职工患病或非因工负伤医疗期规定〉的通知》的规定，医疗期是指企业职工因患病或非因工负伤停止工作治病休息不得解除劳动合同的时限。企业职工因患病或非因工负伤，需要停止工作医疗时，根据本人实际参加工作年限和在本单位工作年限，给予3个月到24个月的医疗期：(一)实际工作年限十年以下的，在本单位工作年限五年以下的为3个月；五年以上的为6个月。(二)实际工作年限十年以上的，在本单位工作年限五年以下的为6个月，五年以上十年以下的为9个月；十年以上十五年以下的为12个月；十五年以上二十年以下的为18个月；二十年以上的为24个月。

二、病假工资是如何计算的？

关于病假工资的计算，我们援引最多的法律条文是《劳动部关于贯彻执行〈中华人民共和国劳动法〉若干问题的意见》第五十九条：“职工患病或非因工负伤治疗期间，在规定的医疗期内由企业按有关规定支付其病假工资或疾病救济费，病假工资或疾病救济费可以低于当地最低工资标准支付，但不能低于最低工资标准的80%。”依据这一基本原则，各地关于病假工资的立法，主要有三种模式：

模式一：根据职工的工龄和工资，按照一定的比例支付。这一模式主要以上海为代表。在这一模式下，有关病假工资的计算公式为：日工资 × 计算系数 × 病假日。从该公式可以看出，病假工资主要是以日工资和计算系数确定的。

模式二：根据职工的工资，按照一定的比例支付。采用这种模式的主要是深圳市。依照《深圳市员工工资支付条例》第二十三条的规定：“员工患病或者非因工负伤停止工作进行医疗，在国家规定的医疗期内的，用人单位应当按照不低于本人标准工资的百分之六十支付员工病伤假期工资，但不得低于最低工资的百分之八十。”

模式三：按照合同约定支付。采用这种模式的主要以北京、江苏为代表，允许用人单位通过劳动合同或集体合同来约定有关病假工资。《北京市工资支付规定》：“劳动者患病或者非因工负伤的，在病休期间，用人单位应当根据劳动合同或集体合同的约定支付病假工资。”

三、连续病休，遇节假日、双休日是否需要扣除？

1995 年 5 月 23 日，劳动部在 1994 年 12 月 1 日发布《企业职工患病或非因工负伤医疗期规定》的基础上，根据一些企业和地方劳动部门的反映，专门发布《关于贯彻〈企业职工患病或非因工负伤医疗期规定〉的通知》，对计算医疗期的起止时间等问题进行了界定，明确规定，医疗期计算应从病休第一天开始，累计计算。病休期间，公休、假日和法定节日包括在内。

不管以何种方式计算病假工资，病假时间的长短，将直接影响到职工病假期间的工资收入。职工连续病休期间，遇到节假日、双休日是否扣除，又直接关系到职工病假时间的长短。扣除几日，则病假总时间就少几日。是否扣除，关键看是否有法律依据，只有依法操作，劳资双方才能心服口服，才能避免发生争议。

本案中，公司对梁某的答复是符合《劳动部关于贯彻〈企业职工患病或非因工负伤医疗期规定〉的通知》的。对医疗期起止时间的计算，江苏地区是严格按照劳动部的规定进行操作的。职工病休期间，遇到节假日和双休日，按病休日计算。在梁某追问公司的做法有何依据时，公司没有回答出是依据哪条法律法规，反而说公司是依照惯例在操作，让梁某产生了疑惑和误解。此案例也形象生动地告诉我们，依法管理是避免和防止劳动争议的基本原则。在市总工会依法解答后，梁某疑虑顿消，对市总工会的热情解答表示十分感谢。

法条链接：《企业职工患病或非因工负伤医疗期规定》第一条、第二条、第三条

案例 14

退休返聘人员是否有病假工资？

案情简介： 2012 年 12 月，陈某在某公司办理退休手续后，返聘在公司传达室做门卫，兼顾行政办公区域的卫生保洁。陈某为人低调谦和，和公司上上下下打成一片。时光如水，转眼九年多时间过去了，陈某也是将近 70 岁的人了，但看起来依然硬朗，隔两天轮一次的夜班照常值守，从不叫苦叫累。2021 年 3 月，陈某患肝囊肿住院开刀，前前后后休息了两个多月。陈某痊愈上班后，公司考虑到陈某年近七旬，确实岁数太大，万一工作中有什么闪失就麻烦了。2021 年 6 月，公司通知陈某干完这个月之后，将与他解聘。陈某也很理解，在公司正式通知他时，提出希望公司支付病假期间的三个月扣发工资。公司则认为，陈某属于退休返聘人员，看病有医保，平时还有退休金，又没有事先约定，因此，病假期间本身就没有工资，不存在扣发一说。陈某争取几次，公司都没有松口，就前往市仲裁处咨询求助。那么，退休返聘人员生病，是否有病假工资呢？

案例解析： 接受原单位或新单位的聘请，退而不休、发挥余热是不少退休职工的选择。但退休返聘人员又不同于普通在职职工，他们能否像在职职工一样，在病假期间享受病假工资呢？

一、法律对法定退休年龄是如何规定的？

按照国家法定退休年龄依法退休、退职，是维护职工合法权益的重要保证。1951 年 2 月 26 日，中央人民政府政务院公布《中华人民共和国劳动保险条例》，这是我国第一部劳动保险条例，由此开始，我国政府机关、城镇企业和事业单位正式实行了退休制度。

1978 年 5 月 24 日，第五届全国人民代表大会常务委员会第二次会议原则批准，现仍然有效的《国务院关于安置老弱病残干部的暂行办法》《国务院关于工人退休、退职的暂行办法》，对企业职工法定退休年龄作出了明确规定。其核心精神和《国务院办公厅关于进一步做好国有企业下岗职工基本生活保障和企业离退休人员养老金发放工作有关问题的通知》《劳动和社会保障部关于制止和纠正违反国家规定办理企业职工提前退休有关问题的通知》精神基本一致，明确规定：国家法定的企业职工退休年龄是男年满 60 周岁，女工人年满 50 周岁，女干部年满 55 周岁。从事井下、高温、高空、特别繁重体力劳动或其他有害身体健康工作的，退休年龄男年满 55 周岁，女年满 45 周岁，因病或非因工致残，由医院证明并经劳动鉴定委员会确认完全丧失劳动能力的，退休年龄为男年满 50 周岁，女年满 45 周岁。

2001 年 5 月，《劳动和社会保障部办公厅关于企业职工“法定退休年龄”涵义的复函》规定，国家法定的企业职工退休年龄是指国家法律规定的正常退休年龄，即男年满 60 周岁，女工人年满 50 周岁，女干部年满 55 周岁。

从上述规定可以看出，法定退休年龄应视为劳动者劳动年龄的上限，而不受劳动者自身实际劳动能力的影响。劳动者退休年龄的法定年限届满之日，也是劳动者劳动年龄的终止之时。

二、退休返聘人员与用人单位之间形成何种关系?

受《劳动法》《劳动合同法》等法律法规调整的劳动者，其主体资格始于劳动者最低用工年龄（除特种工作外为 16 周岁），终于法定退休年龄。《劳动合同法》第四十四条规定，劳动者开始依法享受基本养老保险待遇的，劳动合同终止。《劳动合同法实施条例》第二十一条进一步规定，劳动者达到法定退休年龄的，劳动合同终止。

劳动者达到法定退休年龄后，即丧失劳动者主体资格，不能再与用人单位形成劳动关系，也不再受《劳动法》《劳动合同法》等劳动法律法规的调整。达到法定退休年龄的退休人员，与用人单位之间的用工关系，也由劳动关系转变为劳务关系。

对退休人员重新就业，与用人单位形成何种关系，《最高人民法院关于审理劳动争议案件适用法律问题的解释（一）》第三十二条作了更为明确的规定，用人单位与其招用的已经依法享受养老保险待遇或领取退休金的人员发生用工争议，向人民法院提起诉讼的，人民法院应当按劳务关系处理。

各地司法机构也制定了类似的指导意见，如江苏省高级人民法院、江苏省劳动争议仲裁委员会2009年12月联合制定下发《关于审理劳动争议案件的指导意见》，其第三条就明确规定，用人单位招用已达到法定退休年龄的人员，双方形成的用工关系按雇佣关系处理。

值得注意的是，对于达到或超过法定退休年龄但未享受基本养老保险待遇或领取退休金的人员，相关部门或司法机构也作出了人性化的规定。例如，人力资源社会保障部《关于执行〈工伤保险条例〉若干问题的意见（二）》第二条第一款规定，达到或超过法定退休年龄，但未办理退休手续或者未依法享受城镇职工基本养老保险待遇，继续在原用人单位工作期间受到事故伤害或患职业病的，用人单位依法承担工伤保险责任。但此条款限定在达到退休年龄后继续在原单位工作的情形。

类似地，江苏省劳动人事争议仲裁委员会《关于印发江苏省劳动人事争议疑难问题研讨会纪要的通知》规定，用人单位与其招用的已达到或超过法定退休年龄但未享受基本养老保险待遇或领取退休金的人员发生用工争议，双方之间用工情形符合劳动关系特征的，应当按劳动关系特殊情形处理。

三、退休返聘人员病假期间有病假工资吗？

为了规范退休返聘人员与用人单位之间的用工关系，《劳动部关于实行劳动合同制度若干问题的通知》第十三条规定，已享受养老保险待遇的离退休人员被再次聘用时，用人单位应与其签订书面协议，明确聘用期内的工作内容、报酬、医疗、劳动待遇等权利和义务。

从上面的分析可以看出，退休返聘人员与用人单位形成劳务关系，而病假工资则是劳动关系下的劳动者福利待遇。因此，退休返聘人员是否享有病假工资，要视用人单位与返聘人员是否签订书面协议、对退休返聘人员的病假工资事项有无明确约定而定。如对病假工资有明确约定，用人单位应支付病假工资；如对病假工资没有约定，劳动者主张用人单位支付病假工资，就缺乏足够依据。

本案中，陈某办理了退休手续，留厂返聘近十年，与公司之间形成的用工关系，应按劳务关系处理。陈某生病期间的病假工资，因陈某与公司之间没有事先约定，陈某事后要求公司支付，缺乏法律依据。在市仲裁委员会的调解下，公司看在陈某勤勤恳恳为单位辛劳付出的基础上，答应给予一定的困难补助。

法条链接：《最高人民法院关于审理劳动争议案件适用法律问题的解释（一）》第三十二条

《劳动合同法》第四十四条

《劳动合同法实施条例》第二十一条

《劳动部关于实行劳动合同制度若干问题的通知》第十三条

竞业限制类争议

案例 15

劳动者支付违约金后，还需要继续履行竞业限制义务吗？

案情简介： 2019 年 11 月，潘某入职某银行，担任银行下属支行的个人金融业务部经理。入职后，银行还与潘某签订了一份竞业限制协议，约定双方劳动合同期满或解除后，潘某 24 个月内不得到省内商业银行和有竞争业务的同类单位工作，如违反该约定，潘某应向银行支付不低于其离职前 6 个月的工资作为违约金。2021 年 7 月，潘某以不能适应工作需求为由提出辞职，双方随后正式解除劳动关系。2021 年 8 月，潘某进入不在一个地区，但依然在省内的另一家银行工作。银行并不知情，依然按照约定每月向潘某支付竞业限制补偿金。2022 年 7 月，某银行发现潘某违约，向劳动人事争议仲裁委申请劳动仲裁，要求潘某支付违约金，并继续履行竞业限制协议。潘某庭审过程中辩称，他在某银行工作任职期间，所从事业务并不涉及银行商业秘密，所签协议非本人自愿，且现银行与某银行也不在同一地方，协议中约定的竞业限制区域过大，因此主张竞业限制协议无效。那么，劳动者在岗期间签订的竞业限制协议，对离职后的劳动者还会有约束力吗？劳动者如果支付了违约金，还需要继续履行竞业限制义务吗？

案例解析： 用人单位保护知识产权和商业秘密最常用的方法，就是与相关涉密人员签订竞业限制协议。本案争议的焦点在于涉及竞业限制的对象范围以及违约后的责任承担方面。

一、用人单位可以与所有员工都签订竞业限制协议吗?

竞业限制制度设立的目的是保护用人单位拥有的商业秘密和知识产权不受侵犯。竞业限制协议的签订，应当遵循平等自愿、协商一致的原则，它可以是劳动合同的一部分，也可以是一个相对独立的合同。

《劳动合同法》规定，用人单位可以和部分劳动者签订竞业限制协议，约定在一定期间内不得到与本单位生产与经营同类产品、业务有竞争关系的其他用人单位，或者自己开业生产或经营与本单位有竞争关系的同类产品、业务，竞业期限最长不超过二年。

那么，哪些劳动者属于竞业限制的对象和范畴呢?《劳动合同法》第二十四条明确规定，竞业限制的人员限于用人单位的高级管理人员、高级技术人员和其他负有保密义务的人员。

也就是说，用人单位可以约定竞业限制的人员只有三类：高级管理人员、高级技术人员和其他负有保密义务的人员。

在司法实践中，判断劳动者是否属于竞业限制人员，不能简单地以劳动者的职务大小、职称高低作为判断依据，而应该结合岗位职责、涉密程度以及劳动者离职后万一开展竞争业务对单位业务影响的大小等因素综合考量。说白了，就是哪怕低到业务员、操作工，高至董事长、总经理，只要确实接触或掌握用人单位的商业秘密，确属负有保密义务的员工，都可以成为竞业限制协议的签订对象。

需要注意的是，《劳动合同法》已经明确界定了竞业限制人员的签订范围，用人单位不能抱有“宁愿信其有”“多多益善”的想法，与所有员工都签订竞业限制协议，而是应该严格筛选、从严控制竞业限制协议签订人员的范围。这样，一方面可以降低用人单位商业秘密保护的支出成本，降低离职时竞业限制补偿金的开支；另一方面，还可以预防和降低相关的法律风险。因为用人单位超范围与所有劳动者签订竞业限制协议，一旦发生劳动争议，司法机关有权裁定与超范围人员签订的竞业限制协议为无效协议。

二、劳动者离职后，竞业限制协议是否自然生效？

竞业限制是一种典型的双务合同。所谓双务合同，就是双方当事人都享有权利和承担义务的合同。双方的债权债务关系呈对应状态，即每一方当事人既是债权人又是债务人。说白了，双务合同就是“你与则我与，你不与则我亦不与”的义务对等关系，当事人承担义务的目的在于获取对方给付义务。

因此，竞业限制协议的生效是有先决条件的、是双向制约的。对劳动者来说，履行竞业限制的前提条件，是在解除或者终止劳动合同后，用人单位按照约定，在竞业限制期限内按月给予劳动者经济补偿。劳动者违反竞业限制约定的，则应当按照约定向用人单位支付违约金。

那么，如果用人单位不按约定支付经济补偿金，劳动者是否还需要继续履行竞业限制条款呢？按照义务对等原则，《最高人民法院关于审理劳动争议案件适用法律问题的解释（一）》第三十八条作了非常明确的规定，当事人在劳动合同或者保密协议中约定了竞业限制和经济补偿，劳动合同解除或者终止后，因用人单位的原因导致三个月未支付经济补偿，劳动者请求解除竞业限制约定的，人民法院应予支持。

三、劳动者支付违约金后，还需要继续履行竞业限制义务吗？

在劳动者违反竞业限制的争议中，一旦争议发生，至少会涉及两个问题：

一是劳动者如何承担违反竞业限制的赔偿责任？用人单位要求劳动者依照约定支付竞业限制违约金，不仅需要证明竞业限制的约定范围、地域、期限不违反法律的强制性规定，同时需要证明已经按照约定及时足额支付了劳动者的竞业限制补偿金，还需要证明劳动者确实存在违约行为。

二是如果劳动者违反竞业限制协议，是否支付违约金后就能万事大吉了呢？从现行的法律规定来看，倒是未必。《最高人民法院关于审理劳动争议案件适用法律问题的解释（一）》第四十条规定，劳动者违反竞业限制约定，向用人单位支付违约金后，用人单位要求劳动者按照约定继续履行竞业限制义务的，人民法院应予支持。也就是说，劳动者违反竞业限制约定的，除了依照《劳动合同法》第二十三条规定，向用人单位支付违约金，原用人单位仍然可以要求劳动者在竞业限制期限内，继续履行竞业限制义务的法律责任。

本案中，仲裁委审理后认为，个人金融部为银行的主营业务部门之一，潘某又是部门负责人，直接涉及公司的商业秘密和业务关系，属于竞业限制岗位，其约定有效。潘某主张其签订协议非本人意愿，但又不能提供证明，其主张无法得到支持。潘某虽然进入不在一个地区的银行工作，但仍属于约定的省内范围，竞业限制区域约定有效。因此，潘某与某银行签订的竞业限制协议合法有效。潘某离开某银行后即到与原单位有竞争关系的银行工作，未履行竞业限制义务，属于违反竞业限制约定。更为重要的是，潘某一边每月拿着银行支付的竞业限制补偿金，一边违约，实属不该。最后，仲裁委裁决潘某向某银行支付竞业限制违约金 13.2 万，并要继续履行竞业限制协议，直至协议期满。

特别提示：只要竞业限制协议约定合法有效，那么，劳动者遵守约定是第一位的，不能想当然地以为可以“花钱免义务”。否则，劳动者即使支付了违约金，也不一定能换来所谓的“自由身”。

法条链接：《劳动合同法》第二十三条、第二十四条、第九十条

《最高人民法院关于审理劳动争议案件适用法律问题的解释（一）》第三十八条 、第四十条

案例 16

劳动者在职期间需要履行竞业限制义务吗？

案情简介：周某从 2002 年起就开始在某科创公司工作。2010 年 8 月，科创公司与周某签订了五年期劳动合同，工作岗位为技术管理，工资报酬由基本工资和竞业限制补偿金组成。为加强公司的知识产权保护，劳动合同第六条专门约定：周某在合同期间以及解除或者终止合同后的五年内，严格履行

双方签订的竞业限制条款，不得自营或者为他人经营与科创公司有直接竞争的业务；周某如果违反保密义务或竞业限制，要向科创公司支付违约金 20 万元。合同签订后，公司按月全额支付了周某的工资，每年年底另外支付周某 1 万元竞业限制补偿。让公司没想到的是，从 2013 年起，周某自己私下组织人员，生产同公司产品构成原理一样、形状也类似的产品，并对外销售。科创公司发现后，立即提请劳动人事仲裁，仲裁委裁决周某支付违约金 15 万元。周某不服裁决，随即向法院提起上诉，主要理由是：竞业限制时间依法由当事人事先约定，法律规定不得超过 2 年，但科创公司与自己约定了 5 年竞业限制期限，超出部分应裁决无效；竞业限制应当是解除或者终止劳动关系后才生效，在职期间不适用竞业限制条款，因此自己无须承担违约责任，要求法院撤销仲裁委裁决。那么，劳动者在职期间违反竞业限制约定，需要支付违约金吗？

案例解析：本案争议的焦点，在于劳动者在职期间是否受竞业限制协议的约束？我们从以下三个方面来剖析这一问题。

一、竞业限制协议生效需要具备哪些法律要件？

依据《劳动合同法》等法律法规，竞业限制是指用人单位为保护本单位的商业秘密，和知悉本单位商业秘密或者其他对本单位经营有重大影响的保密事项的劳动者在劳动合同、知识产权权利归属协议或技术保密协议中约定竞业限制条款，并约定在解除或者终止劳动合同后，在竞业限制期限内按月给予劳动者经济补偿。

竞业限制协议生效，一般需要具备以下四个法律要件，可以概括为“四个特定化”：一是约定保守的商业秘密特定化，一般的商业信息、知识技能和经验不在竞业限制范围之内。二是竞业限制履约对象特定化，仅限于用人单位的高级管理人员、高级技术人员和其他负有保密义务的人员。三是竞业限制补偿特定化，在解除或者终止劳动合同后，用人单位在竞业限制期限内需按月给予劳动者特定的经济补偿。四是竞业限制期限特定化，法律对解除或者终止劳动合同后的竞业限制期限作了约束性规定，规定最长期限不得超过二年。

二、竞业限制条款适用于劳动者在职期间吗?

从竞业限制协议生效的法律要件中，我们可以清晰地看到，竞业限制是一项特定的约定义务，那么，用人单位可以约定劳动者在职期间也要履行竞业限制义务吗？这个问题可以从三个方面进行解析。

首先，从法律规定上看。《劳动合同法》虽未直白地规定劳动者在职期间需要履行竞业限制义务，但明确规定竞业限制的范围、地域、期限由用人单位与劳动者约定。容易让人产生误解的是《劳动合同法》第二十三条，很多人从“约定在解除或者终止劳动合同后，在竞业限制期限内按月给予劳动者经济补偿”的规定中，主观臆测竞业限制协议只在解除或终止劳动合同后才生效，这是片面的误读和曲解。竞业限制限制了劳动者离职后的就业选择权，在竞业限制期限内给予劳动者特定的经济补偿，仅仅是保护劳动者不因履行竞业限制协议遭受重大影响，但不能反向推断出不得约定在职期间履行竞业限制义务的结论。与此相印证的是，《促进科技成果转化法》则明确规定，企业、事业单位可以与参加科技成果转化的有关人员签订在职期间或者离职、离休、退休后一定期限内保守本单位技术秘密的协议。更浅显易懂的是，劳动者如果在职期间违反竞业限制协议，其行为对单位利益的损害更加巨大，其主观恶意更加明显，允许用人单位依法约定劳动者在职期间履行竞业限制义务，不存在法理上的障碍。

其次，从约定优先上看。法律赋予了用人单位可以与劳动者就竞业限制的范围、地域、期限进行约定。按照“法无禁止，约定优先”的原则，用人单位和劳动者在劳动合同中明确约定了在职期间的竞业限制协议，只要约定本身不存在可撤销或者违反法律强制性规定的情形，那么该约定就属于劳动关系双方的意思自治，一经约定就自然生效，劳动者应该依法依约遵守。

最后，从忠实义务上看。劳动合同存续期间，劳动者对用人单位负有忠实义务，有为用人单位保守商业秘密的义务，并且这种义务是法定的，也是无条件的。也就是说，即使劳动合同中没有约定在职期间需履行竞业限制义务，劳动者基于职业道德和忠诚义务，也不得到与本单位生产或者经营同类产品、从事同类业务的有竞争关系的其他用人单位兼职，或者自己开业生产或者经营同类产品、从事同类业务，这是劳动者履行忠实义务的必然要求。

三、劳动者在职期间违反竞业限制协议约定，需要支付违约金吗？

劳动者违反竞业限制的约定，是否应当按照约定向用人单位支付违约金，各地做法并不一致。北京、江苏等地司法机构认定劳动者在职期间的竞业限制义务属于劳动合同的附随义务，是基于诚实信用原则而产生的忠实义务的一部分，因此劳动合同存续期间也适用于竞业限制条款，同时也认可当事人之间关于违约金的约定。上海、杭州等地司法机构认定在职期间履行竞业限制协议是当然义务，但不支持违约金的约定。

虽然各地司法实践并未统一，但我们认为，如果用人单位和劳动者在竞业限制条款中约定了违约金条款，司法机构应当予以支持。一方面，这是尊重双方当事人的意思自治；另一方面，根据“举轻以明重”的立法原则，劳动者在职期间违反竞业限制的约定，其行为的破坏性更为严重，并直接损害用人单位的经济利益，通过适用违约金条款，既可以弥补用人单位一定的经济损失，也可以警示和教育其他劳动者。当然，如果约定的违约金过高，劳动者可以依法请求司法机构对违约金的数额进行调整，使劳动者免于天价赔偿的要挟。

本案中，科创公司与周某在劳动合同中关于在职期间竞业限制的约定，系双方真实意思表示，《劳动合同法》也未禁止双方约定在职期间竞业限制，故合法有效。科创公司与周某关于合同解除或终止后 5 年的竞业限制期限，违反了《劳动合同法》的规定，超出部分应予纠正，但这一约定上的瑕疵，并不影响双方对在职期间竞业限制约定的效力。周某的行为不仅违反了双方协议中关于在职期间竞业限制以及保守技术秘密和商业秘密的约定，也违背了其对公司的忠实义务，给公司造成较大的经济损失，根据公平、合理的原则，经审理，法院判决周某向科创公司支付违约金 15 万元。

法条链接：《劳动合同法》第二十三条、第二十四条

《促进科技成果转化法》第四十二条

工伤认定类争议

案例 17

上班途中骑电动车摔伤算工伤吗？

案情简介： 2016 年 9 月，胡某入职某机电工程有限公司，在电工班工作。2017 年 3 月 16 日早晨，胡某骑电动车上班，刚骑出家门口没多久，一不小心，连人带车摔倒，不仅车子受损，而且右腿腓骨骨折，被送往医院治疗。胡某离岗休息了三个多月才康复上班。事故发生后，胡某公司向市人力资源和社会保障局提请工伤认定。出乎胡某意料的是，2017 年 7 月，市人社部门作出了不予认定工伤的决定，理由是胡某骑电动车自己不小心摔倒受伤，责任在胡某本人，与《工伤保险条例》第十四条规定的在上下班途中发生“非本人主要责任的交通事故”有明显区别，因此不能认定为工伤。胡某对这个结果难以接受，他认为自己摔伤应该属于意外，非本人主要责任，而且在上班途中，完全符合工伤认定的条件。市人社部门对他的申诉理由不予采纳。2017 年 8 月，胡某向法院部门提请诉讼，要求法院依法撤销原不予认定工伤决定书，重新作出工伤认定决定。那么，劳动者上班途中骑电动车摔伤，能认定为工伤吗？

案例解析： 现实生活中，不少企业和职工都存在一个思维定式，认为只要是在上下班途中发生的伤害事故都能算工伤。本案就是这方面的典型案例。

一、劳动者上下班途中发生交通事故伤害，认定工伤需要哪些条件?

《工伤保险条例》第十四条规定，在上下班途中发生非本人主要责任的交通事故，或者城市轨道交通、客运轮渡、火车事故伤害的，可以认定为工伤。

从该条规定可以看出，劳动者上下班途中发生交通事故伤害，认定为工伤，至少要满足以下三个法律要件：第一，事故伤害发生在合理的上下班时间、合理的上下班路线；第二，伤害是由于交通事故（包含机动车和非机动车）或者城市轨道交通、客运轮渡、火车事故所导致的；第三，事故认定中，劳动者承担非本人主要责任。

《工伤保险条例》之所以设定了劳动者“非本人主要责任”这一较为严苛的条件，主要是法律在保护劳动者利益的同时，也要兼顾用人单位的利益平衡。从立法本意来看，工伤保险制度主要保障劳动者在工作时间、工作场所，因工作原因受到事故伤害时，能及时获得救治和补偿。将劳动者上下班途中的交通事故伤害认定为工伤，扩大和延伸了工作时间和工作场所的外延范围，一方面有效保护了劳动者的合法权益，但在一定程度上也加重了用人单位的负担。

二、劳动者上下班途中骑电动车摔伤，如何认定事故责任?

交通事故伤害是一种常见的事故伤害，《工伤保险条例》对劳动者在交通事故伤害中的责任情形和工伤认定法律要件都作了明确规定。其中，申请人需要提供交通管理部门出具的交通事故认定书，认定受伤劳动者是否承担非本人主要责任，就成为一个关键点。

依据《道路交通安全法实施条例》第九十条、第九十三条以及公安部《道路交通事故处理程序规定》第六十条，公安机关交通管理部门应当根据当事人的行为对发生道路交通事故所起的作用以及过错的严重程度，确定当事人的责任。

在交通事故责任认定中，明确的责任共分为五种：全部责任、主要责任、同等责任、次要责任和没有责任。依据《工伤保险条例》第十四条，在上下班途中发生交通事故伤害，如果劳动者是全部责任或者主要责任（责任在

50% 以上)，则不符合劳动者“非本人主要责任”这一工伤认定法律要件。劳动者承担同等责任（50% 责任）、次要责任或没有责任，是此类事故认定为工伤的前提条件。

劳动者上下班途中骑车自己摔伤，如想申请工伤认定，要积极把握以下两点：

（1）骑车摔伤后第一时间报警，并及时到医院就医治疗，同时要求交通管理部门出具交通事故责任认定书。

（2）积极与交通管理部门沟通，学会主动取证，证明自己骑车过程中尽到了注意义务，发生事故主要是由于天气原因如大雨、大雪、结冰等客观原因；或存在道路维修未设置明显标志、有重大障碍、道路堆放建筑材料等非自我原因，使交通事故责任认定书中载明受伤人只承担同等责任、次要责任或不承担责任。

三、上下班途中骑车自己摔伤，为何存在工伤认定难？

根据前面的分析，上下班途中交通事故伤害的工伤认定，交通事故认定书中载明受伤职工承担非本人主要责任是关键。那么，现实案例中，为何大多数此类事故没有被认定为工伤呢？原因主要有两点：

1. 很多劳动者骑车自己摔伤自认倒霉，没有及时报警并及时到医院就医治疗。没有报警，连是否属于交通事故常常都无法证明，更别谈交通事故责任认定书了。

2. 劳动者摔伤后及时报警了，也及时到医院就医治疗，但最终拿到的交通事故责任认定书，绝大多数认定骑车人在交通事故中负全部责任或主要责任，交警部门常常会认为事故伤害是由于骑车人自己没有谨慎骑行所致。

本案中，胡某骑电动车上班，刚出家门不久就摔伤，发生交通事故伤害。但胡某摔倒后没有报警，因此没有交通管理部门为其出具的交通事故认定书，不符合《工伤保险条例》第十四条规定的工伤认定情形。最后，法院判定，市人力资源和社会保障局对胡某作出的不予认定工伤决定事实清楚，适用法律准确，程序合法。对胡某要求撤销原不予认定工伤决定书的请求不予支持。

特别提示：劳动者上下班发生交通事故伤害，即使没有被认定为工伤，根据《企业职工患病或非因工负伤医疗期规定》等法律规定，用人单位根据本人实际参加工作年限和在本单位工作年限，给予三个月到二十四个月的医疗期，享受病假工资待遇。如果单位办理了意外商业险或者职工互助互济保险，劳动者还应得到相应的补偿和救济。

法条链接：《工伤保险条例》第十四条

《道路交通事故处理程序规定》第六十条

《道路交通安全法实施条例》第九十条、第九十三条

案例 18

工作期间突发疾病后死亡，能否被认定为工伤？

案情简介：2020 年 6 月 17 日下午，孙某在工作时间、工作岗位上突然感觉身体不适，下班后回到家中休息。凌晨 3 时 16 分，家属呼之不应，拨打 120 急救电话送至医院抢救。凌晨 4 时 3 分，孙某经抢救无效死亡。事后，孙某家属认为孙某在工作时间、工作岗位突发疾病，在 48 小时内经抢救无效死亡，完全符合《工伤保险条例》第十五条视同工伤的相关规定，于是向市人社局申请工伤认定。没想到，市人社局审核后，作出了不予认定工伤的裁定。孙某家属不服，官司从一审、二审，一直打到省高院申请再审。孙某家属申辩的理由是，孙某 6 月 17 日工作时间突发疾病（有两名同事可以证明），导致其 6 月 18 日凌晨死亡，之间具有因果关系。孙某之所以没有到医院及时治疗，是因为缺乏医学知识，对病情的严重性未能作出正确判断，以及为了次日的重要工作才坚持工作。无论是基于何种原因，孙某主观上都不存在过错，以此为由认定不属于视同工伤的情形，既不合理也没有法律依据。孙某家属认为二审法院适用法律错误，请求省高院依法撤销中院作出的行政判决，依法判决市人社局重新进行工伤认定。那么，劳动者工作期间突发疾病后死亡，

能认定为工伤吗?

案例解析: 由工伤认定引发的劳动争议，涉及的法律知识更加专业精深，对劳动者来说，要想最大限度地维护自身合法权益，不管是调解结案，还是诉讼判决结案，只有对相关法律学懂弄通，才能依法维权、进退有据。

一、何为工伤? 哪些情形可以视同工伤?

工伤，是工作伤害的简称，也称职业伤害，是指劳动者在生产劳动或工作过程中因工作原因受到事故伤害，包括职业病伤害。

工伤认定中最核心的三要素是：工作时间、工作岗位和工作原因。对照这三个核心要素，工作岗位突发疾病后的死亡，严格意义上，不属于工伤范围。

为了加强对劳动者合法权益的保护，《工伤保险条例》第十五条规定了三种视同工伤的情形，分别为：（1）在工作时间和工作岗位，突发疾病死亡或者在48小时之内经抢救无效死亡的；（2）在抢险救灾等维护国家利益、公共利益活动中受到伤害的；（3）职工原在军队服役，因战、因公负伤致残，已取得革命伤残军人证，到用人单位后旧伤复发的。

《工伤保险条例》第十五条第一款第（一）项中将“突发疾病”纳入工伤保护的范畴，主要是针对劳动者在工作时间、工作岗位上突发疾病，不能坚持工作，需要紧急进行抢救的情况而设定的，重点是让那些在工作岗位上因突发疾病而死亡的职工得到最善意的保护。

二、工作岗位突发疾病后死亡，都能认定为工伤吗?

“突发疾病”和“因工受伤”，属于不同的法律规范和政策调整范畴。法律虽将在工作岗位突发疾病后死亡的特定情形视同工伤，但其本质并不是真正意义上的工伤，《工伤保险条例》将其纳入保护范畴，同时也规定了严格的适用标准。

视同工伤即为工伤，一旦认定，劳动者将享受相关的工伤待遇，用人单位为此肯定要多承担一些法律义务。为了平衡劳资权益，避免将工作岗位突发疾病后死亡的各种情形无限制地扩大到工伤范围，《工伤保险条例》参考医学抢救的黄金时间，作出了“突发疾病死亡或者在 48 小时之内经抢救无效死亡”的限制性规定。

工作岗位突发疾病后即时死亡，对此情形认定为工伤，一般无异议。而对“在 48 小时之内经抢救无效死亡”这一限定条件，自出台之后就一直备受质疑，为什么是“48 小时之限”，而不是“72 小时之限”，不少人认为“48 小时之限”的认定时效不人道，很有可能让家属面临“是救命还是要工伤赔偿”的残酷选择；更有网友甚至法律专家直斥“48 小时之限”的规定为“恶法”。本案的争议焦点不在此，因此不展开论述。由于工伤认定“48 小时之限”的规定具有制度刚性，这一规定在现实中得到了充分实施，也在争议声中广为人知。

“突发疾病”，强调疾病的“突然”且“紧急”，疾病的产生可能是工作原因，也可能非工作原因，只要在“工作时间”和“工作岗位”上，且导致职工当即死亡或在 48 小时内经抢救无效死亡的，均应视同工伤。

如何判断突发疾病的“突然”且“紧急”，目前没有司法解释，但从全国各地实践来看，人社部门和司法部门对此条款的法律适用正逐步趋向一致。2016 年 5 月 20 日，人力资源社会保障部法规司《关于如何理解〈工伤保险条例〉第十五条第（一）项的复函》建议：该条款的理解和适用应当严格按照工作时间、工作岗位、突发疾病、径直送医院抢救四要件并重，具有同时性、连贯性来掌握。此复函精神在司法实践中已经广泛运用。

按照此复函的判断方法，职工在工作时间和工作岗位突发疾病当场死亡，或职工在工作时间和工作岗位突发疾病，且情况紧急，径直送医院抢救，并在 48 小时内死亡的，即可“视同工伤”。在此判断方法中，“径直送医院抢救”这个法律要件尤为关键。工作时间、工作岗位、突发疾病、径直送医院抢救这四个法律要件要同时具备，并严格按照具有同时性、连贯性的原则来掌握。

工作岗位突发疾病后死亡，能否认定为工伤？按照此种判断方法，不仅适用的条件非常严格，甚至有些不近情理。法不容情。对此，很多法律工作者再三告诫劳动者：上班时间感觉不舒服，千万别回家！最为稳妥的方法，就是直接去医院。

三、因工受伤后死亡，是否受48小时之限？

因工受伤后死亡，在工伤认定时，是否受48小时之限呢？

其实，这是个伪命题，属于自我设限、自寻烦恼。工伤认定的关键不应是时间，而是造成死亡的致害因素是什么。既然是因工受伤，就完全符合工伤认定的核心三要素，无论经抢救后是否死亡，无论抢救时间长短，都应该认定为工伤。

因工受伤，过多久都得赔，现行有关工伤保险的法律法规，从未否定过这一基本原则。“抢救超48小时后死亡不算工伤”，仅仅针对的是“职工在工作时间和工作岗位”突发疾病，最为关键的是突发的这个疾病，不是由工作原因导致的。

本案中，省高院依法组成合议庭进行了审查，审查后认为，孙某在工作岗位出现身体不适，下班回到家中休息，到次日凌晨3时16分，家属呼之不应，后送至医院抢救，于凌晨4时3分死亡。虽然该不幸后果值得同情，但并不属于《工伤保险条例》第十五条第一款第（一）项规定视同工伤的情形。人社局不予认定工伤于法有据，二审法院认定事实清楚，适用法律并无不当。依照《最高人民法院关于适用〈中华人民共和国行政诉讼法〉的解释》的相关规定，省高院依法驳回孙某家属的再审申请。

法条链接：《工伤保险条例》第十五条

合同解除类争议

案例 19

劳动者签订离职解除协议后能否反悔?

案情简介: 2020 年 3 月,潘某入职某市场销售公司,与公司订立了三年期劳动合同。2021 年 12 月初,经双方协商一致,公司与潘某签订了《解除劳动合同协议书》,约定与潘某协商解除劳动合同,公司向潘某支付工资、缴纳社会保险费及住房公积金至 2021 年 12 月 31 日,并支付潘某一次性经济补偿金等各项费用合计 1.5 万元;潘某今后不得再向公司主张任何要求,双方再无瓜葛。2022 年 6 月,潘某听说公司发放了 2021 年的年终奖,认为自己 2021 年在公司工作至 12 月 31 日,理应享受 2021 年的年终奖。2022 年 7 月,在向公司多次索要未果的情况下,潘某向仲裁委提出仲裁申请,称解除劳动合同协议中没有包含年终奖,要求公司支付 2021 年年终奖金 1.2 万元。公司则拿出当初签订的解除劳动合同协议,称双方已就解除劳动合同的补偿事宜协商一致,协议履行完毕已经数月,潘某无权再向公司主张权利。那么,与用人单位签订了解除劳动合同协议,劳动者还有权反悔吗?

案例解析: 在协商解除劳动关系时,用人单位常常会与劳动者签订一份《解除劳动合同协议书》,就解除后双方的权利义务作出具体而详尽的约定。在协议履行完毕后的一段时间,由于先前的忽视或者不知晓,劳动者会有新的发现或诉求，想反悔并推翻之前的解除协议。那么，劳动者此时的反悔，还能得到法律的支持吗？

一、解除劳动合同的类型有哪些？

劳动者离职，是用人单位与劳动者的劳动关系在法律上消失的重要标志。依据《劳动合同法》，劳动者离职分为解除劳动合同与终止劳动合同两大类。

劳动合同终止的法律情形相对比较简单，《劳动合同法》第四十四条规定，劳动合同期满、劳动者开始依法享受基本养老保险待遇等六种情形出现，劳动合同终止。

解除劳动合同则比较复杂些，分为协商解除与单方解除两类。协商解除分为两种，一种是用人单位动议解除，这种情形一般要支付经济补偿金；还有一种是劳动者动议解除，即我们日常生活中常说的辞职，这种情形一般没有经济补偿金。单方解除又分为用人单位单方解除与劳动者单方解除，企业单方解除又分为即时通知解除、预告通知解除与经济性裁员三种情形，劳动者单方解除分为即时通知解除与预告通知解除两种情形。

本案所涉及的解除类型为协商解除中的用人单位动议解除。

二、与用人单位签订解除劳动合同协议书后，能反悔吗？

在劳动合同解除时，很多用人单位会与劳动者就劳动合同解除的相关事宜签订解除协议，内容包括劳动报酬的支付以及加班费、经济补偿金、社会保险费的缴纳或交接手续等相关内容，是双方解除劳动关系处理相关事宜的一揽子方案。

从解除协议的性质来看，它应该是双方当事人就协商解除劳动合同后的法律后果达成的合意，是双方意思表示一致的结果，是对劳动合同协商解除后双方权利义务的处分和安排。依据《最高人民法院关于审理劳动争议案件适用法律问题的解释（一）》第三十五条的规定，用人单位与劳动者签订的解除劳动合同协议书能否认定为有效，可以从以下三个方面进行判断：

（1）协议书的签订是否违反平等自愿原则。用人单位与劳动者订立劳动合同的原则，同样适用于签订解除劳动合同协议，应当遵循合法、公平、平等自愿、协商一致、诚实信用的原则进行协商，双方经充分协商后签订协议。

（2）协议书的内容是否违反法律、行政法规强制性规定。劳动者作为完全民事行为能力人，有权对自己的权利进行处分，也应该对协议书签订后的法律后果有充分的预判能力。现实生活中，即使劳动者最终得到的补偿数额与实际应该得到的数额有一定的出入，在没有重大误解和显失公平的情形下，并不影响协议的法律效力，这点应当引起劳动者足够的重视和警惕。

（3）协议书的内容是否存在欺诈、胁迫或者乘人之危的情形。适用这种情形，根据“谁主张，谁举证”原则，劳动者需要提供相应的证据，司法机构才会予以采信。

根据上述分析，我们可以看出，解除劳动合同协议书和辞职书一样，是协商解除劳动关系的证据，属于形成权，只要不违反法律、行政法规的强制性规定，且不存在欺诈、胁迫或者乘人之危情形的，一经签订或履行，就应当认定有效。依法订立的解除劳动合同协议，对用人单位和劳动者均具有效力，双方均不能随意反悔。一方主张撤销，另一方不同意的情况下，是无法撤销的。

三、何种情形下，劳动者可以请求撤销解除劳动合同协议书？

要签订一份合法、合情、合理的解除劳动合同协议书，用人单位与劳动者签订协议前，应当与劳动者进行平等协商，不应利用自身的强势地位胁迫、误导劳动者签订不合理的解除协议；另外，劳动者也要提高自身维权意识，三思而后行，慎重签约，防止因考虑不周而损害自身的合法权益。

那么，有没有可以撤销解除劳动合同协议书的情形呢？答案是：有！

依据《最高人民法院关于审理劳动争议案件适用法律问题的解释（一）》第三十五条第二款的规定，解除劳动合同协议书存在重大误解或者显失公平情形，当事人请求撤销的，人民法院应予支持。

何为“重大误解”？何为“显失公平”？《民法典》第一百四十六条、第一百四十七条、第一百五十一条规定，行为人与相对人以虚假的意思表示实施的民事法律行为无效。一方利用对方处于危困状态、缺乏判断能力等情形，致使民事法律行为成立时显失公平的，受损害方有权请求人民法院或者仲裁机构予以撤销。基于重大误解实施的民事法律行为，行为人有权请求人民法院或者仲裁机构予以撤销。《最高人民法院关于适用〈中华人民共和国民法典〉总则编若干问题的解释》第十九条明确规定，行为人对行为的性质、对方当事人或者标的物的品种、质量、规格、价格、数量等产生错误认识，按照通常理解如果不发生该错误认识行为人就不会作出相应意思表示的，人民法院可以认定为《民法典》第一百四十七条规定的重大误解。

本案中，引起潘某不满和争议的焦点，是销售公司履行解除协议之后发放的年终奖。年终奖属于超额劳动报酬，法律虽然规定了“年终奖”这个法律名词，但法律法规并没有规定年底支付员工年终奖是用人单位的法定义务，而是将发放的自主权更多地交给了企业。销售公司与潘某签订的解除劳动合同协议书没有涉及年终奖，反而明确约定了“潘某今后不得再向公司主张任何要求，双方再无瓜葛”，可以视为潘某对自己权利的放弃。因此，潘某离职后再行主张年终奖，胜算概率很小。

本案中，仲裁委审理后认为，依法订立解除（终止）劳动合同协议对用人单位和劳动者具有约束力。劳动者与用人单位就解除或者终止劳动合同达成协议，如该协议不违反法律、行政法规的强制性规定，不存在欺诈胁迫、乘人之危等情形的，则该协议有效。作为具有民事行为能力的成年人，潘某应当对自己的行为负责。潘某已在协议中对自己的权利进行了处分，而且该协议已履行完毕数月，其另行要求支付 2021 年年终奖金 1.2 万元的请求，与该协议中的约定相违背，故对潘某的仲裁请求不予支持。

特别提示：在与用人单位签订解除劳动合同协议时，劳动者应对自己的权利慎重考虑，避免草率行事，在多方咨询、查阅相关法律规定的基础上，再与用人单位协商，否则一旦签约，想要再撤销协议或确认协议无效，难度很大。对于用人单位来说，订立解除劳动合同协议时，不得利用自身优势地位损害劳动者的合法权益。协议订立后，双方当事人都应及时履行各自的义务。

法条链接：《最高人民法院关于审理劳动争议案件适用法律问题的解释（一）》第三十五条

《最高人民法院关于民事诉讼证据的若干规定》第二条

《劳动合同法》第三条、第三十六条、第四十条

案例 20

劳动者不服从工作调动并拒不到岗，能否认定为旷工？

案情简介：2018 年 6 月，在某连锁超市上班的蒋某突然接到通知，单位将其调往市区另一家连锁超市上班，两超市相隔将近二公里。蒋某不同意超市的调岗方案，说劳动合同中没有事先约定可以随便调整上班地点。在双方协商未果的情况下，超市人事主管告知蒋某，合同中约定工作地点为市区，目前的调岗地点仍为市区，并未超出约定范围；如果蒋某不服从工作调动并拒不到岗，超市将以旷工论处，旷工超过 7 天，超市将依据规章制度，与蒋某解除劳动合同。蒋某先是不从，后多方咨询相关法律人士后，主动服从公司安排，去另一家连锁超市上班。那么，如果蒋某真的不服工作调动并拒不到岗，超市能否认定蒋某的行为属于旷工，并据此解除劳动合同呢？

案例解析：实际用工中，对劳动者工作岗位的调整，常常是企业劳动争议的引爆点。用人单位如何依法有效、合理规范地进行调岗，确实有很多值得深入探讨的地方。

一、不与劳动者协商，用人单位能直接调整工作地点吗？

根据《劳动合同法》第十七条的规定，工作地点属于劳动合同的必备条款，是劳动合同不可缺少的内容。用人单位应当根据劳动者的不同工作性质，科学约定劳动者的工作地点。除外勤人员如销售人员、采购人员以外的其他职工，用人单位不可以用宽范围或模糊的方式约定工作地点，而应当约定具体而明确的工作地点，一般约定一个地区比较实际。

既然工作地点属于劳动合同的必备条款之一，那么用人单位调整工作地点是否必须征得劳动者的同意呢？

工作地点是劳动合同的履行地，关系到劳动者的工作环境、生活环境以及劳动者的就业选择。《劳动合同法》第三十五条规定，用人单位与劳动者协商一致，可以变更劳动合同约定的内容。变更劳动合同，应当采取书面形式。

因此，劳动关系中任何一方均无权单方强制变更劳动合同内容。一方面，变更工作地点对劳动者造成消极影响的，须经劳动者同意并书面确认，未征得劳动者同意擅自变更工作地点的，劳动者有权拒绝。另一方面，劳动合同内容变更不仅要考虑形式要件，更重要的是要考虑实质要件，即形式上的地点调整是否会带来实质性的影响。在没有给劳动者造成合同履行困难的情况下，用人单位调整工作地点不构成劳动合同内容变更，劳动者有义务配合用人单位的经营安排。

二、如果劳动者拒不服从用人单位工作调动，能否认定属于旷工行为？

调整工作岗位属于与劳动者切身利益相关的重大事项，劳动者享有充分的知情权。用人单位在单方面调岗之前有义务将调岗的原因以及新的工作岗位等相关具体内容告之劳动者，给予劳动者考虑和接受，听取劳动者的意见并进行沟通。

用人单位以旷工之名行使纪律处分权，至少要满足两个法律要件：第一，岗位调整是合法合理的，有法律依据和事实依据。假如岗位调整不合理或者不合法，其后期的纪律处分也就失去了先行的依据。第二，员工的行为属于“旷工”。对于劳动者不服从调岗，用人单位应当注意审查调岗的合理性和合法性，不要急于作出处分决定。

根据《劳动法》等法律规定，旷工属于劳动者无故不上班或没有正当事由未履行请假手续即离开工作岗位的情形。如果用人单位的调整未给劳动者造成实质性困难，如调整的工作地点属于合同约定的同一区域，并且相隔不远，在用人单位履行告知和提示义务的情况下，劳动者仅以“工作地点变更须协商一致”为由拒绝前往，则很有可能会被认定为违纪行为。情节严重的，用人单位据此解除劳动合同并无不妥。

三、用人单位应如何合理合法调岗?

调岗问题原则上应协商一致,双方应签订书面协议,对涉及的岗位、薪资或工作地点等内容的变动进行书面明确。为确保调岗的合理合法,用人单位应做到:

(1)劳动合同或规章制度中对调岗最好要有相关约定,为之后的调岗提供合同依据或制度依据。

(2)调岗中应注意程序合理合法性。比如在单方调岗时,最好有征询被调岗员工意见的程序,体现协商的过程。

(3)调岗增加劳动成本的需要特殊处理。如果调岗同时涉及变更劳动者工作地点,或其他可能会增加劳动者劳动成本的,在调岗的同时用人单位应当采取措施,如提供班车或上下班交通补助等,将调岗对劳动者的影响降到最低。

(4)用人单位在单方调岗时不建议降低待遇。特殊情况下必须调薪的,要提供充分证据证明调薪的合理性。

(5)对于劳动者不配合调岗处理方式,程序上应有相应的制度支持。用人单位应当在规章制度中对于调岗时不配合或消极对抗现象的处理作出相应规定。如果用人单位在依法制定的规章制度中将此行为界定为旷工,那么,用人单位可以依规章制度进行相应处理,情节严重的,可以解除劳动合同。

四、面对单位的调岗,劳动者享有哪些权利?

对劳动者而言,如果用人单位出于生产经营需要,且调岗具有合理性,不存在侮辱或惩罚性质,工资待遇不降低,与劳动合同约定的岗位之间存在很强的关联性,则调岗有效,作为劳动者应该遵守。当然,调整岗位的合理性需要用人单位举证。反之,用人单位基于迫使劳动者离职而调整岗位,劳动者是可以拒绝的;这种情况下,用人单位以劳动者不服从安排为由解除劳动合同,就属于违法解除。

还有一种情形,如果劳动者不胜任工作,用人单位也是有权调整岗位的。

当然，用人单位主张劳动者不胜任工作需要提供相关证据。劳动者不胜任工作拒绝调整岗位的，用人单位据此解除劳动合同，属于合法解除，但应该支付相应的经济补偿。

本案中，蒋某与超市在劳动合同中将工作地点约定为市区，超市因工作需要，将蒋某的工作地点调整到相隔不足二公里的另一家连锁超市工作。此次调动对生活在市区的蒋某并没有造成实质性的重大影响。此种情形下，如蒋某不服从调动并拒不到岗，超市有权依据超市的相关规章制度对其进行处理。

特别提示：劳动合同未约定地点属于违法行为，用人单位应承担相应的法律责任。依据《劳动合同法》相关规定，用人单位提供的劳动合同未载明本法规定的劳动合同必备条款的，由劳动行政部门责令改正，给劳动者造成损害的，应当承担赔偿责任。对用人单位更为不利的是，合同未约定工作地点不等于无工作地点，双方实际履行的“工作地点”，可以作为合同后续履行的依据。

法条链接：《劳动合同法》第十七条、第三十五条

案例 21

女职工试用期内怀孕，单位能否解除合同？

案情简介：2018 年 6 月，周某与某销售公司签订了三年期劳动合同，试用期从 2018 年 6 月 6 日至 2018 年 12 月 5 日。2018 年 9 月，周某告知公司自己已怀孕，并提交了医院的检查报告。公司知悉后，没有对周某作出任何歧视性的工作安排。周某怀孕之后，却像换了一个人，经常迟到早退，公司布置的任务，也经常拖延，连续三个月没有完成销售考核指标。2018 年 11 月，考虑到周某试用期即将届满，公司考核小组对周某进行了考核评估，确定其不符合录用条件，建议公司辞退。2018 年 11 月 30 日，公司向周某书面告知

试用期考核结果通知，并发出《解除劳动合同通知书》，通知自2018年12月6日起与周某解除劳动关系。周某不服，向仲裁机构申请劳动仲裁，说自己身处孕期，依据法律规定，公司不得辞退，要求恢复劳动关系。公司提出抗辩，根据公司规章制度规定，试用期内连续三个月没有完成销售考核指标，就可判定为不符合录用条件；与周某解除劳动关系，符合法律规定。那么，女职工试用期内怀孕，用人单位能解除劳动合同吗？

案例解析：试用期是用人单位和职工的双向选择期，试用期内女职工怀孕了，用人单位还能以不符合录用条件为由辞退吗？

一、怀孕本身能否作为辞退试用期员工的理由？

国家为了保障女职工的生育权，出台了诸多的法律规定。《劳动合同法》第四十二条规定，女职工在孕期、产期、哺乳期的，用人单位不得依据《劳动合同法》第四十条（无过失性解除）、第四十一条（经济性裁员）的规定解除劳动合同。《女职工劳动保护特别规定》第五条规定，用人单位不得因女职工怀孕、生育、哺乳降低其工资、予以辞退、与其解除劳动或者聘用合同。需要引起注意的是，以上法律规定中的“女职工”，均没有将试用期的女职工排除在外。

因此，无论是在试用期内，还是在正常的劳动合同期限内，怀孕都不是用人单位解除女职工的理由。用人单位不得以怀孕为由，将女职工延期转正或者解除其劳动合同。

不仅如此，处于孕期、产期、哺乳期的女职工，还依法享有其他特殊权益。比如，在孕期，女职工如果不能适应原岗位劳动强度和要求的，用人单位应当依据医疗机构的证明，予以减轻劳动量或者安排其他能够适应的劳动。女职工怀孕7个月以上，用人单位不得延长劳动时间让其加班，或者安排夜班劳动。如果产前检查安排在上班时间，产检所需时间应当计入劳动时间。

二、只要女职工试用期内怀孕，用人单位就不能解除吗？

法律对处于“三期”女职工有特殊保护规定，但这并不代表女职工在“三期”内就可以为所欲为。

根据《劳动合同法》第三十九条第一款的规定，在试用期内，只要用人单位证明劳动者不符合录用条件，即可与其解除劳动合同。这时，我们需要认真比对《劳动合同法》第三十九条和第四十二条。仔细比对之后，用这样一个网络新词形容非常合适，那就是“细思极恐”。你会惊讶地发现，对女职工有特殊保护的《劳动合同法》第四十二条，只是规定用人单位不得依据《劳动合同法》第四十条、第四十一条的规定解除劳动合同，并没有将《劳动合同法》第三十九条包括在内。用人单位依据《劳动合同法》第三十九条规定解除女职工劳动合同，不受《劳动合同法》第四十二条的限制。

也就是说，即使是处于“三期”保护的女职工，违反《劳动合同法》第三十九条规定，用人单位照样可以依法解除。说得更直白一点，如果劳动者试用期间被证明不符合录用条件，即使她在孕期、产期、哺乳期，依然可以被解除劳动合同。以“不符合录用条件”为由辞退处于试用期的怀孕女职工，与辞退试用期其他员工，从法律意义上来说，并没有什么大的区别。

三、女职工书面同意入职后一年内不怀孕，但仍然在试用期内怀孕的，能否辞退？

公民的生育权是一项基本的人权，作为人的基本权利，生育权与其他劳动就业、休息休假等权利不同，是任何时候都不能被剥夺的。《妇女权益保障法》在第一次立法中就规定了生育权，现行该法的第三十二条规定：“妇女依法享有生育子女的权利，也有不生育子女的自由。”《人口与计划生育法》第十七条规定：“公民有生育的权利，也有依法实行计划生育的义务，夫妻双方在实行计划生育中负有共同的责任。”

生育权是一种法赋的权利，用人单位没有权利予以限制。所以，用人单位单纯为了自身利益，在员工入职前后，要求女职工书面承诺入职后一年内不怀孕，试图用自己的强势地位限制劳动者的生育权利，无论是基于什么样的原因，无论劳动者当时是否真心同意，都不受法律的支持和保护。用人单位管理员工的边界和底线是法律；一旦越过了法律的边界，就要承担违法管理的法律后果。

总之，在劳动关系里，无论是在试用期内，还是在正常的劳动合同期限内，用人单位若仅以员工怀孕为由而与其解除劳动合同，或者认为因其怀孕而不符合录用条件，又没有相关证据支撑，那就极有可能构成违法解除劳动合同的行为，将面临继续履行劳动合同或者支付双倍赔偿金的法律风险。

本案中，销售公司辞退周某并不是因为其怀孕，而是因为周某连续三个月没有完成考核指标，依据公司规章制度并经考核小组评估，认定周某不符合录用条件。周某在试用期间被证明不符合录用条件，公司可以解除劳动合同。因此，公司依法辞退周某，得到了仲裁庭的支持。

特别提示：女职工怀孕本身，并不当然等同于其不符合录用条件。以不符合录用条件为由解除怀孕女职工，用人单位应负有举证责任，比如用人单位要有具体而明确的录用条件，录用条件需要事先书面告知劳动者，考核结果要与不符合录用条件有直接关联。用人单位关于录用条件的规定，是对所有试用期员工的统一要求，适用试用期内怀孕的女职工时，既不能例外，也不能曲解。

法条链接：《劳动合同法》第三十九条、第四十二条

《女职工劳动保护特别规定》第五条、第六条

案例 22

驾驶员下班后酒驾被查处，单位能解除劳动合同吗？

案情简介：1995 年 3 月，戴某进入公交公司工作，从事驾驶员工作，工作岗位为公交车驾驶员。2009 年 1 月，双方签订无固定期劳动合同，戴某成为公交公司的老员工。2019 年 4 月的一天晚上，戴某下班后与朋友聚会，酒后驾车回家，路上遇交警夜查酒驾。经检测，戴某血液中的酒精含量为 56mg/100mL。依照相关法律法规，交警现场依法对戴某进行了相应处罚：机动车记 12 分，暂扣 6 个月机动车驾驶证，并处 1000 元的罚款。戴某酒驾被

查处，公司第二天就得知了消息，当天通知戴某与其解除劳动合同。戴某对公司的做法非常不满，首先，他认为自己酒驾确实不对，但交警已经作了相应的处罚，不能一事两罚；其次，下班后属于自己的私人空间，公司不能以自己在私人空间犯的错误来处罚自己；最后，下班后酒驾，也不至于被解除劳动合同。多次理论无果后，戴某提请劳动仲裁，要求裁决公司支付违法解除赔偿金。庭审中，公司向仲裁庭提交了经职代会讨论通过的《员工手册》，上面载明视为严重违反规章制度的情形包括：本公司从事驾驶岗位人员在非工作时间因个人原因犯法，被公安机关暂扣驾驶证 30 天以上（含 30 天），或被注销驾驶证件的。那么，驾驶员下班后酒驾被查处，单位能以此为由解除劳动合同吗？

案例解析：在严查酒驾的当下，劳动者在非工作时间酒驾被查处，用人单位以此为由与其解除劳动合同，是管对了，还是管宽了？让我们一起去分辨其中的是非曲直。

一、法律对酒驾的处罚有哪些具体规定？

酒后驾车的危害触目惊心，已成为当前交通事故的第一大“杀手”。喝酒之后驾驶机动车的行为，我们统称为酒驾。但法律在具体处罚时，根据驾驶人血液中酒精含量的多少，又细分为酒后驾车和醉酒驾车两类，在处罚上也作了不同规定。弄清楚了这点，对后面的案例解析至关重要。饮酒后驾车和醉酒驾车的区别主要有：

一是判定标准不同。

（1）饮酒后驾车的标准为：驾驶人血液中的酒精含量大于（等于）20mg/100mL、小于 80mg/100mL。

（2）醉酒驾驶的标准为：等于或大于 80mg/100mL，即驾驶人 100 毫升血液中酒精含量在 80 毫克以上。

二是处罚措施不同。

（1）饮酒后驾驶机动车的，处暂扣六个月机动车驾驶证，并处一千元以上二千元以下罚款。饮酒后驾驶营运机动车的，处十五日拘留，并处五千元罚款，吊销机动车驾驶证，五年内不得重新取得机动车驾驶证。

（2）醉酒驾驶机动车的，由公安机关交通管理部门约束至酒醒，吊销机动车驾驶证，依法追究刑事责任；五年内不得重新取得机动车驾驶证。醉酒驾驶营运机动车的，由公安机关交通管理部门约束至酒醒，吊销机动车驾驶证，依法追究刑事责任；十年内不得重新取得机动车驾驶证，重新取得机动车驾驶证后，不得驾驶营运机动车。

二、劳动者因酒驾被查处，用人单位能解除劳动合同吗？

从酒驾的判定标准和处罚措施的梳理中可以看出，驾驶人血液中酒精含量的多少，将直接决定驾驶人的酒驾是属于违法行为还是犯罪行为，是被行政处罚还是被追究刑事责任，这个认定，将直接影响后期的驾驶人劳动关系处理。

根据《劳动合同法》第三十九条第六款规定，劳动者被依法追究刑事责任的，用人单位可以解除劳动合同。劳动者因酒驾被查处，区分驾驶人血液中酒精含量的多少，结合用人单位依法制定的规章制度，后期的劳动关系处理主要可以分为两种情形：

第一种，劳动者醉酒驾车被查处。

1997年《刑法》生效后，短短二十年时间，我国已对其进行了十次修正。《刑法修正案（八）》对醉酒驾驶等危险驾驶行为加大了惩罚力度，以危险驾驶罪定罪处罚。醉驾入刑之后，一些人仍没有引起足够的重视，认为酒驾无非是被关几天，没什么大不了的。实际上，危险驾驶罪虽然刑罚较轻，但仍然属于犯罪，而且是故意犯罪！

劳动者被追究刑事责任，依照《劳动合同法》三十九条第六款规定，用人单位可以解除劳动关系。只要检测到驾驶者的血液酒精含量达到大于或等于80mg/100mL，就可以以危险驾驶罪定罪处罚。因此，劳动者醉驾被查处后，用人单位依法可以解除劳动关系。

第二种，劳动者饮酒后驾车被查处。

对饮酒后驾车，《刑法》未作明确的处罚规定，《道路交通安全法》对此的处罚，也较醉驾有所减轻，最高处罚只是拘留15日，并且不追究刑事责任。

《劳动合同法》第三十九条第二款规定，严重违反用人单位规章制度的，用人单位可以解除劳动合同。此时，判断劳动者饮酒后驾车被查处，用人单位能否解除劳动合同，重点要看用人单位的规章制度是否将“劳动者饮酒后驾车被查处”列入严重违反规章制度的情形。

劳动者饮酒后驾车被查处，虽然没被追究刑事责任，但如果用人单位依法制定的规章制度规定“劳动者饮酒后驾车被查处，视为严重违反规章制度”，这种情形下，用人单位可以依法单方解除劳动合同，无须支付赔偿金和经济补偿金。

反之，如果用人单位的规章制度，未对此种情形作出清晰的界定和明确，用人单位事后再以此为由解除劳动合同，则没有法律依据，属于违法解除。

劳动规章制度是用人单位内部的“法律”，是用人单位行使用工自主权的组成部分。为了最大限度地避免可能发生的重大交通安全隐患，公交公司在规章制度、岗位职责中对驾驶人员作出超出一般劳动者的从业资格和劳动纪律的要求，如非工作时间也不得酒驾，违反者视为严重违纪，这既是法律授权，也是理所应当。

三、闻听劳动者因醉驾被查处，用人单位能立即解除劳动合同吗？

劳动者醉驾被查处，用人单位依法可以解除劳动关系。但值得注意的是，这种情形下，用人单位处置得过早或者过迟，也很容易导致解除行为无效，甚至导致违法解除。

过早的情形是指用人单位作出解除劳动合同决定时，劳动者涉嫌危险驾驶罪一案仍处于侦查阶段，其是否构成犯罪、是否受刑事处罚尚未确定，此时贸然作出解除决定，很容易导致违法解除。

过迟的情形则是用人单位第一时间知晓劳动者醉驾被查处，却没有及时解除劳动合同，时隔一两年甚至更长时间，再旧事重提，以当年劳动者醉驾被查处为由解除劳动合同，此时法律不再支持用人单位的决定，而是视同用人单位当时放弃了对劳动者处罚的权利。

正确的操作步骤是：（1）用人单位发现劳动者醉驾被查处的情形；

（2）确认是否属于法规规定的被追究刑事责任的情形；（3）取得并保留劳动者被追究刑事责任的相关证据；（4）研究并作出解除劳动合同的决定；（5）将解除理由通知工会，并征求意见；（6）向劳动者发出书面解除劳动合同通知书。

本案中，戴某下班后因酒驾被查处，虽未被追究刑事责任，但公交公司《员工手册》上明确将驾驶人员因酒驾被查处视为严重违反规章制度，公交公司据此解除戴某的劳动合同，解除行为合法有效。戴某身为公交车驾驶员，工作性质关乎公共交通安全，理应有高于常人的自控能力，而戴某却放任自我，酒后驾车被查处，于理于法都不应该。经审理，仲裁庭裁决，对戴某的请求不予支持。

法条链接：《道路交通安全法》第九十一条

《劳动合同法》第三十九条

《刑法》第一百三十三条

案例 23

劳动者兼职微商，用人单位能解除劳动合同吗？

案情简介：2020 年 3 月，沈某入职某文创公司，签订了三年期劳动合同，工作岗位为文案设计。入职培训时，公司组织沈某等新员工对《员工手册》进行了学习和考试。《员工手册》在列举的有关禁止性行为中明确："乙方未经甲方允许，不得从事任何与甲方利益冲突的第二职业或活动，包含但不限于微商"，并规定，员工严重违反禁止性规定的，公司有权与行为人解除劳动合同。2021 年 7 月，沈某开始涉足微商，在网上售卖美妆护肤品、女鞋以及洗涤用品，从小打小闹到逐渐风生水起，业务忙的时候，沈某会利用上班间隙打理网铺，也会将产品卖给公司的同事。公司很快发现沈某上班时间从事微商的行为。2021 年 10 月、11 月，公司主管多次对沈某发出告诫，让其立即停止微商行为，更不允许将微商产品带到公司。尝到甜头的沈某则不以为然，认为自己利用业余时间打理网铺，并没有影响本职工作，公司无权过问。12月2日，公司向沈某送达《解除劳动合同通知书》，解除缘由是沈某上班期间从事微商活动，并屡教不改，此行为违反公司相关禁止性规定，损害公司利益。同时，公司将解除决定书面征求公司工会意见。沈某辩称自己一贯兢兢业业，个人网铺都是利用业余时间经营打理，没有损害公司利益，公司以此为由解除合同，属于违法解除。双方各执己见。沈某提请劳动仲裁，要求公司支付违法解除劳动合同赔偿金。那么，劳动者兼职微商，用人单位能解除劳动合同吗？

案例解析：随着社交媒体的迅猛发展，微商、网店如潮涌现，不少头脑灵活的劳动者大胆试水，将做微商、开网店作为第二职业。但与此同时，因劳动者“不务正业”引发的劳动争议也日益增多。那么，劳动者兼职微商，用人单位能否明令禁止？劳动者执意为之，用人单位能否据此解除劳动合同？

一、何为微商？微商有哪些从业特点？

随着移动网络的升级和智能手机的普及，移动端购物已成生活常态，微商的数量和规模呈迅猛增长的势头。《2016—2020年中国微商行业全景调研与发展战略研究报告》显示，美妆、针织、母婴、大健康、农特产品占据着微商的主要市场份额。

何为微商？简言之，就是基于移动互联网空间，借助社交软件、以社交为纽带开展的一系列电商行为。

微商行业发展的时间短，大多数微商从业者具有准入门槛低、运营时间短、经营规模小、团队精简化等从业特征。微商的“微”，既指向其运营平台，也形象地概括了微商的重要特征——组织“微小”、架构“微小”、成本“微小”。

二、用人单位能否禁止劳动者兼职微商？

用人单位拥有法律赋予的用工自主权，其重要体现就是可以依法制定劳动规章制度，对劳动者进行依法管理。《劳动合同法》第四条规定，用人单位应当依法建立和完善劳动规章制度，其立法本义，一方面是依法保障劳动者享有劳动权利，另一方面，也在于督促劳动者履行劳动义务。

用人单位和劳动者两者之间，既有法律主体上的平等性，还有劳动管理上的从属性。其从属性，不仅体现在劳动者对单位的忠实义务，还体现在劳动者在工作时间内要接受和服从单位的管理。《劳动和社会保障部关于确立劳动关系有关事项的通知》第一条第（二）项明确规定：用人单位依法制定的各项劳动规章制度适用于劳动者，劳动者受用人单位的劳动管理，从事用人单位安排的有报酬的劳动。此条规定，特别强调了用人单位对劳动者拥有劳动管理权。

微商是互联网时代的新兴产物，也是一种合法的新型业态。只要身份合适、时间地点合适，微商同样应该得到社会尊重和大力支持。但不可否认，劳动者把微商作为第二职业，除了大量消耗业余时间，还难免会占用工作时间，甚至造成工作期间分心分神。对一些特殊岗位，如工作时三心二意，极易导致安全事故，酿成大错。

为了防患于未然，用人单位通过依法制定劳动规章，禁止劳动者兼职微商，应当属于依法行使用工自主权的范畴。用人单位制定的劳动规章符合内容合法、程序民主和事先告知劳动者三个法律要件，理应得到法律的支持。即使用人单位将禁止兼职微商的范围从“工作时间”扩大到“业余时间”，只要用人单位广泛听取职工意见，在制定规章制度的过程中，将方案提交职代会或全体职工讨论，得到大多数职工的同意和认可，并与工会或职工代表平等协商确定，那么这条规定就具有不容置疑的法律效力。少数劳动者若执意违反，必将饱尝苦果。

对于劳动者而言，理应强化敬业精神和契约意识，在工作时间内全身心投入本职工作。如果工作时间兼职微商，那就真正是身份不适合，时间地点更不适合了。用人单位依法明令禁止兼职微商（含业余时间），此时，劳动者要清醒地认识到：鱼和熊掌不可兼得，如真心看好微商，那就要果断地“断舍离”，选择自己的真爱，一门心思去做微商。

三、劳动者兼职微商，用人单位能否以此为由解除合同?

《劳动合同法》第三十九条规定，劳动者严重违反用人单位的规章制度的，用人单位可以解除劳动合同。在实际生活中，依据《劳动合同法》第三十九条，依法处理因劳动者兼职微商而引发的劳动争议，主要分为以下三种情形：

第一种情形：用人单位规章制度明确规定，劳动者兼职微商属于严重违反规章制度。这种情形下，只要界定清晰、证据充分，用人单位据此解除劳动合同，符合法律规定。这里隐含一个法律要件，就是用人单位的规章制度必须合法有效。

第二种情形：用人单位规章制度虽有规定，但没有明确界定劳动者兼职微商是否属于严重违纪。此种情形下，用人单位要审慎操作，需举证劳动者的行为达到严重违纪、给单位造成重大损害或对完成本单位的工作任务造成严重影响，或者经用人单位提出，劳动者拒不改正，方能解除。

第三种情形：用人单位规章制度中没有对劳动者兼职微商做禁止性规定，且无法证明劳动者兼职微商影响工作，不能以此为由解除劳动合同。

本案中，经审理，仲裁委认为，沈某入职时专门学习过《员工手册》，应该知晓兼职微商属于公司规定的禁止性行为，其在主管多次告诫的情况下，仍不思悔改、依然故我，应该承担相应的法律责任。文创公司依据《劳动合同法》第三十九条以及《员工手册》有关规定，与沈某解除劳动合同，属于依法解除劳动合同，无须向沈某支付赔偿金。

特别提示：用人单位在处理劳动者兼职微商引发的劳动争议时，一定要有足够的举证意识和举证能力，只有有章可依、按章处罚且证据充分，劳动者才能心服口服。

法条链接：《劳动合同法》第四条、第三十九条

PART 03

第三部分

用人单位掉过的那些“坑”

劳动合同类争议

案例 1

单位没盖章的劳动合同是否生效?

案情简介：2013 年 6 月，经人介绍，女职工丁某在一家医药公司找了份工作，并与公司签订了两年期劳动合同，但合同书上只有人力资源部赵经理的签名，没有加盖公司公章。丁某当时没有在意。2013 年 12 月，人力资源部赵经理突然通知丁某，公司为了提高生产效率要精减人员，从下月起，丁某就不用来上班了。丁某拿出自己与公司签订的那份劳动合同，以劳动合同期限未到为由，与赵经理据理力争。不料，赵经理对丁某说，劳动合同上公司没有盖章，表明劳动合同还没有生效，公司可以随时辞退丁某。对公司的这种做法，丁某非常生气，在多次交涉无果的情况下，到市总工会寻求帮助。

案例解析：本案争议的焦点在于，劳动合同上没有单位的公章是否生效?

根据《劳动合同法》规定，用人单位自用工之日起即与劳动者建立劳动关系。以本案为例，从丁某到医药公司上班的第一天起，不管是否签订劳动合同，丁某都与那家公司建立了劳动关系。

《劳动合同法》第十六条规定：“劳动合同由用人单位与劳动者协商一致，并经用人单位与劳动者在劳动合同文本上签字或者盖章生效。”根据这一规定，判断劳动合同是否生效，需要同时具备两个条件：一是劳动合同必须是用人单位与劳动者协商一致的合同；二是用人单位和劳动者都应当在劳动合同文本上签字或盖章，缺少任何一方的签字或盖章，都不能生效。

一般情况下，用人单位会在劳动合同书上签字，并同时加盖公章。但现实生活中，只签字不盖章或者只盖章不签字的劳动合同，我们也能经常见到。根据签字人的身份以及单位盖章情况，我们可以将未盖章或未签字的合同分为以下三种情形：

一是如果在劳动合同上签字的是用人单位的法定代表人。由于法定代表人行为可以直接视为该用人单位的行为，因此，法定代表人在劳动合同上签字，即可证明用人单位对此份劳动合同的认可和同意，即使用人单位没有盖章，该劳动合同也应认定有效。

二是如果在劳动合同上签字的是用人单位的行政或人力资源管理部门负责人。《民法典》第一百六十一条、第一百六十二条关于代理以及《民法典》第一百七十二条关于表见代理的相关规定，劳动者完全有理由相信，行政或人力资源管理部门负责人签字前得到过用人单位的授权，他们的言行可以视为单位真实意思的表达。因此，一般情况下，他们签字的劳动合同，应认定有效。如果是一般职员，除非他们手中有单位的授权文件，否则他们在劳动合同上的签字就不可靠，很有可能导致劳动合同不生效。

三是如果劳动合同上只有用人单位的公章。公章在所有印章中具有最高的效力，可以代表法人意志，盖了公章就等于这个组织已承认这份合同。因此，合同上没有法定代表人或委托代理人的签字，但盖有单位公章，该劳动合同依然是有效的。

从上面的分析中，我们可以清楚地看到，用人单位盖章并不是劳动合同生效的必备要件。在没有特别约定的情况下，劳动合同双方当事人的签字即可表示劳动合同生效。仅凭没有盖公章，就认定劳动合同没有生效，在法律上是站不住脚的。

当然，在实际生活中，为了杜绝隐患，劳动者在签订劳动合同时，最好要求用人单位在劳动合同上既签字又加盖公章。

本案中，丁某与医药公司签订的劳动合同主体合适、意思表示真实、内容合法，属于有效合同。劳动合同上虽未加盖公章，但上面有人力资源部赵经理的签字。赵经理在合同上签字的行为，可认定为公司行为，虽然没有单位盖章，但并不影响劳动合同的生效。由于双方没有对劳动合同生效的时间另外做出约定，该合同从双方签字之时成立并生效。医药公司以合同没有盖章、合同没有生效为由解除丁某的劳动合同，属于非法解除。在市总工会的多次协调下，医药公司认识到自身行为的不妥，答应继续履行与丁某签订的劳动合同。

法条链接：《劳动合同法》第七条、第十六条、第二十六条

案例 2

特殊待遇补充协议能否视为劳动合同?

案情简介：2013 年 11 月 25 日，周某应聘某医院整形咨询设计师岗位，双方一拍即合，签订了特殊待遇补充协议。11 月 26 日，周某正式到岗上班。2014 年 5 月 7 日，双方以规范文本签订了劳动合同和保密及竞业限制协议，合同中约定基础待遇为 5000 元 / 月，绩效按业绩 2.5% 提成。2014 年 5 月 20 日，医院以周某伪造工作履历、泄露客户资料并给单位造成严重的经济损失为由解除劳动合同。2014 年 6 月，周某提请劳动仲裁，请求市仲裁委裁决医院支付违法解除劳动合同赔偿金 40000 元，支付 2014 年 1 月至 4 月间未签劳动合同二倍工资 80000 元，并补发拖欠的工资，补缴 2013 年 11 月至 2014 年 5 月期间的社会保险费。医院辩称，单位在周某到岗上班前就与其签订特殊待遇补充协议，不存在未签订劳动合同事实。单位之所以解除劳动合同，原因系周某违反保密约定、故意泄露客户资料且无故拒不上班，故不应支付赔偿金。庭审中，医院提供了特殊待遇补充协议文本，协议中约定周某的底薪为 5000 元 / 月，绩效按业绩总数 3% 提成。那么，周某入职前与医院签订的特

殊待遇补充协议能否视为劳动合同呢?

案例解析：本案争议的焦点之一在于，特殊待遇补充协议能否替代劳动合同；以及仅仅签订特殊待遇补充协议的情形下，用人单位是否需要支付双倍工资。

一、劳动合同一般约定哪些内容？内容约定不明时怎么办？

建立劳动关系应当订立书面劳动合同。劳动合同是劳动者和用人单位建立劳动关系、明确双方权利义务责任的协议。劳动合同是证明双方存在劳动关系的规范性法律文书。

依据《劳动合同法》第十七条规定，规范的劳动合同应该具备以下九个方面的必备条款：分别是用人单位的名称、住所和法定代表人或者主要负责人，劳动者的姓名、住址和居民身份证或者其他有效身份证件号码，劳动合同期限，工作内容和工作地点，工作时间和休息休假，劳动报酬，社会保险，劳动保护、劳动条件和职业危害防护，法律、法规规定应当纳入劳动合同的其他事项。

劳动合同除规定的九个必备条款外，用人单位与劳动者还可以约定试用期、培训、保守秘密、补充保险和福利待遇等其他事项，这些事项属于约定条款。

司法实践中，经常会看到一些内容简单、“粗线条”的劳动合同，里面仅仅是一些原则性的约定，对于劳动报酬、劳动条件、工作岗位等与劳动者切身利益密切相关的内容应该约定却没有约定或约定不明、含混不清，常常因此引发争议。

对于这种情形，《劳动合同法》第十八条规定，劳动合同对劳动报酬和劳动条件等标准约定不明确，引发争议的，用人单位与劳动者可以重新协商；协商不成的，适用集体合同规定；没有集体合同或者集体合同未规定劳动报酬的，实行同工同酬；没有集体合同或者集体合同未规定劳动条件等标准的，适用国家有关规定。

二、特殊待遇补充协议能否视为劳动合同?

特殊待遇属于描述性词汇，法律上对此没有作出具体明确的界定。特殊待遇一般是指用人单位为引进特殊人才，给予劳动者汽车、房屋或住房补贴等，可约定其为特殊待遇。

本案中的特殊待遇补充协议，仅仅对周某的劳动报酬与业绩提成作了约定，休息休假、社会保险等必备条款和其他约定条款均未涉及，不能视为劳动合同。如果公司与周某签订的特殊待遇补充协议中，包含了试用期限、工作岗位、劳动报酬、休息时间、社会保险等劳动合同需要约定的很多必备条款和约定条款，那么，它虽名为特殊待遇补充协议，却具备了法律意义上劳动合同的本质属性，仍可以将其视为劳动合同。但它依然是一份不规范的劳动合同，建议用人单位尽量不要用这种协议替代劳动合同。

《劳动合同法》对应签未签劳动合同的行为，规定了支付二倍工资、视为签订无固定期劳动合同等惩戒措施。为避免陷入这样的法律风险，即使用人单位与劳动者事先有很详细的协议约定，也要另行签订规范的劳动合同，防范法律风险。

三、录用信能否视为劳动合同?

录用信能否视为劳动合同？只要搞清楚录用信的内涵和用途，就能作出精准的判断。

录用信是用人单位在与劳动者签订劳动合同前，经双方多次协商，向劳动者发出的意向用工确认函，用人单位一般会把岗位、薪酬、待遇、发展等与职位相关的信息向劳动者说明，表明同意录用的意愿和诚意。这是企业发出用工要约的一种法律行为。如果劳动者同意用人单位开出的条件，签字确认后，录用信即正式生效，双方形成要约与承诺的意向用工关系。

录用信不是劳动合同，一般也不能被视为劳动合同，正式用工后，还需要签订正式的书面劳动合同来取代录用信，规范劳动关系双方的权利和义务。由于劳动合同签订在后，如果后期双方关于劳动报酬、劳动条件等约定有变化或与录用信有冲突，应当以劳动合同的约定为准。

本案中，周某到岗上班前，医院与其签订了一份特殊待遇补充协议，签订协议后第二天，周某随即到岗上班。从补充协议约定的内容来看，仅仅涉及劳动报酬和业绩提成，不具备《劳动法》上规定的劳动合同本质属性。据此，仲裁委认定该协议不能视为劳动合同，对周某主张 2014 年 1 月至 4 月间未签劳动合同二倍工资的请求，仲裁委予以支持。医院以周某伪造工作履历、泄露客户资料并给单位造成严重的经济损失为由解除劳动合同，却未能提供确凿证据证实周某存在上述违约行为及解除依据，不符合法律规定，经仲裁委裁定该解除劳动合同行为违法。鉴于周某不要求继续履行劳动合同，医院则应当按照经济补偿金二倍的标准支付赔偿金。由于周某月工资高于本市上年度职工平均工资三倍，裁定按规定则应以本市上年度职工平均工资三倍为标准支付。同时，对周某要求补发工资差额、补缴 2013 年 12 月至 2014 年 5 月的社会保险费的请求，仲裁委予以支持。

特别提示：录用信达成的仅仅是双方的聘用意向，一般情况下离正式用工还有一段时间，劳动者和用人单位并未形成完全意义上的劳动关系。虽然录用信对于双方都有约束力，但约定的相关内容一般受《民法典》的调整，不受《劳动合同法》的调整。如果一方反悔，则应按照录用信的约定，承担相应的违约责任或赔偿责任。

法条链接：《劳动合同法》第十条、第十一条、第十七条、第十八条

案例 3

入职登记表能替代劳动合同吗？

案情简介：2017 年 8 月，姚某通过人才市场招聘，入职某汽车销售公司，工作岗位为办公室文员，口头约定每月工资 3000 元。入职以后，公司人力资源部由于工作疏忽，一直未与姚某签订书面劳动合同。2018 年 1 月，姚某突然离职，并随即以公司未签订书面劳动合同为由，向市仲裁庭提出诉请：

（1）支付2017年9月至12月未签劳动合同的四个月双倍工资差额；（2）补缴入职以来的社会保险费。汽车销售公司既感到突然，也感到委屈，因为直到此时才发现由于经办人员疏忽，全公司只有姚某一人未签订劳动合同。在仲裁审理阶段，公司答辩：入职后，公司就要求姚某填写了《入职登记表》，上面不仅有姚某的签名、公司的印章和总经理同意录用的签批，还包含了劳动合同的相关内容，《入职登记表》就是事实上的劳动合同，因此，公司无需向姚某支付未签订书面劳动合同的二倍工资差额。那么，《入职登记表》能替代劳动合同吗？

案例解析：现实生活中，少数用人单位或刻意规避，或有意为之，或无意疏忽，认为让劳动者填写《入职登记表》，就可以替代书面劳动合同。那么，劳动者入职填写的《入职登记表》真的能替代劳动合同吗？

一、劳动合同的核心条款有哪些？必须采取书面形式吗？

未签订书面劳动合同的二倍工资制度，是《劳动合同法》切实维护劳动者合法权益的立法创新。依照《劳动合同法》第十条、第八十二条的规定，用人单位最迟应当自用工之日起一个月之内，与劳动者签订书面劳动合同，否则要承担每月向劳动者支付二倍工资的法律责任。

《劳动合同法》第十七条规定，规范的劳动合同应当具备九个方面的必备条款，主要包括：用人单位的名称、住所和法定代表人或者主要负责人，劳动者的姓名、住址和居民身份证或者其他有效身份证件号码，劳动合同期限，工作内容和工作地点，工作时间和休息休假，劳动报酬，社会保险，劳动保护、劳动条件和职业危害防护，法律、法规规定应当纳入劳动合同的其他事项。

除必备条款外，劳动合同上还可载明一些协商约定事项，如试用期、培训、保守商业秘密、补充保险和福利待遇等。

值得注意的是，《劳动法》《劳动合同法》都明确规定，劳动合同应当以书面形式订立。用书面形式订立劳动合同是严谨慎重、准确可靠、有据可查的，一旦发生争议，便于迅速查清事实，分清是非。

为规范管理，各地劳动保障行政部门会根据《劳动法》《劳动合同法》等法律规定，制作并发布不同类型劳动合同的示范文本，劳资双方可以直接参照范本签约，也可以参照范本自拟合同，但合同文本必须包括用人单位和劳动者的基本情况、工作地点、休息休假、社会保险等法律规定的必备条款。

二、《入职登记表》与劳动合同有哪些区别？入职登记表能证明什么？

《入职登记表》，从字面意义上就可以看出，是指新进劳动者履行入职登记手续所填写的表格，主要便于用人单位掌握劳动者的基本信息。劳动合同则是劳动者与用人单位确立劳动关系、明确双方权利和义务的协议。我们可以从三个方面来区别两者的差异：

一是从核心内容上来判断。《入职登记表》主要登记劳动者身份信息、教育程度、工作经历以及家庭主要成员等资料信息，这些内容，都是用人单位有权了解的与建立劳动关系直接相关的基本情况，劳动者应当如实填写。上面分析过，劳动合同载明的内容，主要包括九个方面的必备条款以及试用期、培训等协商约定事项。核心内容的差异性，是判断《入职登记表》能否视为劳动合同的关键点。

二是从签约程序上来判断。《入职登记表》一般在正式入职时，由劳动者填写，用人单位负责审批备存。而劳动合同则由用人单位与劳动者协商一致，并经用人单位与劳动者在劳动合同文本上签字或者盖章生效。从签约程序上可以看出，劳动合同是经过平等协商而订立的法律文书，而填写《入职登记表》则是劳动者办理入职手续的一个基本环节。

三是从保存形式上来判断。《入职登记表》由用人单位单方保管，劳动者一般不持有。依据《劳动合同法》第十六条第二款、第八十一条的规定，劳动合同文本由用人单位和劳动者各执一份。用人单位未将劳动合同文本交付劳动者的，由劳动行政部门责令改正，如给劳动者造成损害的，还应当承担赔偿责任。

从上面的分析可以看出，《入职登记表》是劳动者入职时填写的备案材料，与劳动合同有着很大的区别和差异。一般情况下，《入职登记表》因缺乏作为劳动合同应具有的核心内容和生效条件，既不是劳动合同，也不能代替劳动合同。用人单位如果心存侥幸，执意以《入职登记表》来替代劳动合同，将承担向劳动者每月支付二倍工资的法律风险。

需要关注的是，《入职登记表》虽然不能替代劳动合同，但在用人单位没有依法签订劳动合同的情况下，《入职登记表》却是证明劳动者与用人单位存在劳动关系的有效证据。

三、入职登记表任何情况下都不能视为劳动合同吗？

为了更好地协调劳动关系，《劳动合同法》规定，建立劳动关系应当订立书面劳动合同，把劳动关系双方的权利与义务用书面形式固定下来。但对用人单位应采取何种“书面”劳动合同，法律则没有作出具体的强制性规定。

在司法实践中，如果《入职登记表》的内容不具备《劳动合同法》第十七条规定的劳动合同应有的必备条款，没有平等协商、签字盖章等法律要件，也就不代表劳动关系双方签订劳动合同的意思表示，其实质就是一份劳动者入职登记的备案材料。用人单位以《入职登记表》替代劳动合同的抗辩理由，司法机构一般不会采纳。

在各地的司法实践中，在用人单位没有过错的情况下，很多判例对书面劳动合同的形式认定适当予以放宽，明确“具备劳动合同基本条款、能够确立双方存在劳动关系、明确双方权利义务”的《入职审批表》，可以视为劳动合同，对于劳动者提出因未订立书面劳动合同而要求二倍工资的诉讼请求不应予以支持。

本案中，仲裁庭审理后认为，虽然姚某入职后填写了《入职登记表》，但《入职登记表》在内容、程序和形式上均不具备劳动合同的必要条件，不能反映出双方达成劳动合同的合意。因此，《入职登记表》只是姚某入职履行的登记手续，其法律效力不能等同于书面劳动合同。最后，仲裁庭认定该公司与姚某未签订书面劳动合同，裁定公司向姚某支付 2017 年 9 月至 12 月的四个月二倍工资差额 1.2 万元，并补缴入职以来的社会保险费。

特别提示：有一种特殊情形，《入职登记表》上虽然没有劳动合同字样，但其记载了合同期限、工作岗位、休息休假、劳动报酬、社会保险等核心内容，经过双方协商确认，并实际履行，而且有双方当事人签名或盖章的行为，那么此时《入职登记表》在形式上就已具备劳动合同的各项特征和法定要件。这种情况下，《入职登记表》虽然名义上不是劳动合同，但它起到了与书面劳动合同一样的实际作用，在司法实践中常常被确认或视为书面劳动合同。

法条链接：《劳动合同法》第十条、第十七条、第八十二条

案例 4

承包车间招聘的员工与总公司存在劳动关系吗？

案情简介：2021 年 3 月，某机械制造公司将物流打包车间发包给职工黄某经营，双方签订《内部承包协议书》，对员工管理也作了详细的约定，主要包括：承包期间，车间所需工人由黄某负责招聘、管理，招聘员工应当遵守公司的规章制度，如有违规，需接受公司处罚；招聘人员的工资由黄某发放，工人因工受伤、发生安全事故，由黄某承担一切法律责任。2021 年 4 月，经朋友介绍，陈某到物流打包车间上班，黄某与陈某就工作内容、劳动纪律、工作待遇作了口头交代和约定。2021 年 9 月，送货途中，陈某发生非本人主要责任的车祸，小腿骨折，住院治疗 1 个月。2022 年 1 月，陈某找到机械制造公司，要求确认双方存在劳动关系，并要求享受相关工伤待遇。公司告知陈某，物流打包车间已承包给黄某，双方签订过承包协议书，与该车间生产管理的所有事项均和公司无关；他是黄某招聘的工人，与公司之间不存在劳动关系，陈某应当去找黄某主张权益。陈某认为，黄某是公司的职工，代表公司在经营管理，现在发生了意外，公司不能置身事外。双方多次沟通无果，陈某提请劳动仲裁，但相关诉求被仲裁庭驳回。于是，陈某起诉至法院。那么，陈某的要求能得到法律的支持吗？

案例解析：本案争议的焦点在于，承包车间自行招聘的员工与公司存在劳动关系吗？

一、何为内部承包？其经营活动有哪些特征？

内部承包，是指为整合资源、有效激发积极性创造性，企业与其内部职工（或内设部门、分支机构）订立承包经营协议，将特定场所、特定时期的经营管理权交给承包者，由其承担经营风险并获取收益的一种管理模式。

内部承包属于企业行使自主经营权的行为，是企业部分所有权和经营权的适度分离。一般来讲，内部承包具有以下主要特征：

1. 内部性。承包者是企业的内部职工或内设机构、部门，需要遵守企业的规章制度，双方存在管理与被管理的关系。

2. 附属性。承包只是企业经营管理的一项补充措施，不改变企业的性质、资产所有权、法人地位等，更不改变承包者的附属地位，承包经营的业务为主营业务服务和配套。

3. 相对独立性。依据承包协议，承包者在承包空间、特定时期独立行使经营管理权，独立核算、自负盈亏。

二、内部承包协议下，承包关系和劳动关系可以并存吗？

承包者和企业存在劳动关系问题本无须讨论。但现实生活中，少数企业企图通过一纸协议，既覆盖和否定掉企业与承包者之间的劳动关系，又避免与承包方招聘的员工建立劳动关系。承包经营成功，企业坐收利润；承包经营失败，企业以承包协议为名，推卸责任，任凭承包者和其招聘的员工自生自灭。

内部承包情形下，依法认定企业与承包者的劳动关系，在司法实践中主要依据《劳动和社会保障部关于确立劳动关系有关事项的通知》，其第一条明确规定，用人单位招用劳动者未订立书面劳动合同，但同时具备下列情形的，劳动关系成立：（1）用人单位和劳动者符合法律、法规规定的主体资格；（2）用人单位依法制定的各项劳动规章制度适用于劳动者，劳动者受用人单位的劳动管理，从事用人单位安排的有报酬的劳动；（3）劳动者提供的劳动是用人单位业务的组成部分。

关于企业和承包者之间的法律关系，如果企业认可双方存在劳动关系或双方签订了书面劳动合同，则无需多议。如双方未签订书面劳动合同，或企业以承包关系否认与承包者存在劳动关系，对照确立劳动关系的三个法律要件：其一，承包者本就是企业的在职职工，完全符合法律、法规规定的主体资格。其二，内部承包过程中，企业不可避免要对生产经营进行管控，承包者既要完成经营业绩，又必须遵守企业规章制度，双方明显是管理与被管理的从属关系；经营指标、利润分配的约定，并未改变承包者提供有报酬劳动的事实。其三，承包经营的内容是企业主营业务的组成部分，企业和承包者的劳动关系显而易见，企业若想通过承包关系逃避劳动关系根本是徒劳。

综上分析，内部承包关系可以和劳动关系并存，内部承包仅仅是企业对经营管理方式的改变，并未改变承包者的职工身份，更未改变企业和承包者的劳动关系。

三、承包车间自行招聘的人员，与企业存在劳动关系吗？

内部承包协议下，企业与承包者存在劳动关系，那么承包车间自行招聘的人员呢？特别是承包协议已经明确约定：招聘人员的生病、受伤等均与企业无关，这种情形下，他们是否还与企业存在劳动关系呢？

认定车间招聘人员与企业是否存在劳动关系，我们首先要对照确立劳动关系的三个法律要件：一是所招聘人员符合建立劳动关系的录用条件，符合法律、法规规定的主体资格；二是招聘人员虽由承包者招用，但要遵守企业规章制度，接受企业统一管理，从事的是承包者代为支付劳动报酬的劳动；三是招聘人员提供的劳动是企业经营业务的组成部分。

但以此认定车间招聘人员与企业存在劳动关系，企业常常不太理解，也不太服气。要理解这个问题，可以从以下三个角度入手：

一是承包者的用工资格。依据《劳动合同法》第二条规定，具备法定用工主体资格的用人单位是指企业、个体经济组织、民办非企业单位等组织以及国家机关、事业单位、社会团体，作为自然人，内部承包者不具备用工主体资格。企业承包出去的只能是经营业务，应尽的法律责任无法承包出去，还得自己承担法律责任。用人单位明知承包者不具有用工资格，仍允许其招聘人员，要承担连带的法律责任。

二是用人单位的用工责任。从内部承包的经营特征来看，承包者因为没有独立的法人资格，对外进行经营活动时，必然要以企业的名义。说得更专业一点，内部承包可以被视为企业赋予承包者独立开展经营管理的职务授权。承包者在承包范围内招用人员，是企业的一种职务授权，其自然代表的是企业，兜底的责任也要由企业承担。企业虽与承包者约定“招聘人员的生病、受伤等均与企业无关”，但这仅是企业与承包者关于责任承担的内部约定，不能以此来免除企业的用工责任，企业应依法履行劳动用工过程中的各项义务，如签订劳动合同、办理社会保险、及时足额支付劳动报酬等。

三是法律的制约监督。少数企业滥用承包关系规避劳动关系，为法律所不容。如果用所谓的内部承包就可以否认企业与承包者招用人员的劳动关系，那么，这种内部承包就会从一个车间蔓延到若干个车间，甚至一个企业可以对所有的员工都采取内部承包的形式来回避劳动关系。如果是这样，《劳动合同法》等法律法规对企业的制约监督、对劳动者合法权益的保护就会成为一纸空文。

本案中，经审理后，法院认为，机械制造公司将物流打包车间发包给内部职工黄某，属于企业内部经营管理的手段，这一行为并未改变公司与黄某的劳动关系；陈某虽由黄某招聘并进行管理，但黄某不具备用工资质，承包协议约定的免除条款并不能免除公司的用工责任；且陈某从事的工作属于机械制造公司业务的组成部分，并受公司的统一管理。据此，应当认定机械制造公司与陈某之间建立了事实劳动关系。由此，法院裁定确认机械制造公司与陈某之间存在劳动关系，要求公司依法为陈某申请工伤，并享受相关工伤待遇。

法条链接：《劳动合同法》第二条

《劳动和社会保障部关于确立劳动关系有关事项的通知》第一条

合同终止类争议

案例 5

连续两次签订固定期限劳动合同，单位可以期满终止合同吗？

案情简介：2017 年 3 月，邓某应聘到某文化传媒公司，首次劳动合同期限为一年。合同期满，双方又续签了一年期劳动合同。2019 年 3 月 10 日，第二次合同期满前三天，公司突然通知邓某："尽快把工资结了，我们不和你继续签了！"邓某内心已对工作两年的公司产生了归属感，突如其来的终止合同通知让邓某愣了半天。"没有任何理由，就是一句话，合同期满，公司不愿签了！"邓某对公司的不近人情感到很难过，他认为，公司至少应该提前通知，这样也不会让自己措手不及。在别人的指点下，他向公司提出了签订无固定期限劳动合同的请求。没想到公司直接拒绝，并随即向邓某发出了劳动合同终止通知书，要求邓某限期办理工作交接。邓某很无奈，向劳动仲裁机构提请劳动仲裁，要求公司支付违法解除劳动合同补偿金。那么，邓某与公司连续签订了两次固定期合同，公司还可以正常终止劳动合同吗？如果公司执意终止劳动合同，是否属于违法解除劳动合同？

案例解析：签订无固定期劳动合同，是很多劳动者梦寐以求的事情。可与之相反，很多用人单位却畏之如虎。本案就是劳动关系双方这两种迥异思维模式的现实交锋。

一、连续两次订立固定期限劳动合同，就必须订立无固定期限劳动合同吗？

与《劳动法》相比，为了避免劳动合同期限短期化现象，《劳动合同法》对签订无固定期限劳动合同的条件进行了重大修改，减少了应当订立无固定期限劳动合同的诸多限制，这也是当年《劳动合同法》颁布实施时，引起社会广泛关注的重要缘起之一。

根据《劳动合同法》第十四条规定，当劳动者符合以下三种情形，用人单位就应当与其订立无固定期限劳动合同：（1）劳动者在该用人单位连续工作满十年的；（2）用人单位初次实行劳动合同制度或者国有企业改制重新订立劳动合同时，劳动者在该用人单位连续工作满十年且距法定退休年龄不足十年的；（3）连续订立二次固定期限劳动合同，且劳动者没有本法第三十九条和第四十条第一项、第二项规定的情形，续订劳动合同的。

本案中，我们集中探讨的是依据《劳动合同法》第十四条第二款第三项的规定，连续二次与劳动者订立固定期限劳动合同，并满足法定条件，用人单位应与劳动者订立无固定期限劳动合同的情形。这里的“法定条件”主要包括三条：一是劳动者提出续订劳动合同，或者用人单位提出续订而劳动者表示同意的；二是劳动者没有《劳动合同法》第三十九条和第四十条第一项、第二项规定的情形，即劳动者没有违法违纪的情形，没有患病负伤、不能胜任工作的情形；三是劳动者未提出订立固定期限劳动合同。

避免劳动合同短期化、促进劳动关系和谐稳定是立法者的立法本意。因此，当用人单位与劳动者已连续订立二次固定期限劳动合同，第二次固定期限劳动合同期满之时，法律明确规定，劳动者提出续订劳动合同并要求订立无固定期限劳动合同的，用人单位应无条件与其订立无固定期限劳动合同。

二、第二次固定期限劳动合同期满，用人单位能否终止合同？

一般情形下，劳动合同期满，劳动合同终止。但连续两次固定期限劳动合同期满，属于法律规定的例外情形。

根据《劳动合同法》第十四条第二款第三项规定，用人单位与劳动者已连续订立二次固定期限劳动合同，第二次固定期限劳动合同期满，劳动者此时有三个选择：订立固定期限劳动合同、订立无固定期限劳动合同或者终止劳动合同。如果劳动者不存在《劳动合同法》第三十九条和第四十条第一项、第二项情形的，用人单位只能根据劳动者的选择被动接招，无权自主选择终止劳动合同或签订固定期限劳动合同。

也就是说，用人单位与劳动者连续订立二次固定期限劳动合同后，且劳动者没有违法违纪以及不能胜任工作的情形，只要劳动者提出订立无固定期限劳动合同，用人单位必须无条件地与劳动者订立无固定期限劳动合同。用人单位如果执意坚持终止劳动合同，则属于违法解除，应支付违法解除劳动关系的赔偿金。

对于劳动者，为防止日后发生争议，如果已经连续两次签订固定期限劳动合同，最好在第二次合同期限届满前及时书面通知单位，告知自己的合法主张，并保留相关证据。如果等到劳动关系实质性终止后再提出签订无固定期限劳动合同，此时主张权益将会困难重重，胜诉希望也很渺茫。

三、符合签订无固定期限劳动合同条件，却签了固定期限合同，能够反悔吗?

在现实生活中，我们还会遇到的情况：劳动者符合签订无固定期限劳动合同条件，但却与用人单位签订了固定期限劳动合同，在固定期限劳动合同履行过程中，劳动者又要求用人单位重新签订无固定期限劳动合同。这种情形下，劳动者的诉求还能得到法律的支持吗?

结合司法实践，遇到这种情形，首先要看用人单位与劳动者签订固定期限劳动合同时，是否存在《劳动合同法》第二十六条规定的导致劳动合同无效或部分无效情形，并由劳动者对劳动合同无效情形承担举证责任。《劳动合同法》第二十六条规定，下列劳动合同无效或者部分无效：（1）以欺诈、胁迫的手段或者乘人之危，使对方在违背真实意思的情况下订立或者变更劳动合同的；（2）用人单位免除自己的法定责任、排除劳动者权利的；（3）违反法律、行政法规强制性规定的。对劳动合同的无效或者部分无效有争议的，由劳动争议仲裁机构或者人民法院确认。

如果劳动者无法证明存在导致劳动合同无效或部分无效情形，劳动者在符合签订无固定期限劳动合同条件的情形下，仍然选择续签固定期限劳动合同，则视为放弃与用人单位签订无固定期限劳动合同的权利。这种情形，劳动者很难得到法律的支持。

本案中，邓某已与公司连续订立二次固定期限劳动合同，邓某又不存在《劳动合同法》第三十九条和第四十条第一项、第二项的情形，此时双方应依法签订无固定期限劳动合同，然而，公司在法律明确规定不能终止劳动合同的情况下执意作出终止合同的决定，属于违法解除劳动合同。经审理，仲裁委裁决公司支付邓某被违法解除劳动合同的赔偿金。

特别提示：当劳动者提出签订无固定期限劳动合同，用人单位虽不拒绝，但可能调整劳动者工作岗位、降低劳动者劳动报酬，采取种种措施迫使劳动者主动离职。面临此种境地，依法应对仍是首选。依据《劳动合同法》，签订劳动合同应当遵循合法公平、诚实信用的原则，如果用人单位故意刁难、人为设置障碍，显然讳背了合法公平、诚实信用原则，用人单位故意设限行为很可能会被法律判定为无效行为。

法条链接：《劳动合同法》第十四条、第二十六条

案例 6

未做离岗前职业健康检查，就不能终止劳动合同吗？

案情简介：2016 年 2 月，张某入职某电瓷有限公司工作，受聘为胶装部门精加工岗位。2019 年 2 月，公司通知张某劳动合同到期终止，不再与张某续签劳动合同，要求张某三日内完成交接手续。2019 年 3 月，张某以公司违法终止劳动合同为由，向当地劳动争议仲裁委员会提出仲裁申请。张某称，自己在公司一直从事有毒有害作业，公司未按法律规定安排自己离岗前职业

健康检查，属于违法终止劳动合同，请求依法撤销公司终止劳动合同决定，安排自己进行职业健康检查，如存在职业伤害，要按规定认定为工伤。那么，未对劳动者进行离岗前职业健康检查，用人单位就不能终止劳动合同吗？

案例解析：本案争议的焦点在于，安排劳动者离岗前职业健康检查，是用人单位终止劳动合同的必经程序吗？

一、劳动者离岗前为啥要进行职业健康检查？

依据《职业病防治法》，职业病是指企业、事业单位和个体经济组织等用人单位的劳动者在职业活动中，因接触粉尘、放射性物质和其他有毒、有害因素而引起的疾病。

用人单位是职业病防治的责任主体，并对本单位产生的职业病危害承担相应的法律责任。《职业病防治法》第三十五条规定，对从事接触职业病危害的作业的劳动者，用人单位应当按照国务院卫生行政部门的规定，组织上岗前、在岗期间和离岗时的职业健康检查，并将检查结果书面告知劳动者；职业健康检查费用由用人单位承担；职业健康检查应当由取得《医疗机构执业许可证》的医疗卫生机构承担。

此条法规传递了大量信息，就劳动者离岗前要进行职业健康检查而言，我们要重点把握以下四点：一是检查对象。职业健康检查的对象，是本单位从事接触职业病危害作业的劳动者。二是检查节点。职业健康检查有三个重要的检查节点：上岗前、在岗期间、离岗前。三个节点的检查作用各不相同，岗前检查是确保劳动者健康上岗；在岗检查是对劳动者加强劳动保护；离岗检查是让劳动者健康离岗、防患于未然。三是检查机构。职业健康检查应当由取得《医疗机构执业许可证》的医疗卫生机构承担。四是检查结果。职业健康检查的结果，用人单位要书面告知劳动者，并采取相应的劳动保护措施。

劳动者离岗前必须进行职业健康检查，还有一个重要的原因，就是职业活动中存在的各种有害的化学、物理、生物因素，以及在作业过程中产生的其他职业有害因素，在人体内有一段时间的潜伏期，与职业病的诊断与鉴定存在一定的时间差，即便用人单位对劳动者在岗期间进行了职业健康检查，仍然有义务为劳动者安排离岗时的职业健康检查。

二、未进行离岗前职业健康检查，用人单位能终止劳动合同吗？

从事接触职业病危害作业的劳动者未进行离岗前职业健康检查，能否解除或终止劳动合同，《职业病防治法》和《劳动合同法》对此的规定略有区别。

《劳动合同法》第四十二条规定，从事接触职业病危害作业的劳动者未进行离岗前职业健康检查，用人单位不得依照本法第四十条、第四十一条的规定解除劳动合同。《职业病防治法》第三十五条规定，对未进行离岗前职业健康检查的劳动者不得解除或者终止与其订立的劳动合同。

劳动者离岗的形态表现，除了用人单位单方解除、劳动合同到期终止，还有双方协商解除和劳动者单方解除两种形式。细细比照研究之后，我们不难发现，《职业病防治法》第三十五条把《劳动合同法》第四十二条无意中留下的法律漏洞全部封堵，即从事接触职业病危害作业的劳动者未进行离岗前职业健康检查的，一律不得解除或终止劳动合同。

安排从事接触职业病危害作业的劳动者进行离岗职业健康检查，是用人单位的法定义务，因此，离岗前职业健康检查结果未出来之前，双方的劳动关系不能当然解除或终止。即便劳动者与用人单位协商解除或劳动者主动辞职，也要安排从事接触职业病危害作业的劳动者离岗前职业健康检查，该项义务并不因劳动者主动辞职或双方协商一致解除而免除。离岗前职业健康检查，既是对劳动者的生命健康权负责，也是预防劳动争议的有效措施。

三、离岗前职业健康检查结果如何认定为职业病，认定后该如何处理？

在实际生活中，职业病有大小概念的区分，大概念是指与职业有关的各种疾病，这类疾病范围比较广，而且很难认定为工伤；小概念就是法定职业病，即《职业病防治法》中所规定的职业病。

劳动者职业健康检查结果要认定为法定职业病，必须具备四个法律要件：（1）患病主体是企业、事业单位或者个体经济组织的劳动者；（2）是在从事职业活动的过程中产生的；（3）是因接触粉尘、放射性物质和其他有毒、有害物质等职业病危害因素而引起的；（4）是国家公布的职业病分类和目录所列的职业病。这四个法律要件必须同时具备，缺一不可。

依据《工伤保险条例》第十四条第四款规定，劳动者“患职业病的”应当认定为工伤。认定为工伤后，结合劳动能力鉴定结果，劳动者享受相应的工伤保险待遇。工伤一至四级的，保留劳动关系，退出工作岗位，享受工伤保险待遇至退休。工伤五至六级的，保留与用人单位的劳动关系，由用人单位安排适当工作；难以安排工作的，由用人单位按月发给伤残津贴；劳动者也可以提出解除或者终止劳动合同，享受相应的工伤保险待遇。工伤七至十级的，劳动合同期满，或者经劳动者提出可以解除劳动合同，享受相应工伤保险待遇。

本案中，张某从事接触职业病危害作业的工作，电瓷公司依法应在张某离岗前安排职业健康检查，并将检查结果书面告知张某。经审理查明，电瓷公司在终止劳动合同前未对张某进行职业健康检查，其终止劳动合同行为属于程序违法，应依法予以纠正。仲裁委裁决，电瓷公司自裁决生效之日起30日内负责安排张某职业健康检查；检查后如存在职业病伤害，依照相关法律法规处理。

法条链接：《职业病防治法》第三十五条

《劳动合同法》第四十二条

《社会保险法》第三十六条

《工伤保险条例》第十四条

案例7

劳动合同期满未续签劳动合同，是否需要支付双倍工资？

案情简介：2015年11月，唐某进入某物流公司工作，双方签订的最后一个劳动合同期限为2020年1月1日至2021年3月31日，约定月基本工资为 2600 元。2021 年 3 月 31 日，合同期满，物流公司未与唐某续签合同。之后，唐某继续在物流公司工作，物流公司并未提出异议。2022 年 2 月 18 日，唐某向物流公司提出离职申请，双方很快就办理了离职手续。2022 年 3 月 17 日，唐某向市仲裁委提请劳动仲裁，请求仲裁委裁决物流公司支付未及时续签劳动合同的另一倍工资 31701 元（2021 年 5 月至 2022 年 2 月实际工资总额）。物流公司辩称，公司认真遵守相关法律法规，多次与唐某签订书面劳动合同。最后一次合同到期后，唐某没有要求续签劳动合同，对工资待遇也没有提出异议，应视为双方按原条件续签劳动合同。在这种条件下，公司不应再支付唐某未签劳动合同的另一倍工资。那么，唐某的仲裁请求能得到法律的支持吗？

案例解析：本案争议的焦点在于，劳动合同期满后，物流公司与唐某没有续签劳动合同的情形下，是否需要支付双倍工资？

一、劳动合同期满意味着什么？期满后未续签劳动合同，用人单位和劳动者双方形成何种关系？

根据《劳动合同法》第十条规定，建立劳动关系，应当订立书面劳动合同。已建立劳动关系，未同时订立书面劳动合同的，应当自用工之日起一个月内订立书面劳动合同。书面劳动合同是明确用人单位与劳动者双方权利义务的法律文书，是保护用人单位和劳动者双方合法权益的基本依据。在签订劳动合同这一环节，法律赋予用人单位不可推卸的法律义务，不能以劳动者是否愿意或是否主动提出为借口，转移其应负的法律责任。

依据《劳动合同法》第四十四条规定，劳动合同期满是劳动合同终止的法定条件之一。在法理上，劳动合同终止是指劳动合同的法律效力被依法消灭，即劳动关系由于一定法律事实的出现而终结，劳动者与用人单位之间原有的权利义务都不复存在。

因此，劳动合同期满时，除出现劳动合同应依法顺延的情形外，劳动合同自然终止，双方权利义务结束。劳动合同期满后，从劳动者继续在用人单位工作之日起，双方便形成了一个新的劳动用工事实。对用人单位来说，一个新的事实劳动关系，也自劳动者继续工作之日起自然建立，其法律风险和责任，也同时产生和不断发展。

二、劳动合同期满未签订劳动合同，是否等同于双方按照原劳动合同条件续签了一份新的劳动合同？

劳动合同期满未签订劳动合同，用人单位常常会以前面曾经签过一份或多份劳动合同，而推卸后续签订劳动合同的法律责任。

依据《最高人民法院关于审理劳动争议案件适用法律问题的解释（一）》第三十四条规定，劳动合同期满后，劳动者仍在原用人单位工作，原用人单位未表示异议的，视为双方同意以原条件继续履行劳动合同。一方提出终止劳动关系的，人民法院应当支持。此条规定中，“视为双方同意以原条件继续履行劳动合同”，是不是等同于双方按原条件新签了一个劳动合同呢？

2001 年，《劳动和社会保障部办公厅关于对事实劳动关系解除是否应该支付经济补偿金问题的复函》对上述司法解释中的“终止”，以及上面提及的疑问，作了非常明确的解释和直接的回答。该规定中的“终止”，是指劳动合同期满后，劳动者仍在原用人单位工作，用人单位未表示异议的，劳动者和原用人单位之间存在的是一种事实上的劳动关系，而不等于双方按照原劳动合同约定的期限续签了一份新的劳动合同。一方提出终止劳动关系的，应认定为终止事实上的劳动关系。

说得更直白一点，就是劳动合同期满未续签劳动合同，劳动者继续留在原单位工作，仅仅视为劳动者同意以原来的劳动条件、工资待遇继续履行劳动合同，并不能免除劳动合同到期后续订劳动合同的法律责任。从劳动者继续在原单位以原条件继续工作之日开始，双方便建立了新的劳动关系，而不能想当然地认为原劳动合同会自然续延。

三、劳动合同期满未续签劳动合同，用人单位是否符合支付双倍工资？

关于未签劳动合同支付双倍工资，《劳动合同法》第八十二条明确规定：“用人单位自用工之日起超过一个月不满一年未与劳动者订立书面劳动合同的，应当向劳动者每月支付二倍的工资。”从司法实践来看，适用此条规定，至少要符合三个法律要件：一是用人单位故意或放纵未签劳动合同的行为发生，没有证据证明劳动者拒绝签订书面劳动合同；二是存在不签劳动合同的法律事实；三是双方未签劳动合同的行为超过一个月以上。

从上面的分析，我们可以清晰地得出这样一个结论：劳动合同到期后，用人单位如果没有及时续签劳动合同，劳动者继续在原单位工作的，就应当视为双方存在事实劳动关系。对合同期满未签劳动合同，用人单位如果没有在一个月内及时签订书面劳动合同，同样需要承担支付双倍工资的惩罚性责任。

本案中，唐某与物流公司签订的劳动合同期满后，唐某继续在公司上班，但双方未签订劳动合同，双方形成事实劳动关系，并符合《劳动合同法》关于支付双倍工资的法律要件。物流公司关于“应视为双方按原条件续签劳动合同”的辩称，没有法律依据，仲裁委不予支持。最后，市仲裁委裁决，要求物流公司支付未及时续签劳动合同的两倍工资差额 31701 元。

法条链接：《劳动合同法》第十条、第四十四条、第八十二条

《最高人民法院关于审理劳动争议案件适用法律问题的解释（一）》第三十四条

岗位调整类争议

案例 8

竞争上岗未成功，能否安排劳动者待岗？

案情简介：2008 年 1 月，吴某入职某物流公司。双方签订的最后一份书面劳动合同期限为 2013 年 4 月 1 日至 2016 年 3 月 31 日，每月工资 3500 元。2015 年 2 月，物流公司开展竞争上岗，经过几轮选拔，吴某竞聘相关岗位未成，被物流公司安排待岗休息，以最低工资标准发放工资。吴某不接受竞岗结果，坚持要回原岗位上班。公司给吴某的答复是，竞争上岗体现了择优聘用原则。吴某既然同意参加竞争上岗，就表明已与公司就可能变更工作岗位达成一致意见，并视为接受可能落聘的结果。吴某则认为，公司让她参加竞争上岗，并不等同于她同意变更工作岗位，只能算自己积极响应公司的号召，参与公司的选拔和挑选。公司则坚持认为，吴某未能竞岗成功，就应当接受游戏规则，服从公司的安排。若吴某仍不到待岗管理部门报到，将以吴某旷工论处。双方争执不下。2015 年 3 月，吴某申请劳动仲裁，请求仲裁委裁决公司继续执行原劳动合同，并补足待岗期间的工资差额。那么，吴某竞争上岗未成功，物流公司能否安排吴某待岗呢？

案例解析：在人力资源管理中，很多用人单位会采用“竞争上岗”的方式，开辟选拔优秀人才成长的绿色通道，同时激发劳动者的进取意识、竞争精神。但在具体实施中，常常会出现劳动者拒绝参加竞争上岗，或拒不接受竞岗结果的情形，用人单位则依据竞岗结果，安排劳动者待岗，甚至直接解除劳动合同，由此引发劳动争议。

一、用人单位安排竞争上岗是否合法？劳动者可否拒绝参加竞争上岗？

从法律角度来看，竞争上岗中的“岗”，是指工作岗位，主要指工作内容和工作地点。而从实际操作来看，竞争上岗，不仅仅是工作岗位的变化和调整，常常会涉及劳动者劳动报酬的变化和调整。根据《劳动合同法》第十七条的规定，工作内容、工作地点和劳动报酬，这三者都是劳动合同中的必备条款，也是最为重要的核心条款。劳动合同的必备条款内容发生变化，自然属于劳动合同变更。因此，竞争上岗的实质，其实就是劳动合同的变更。

依据《劳动合同法》第三十五条规定，用人单位与劳动者协商一致，可以变更劳动合同约定的内容。用人单位安排竞争上岗是否合法，重点要“三看”：

一看劳动合同是否有约定。用人单位与劳动者依法订立的劳动合同，对双方当事人均有法律约束力。用人单位安排竞争上岗，首先要看劳动合同对于工作岗位调整是如何约定的，有没有约定用人单位可以通过开展竞争上岗的方式调整工作岗位的相关表述。

二看是否依法制定了竞争上岗的规章制度。用人单位行使用工自主权，必须依法进行。依据《劳动合同法》第四条的规定，用人单位在决定竞争上岗等直接涉及劳动者切身利益的重大事项时，应当依法制定相关的规章制度。如果劳动合同虽然没有约定，但用人单位依法制定了竞争上岗制度或实施细则，劳动者自愿参加，竞争上岗的相关制度规定就对双方都有约束力。

三看劳动者是否自愿参加。劳动合同变更的重要前提，就是协商一致。因此，实施竞争上岗的一个重要前提，就是劳动者自愿参加。用人单位不得强迫劳动者参加竞争上岗，更不可规定劳动者拒绝参加竞争上岗即安排待岗。用人单位单方安排竞争上岗的做法应为无效行为，强制实施将面临很大的法律风险。

二、劳动者同意参加竞争上岗，是否等同于合同变更?

竞争上岗，依照字面解释，就是用人单位设置一定数量的工作岗位，劳动者报名参与竞争，用人单位择优聘用。

前面分析过，竞争上岗的实质就是劳动合同变更，只不过是劳动合同变更的一种特殊形式。一般情形下的劳动合同变更，是用人单位与劳动者进行一对一的个体协商。而竞争上岗，是通过公开竞岗的形式，同时进行一岗或多岗的多人协商。如果劳动者竞争上岗成功，就意味着劳动关系双方就工作岗位变更达成了一致意见；如果劳动者竞争上岗没有成功，则表明双方就岗位变更没有形成一致意见。这种情况下，用人单位应按照原劳动合同执行，或者与劳动者继续协商，直至达成一致意见为止。

因此，竞争上岗并非用人单位一家说了算，劳动者同意参加竞争上岗，并不等同于劳动合同变更。

三、劳动者竞争上岗未成功，是否等同于不胜任工作?

由于工作岗位的有限性，在竞争上岗中，总会有部分劳动者因各种原因未能成功上岗，那么，未上岗人员是否一定就属于不胜任工作呢？用人单位是否能随意调岗?

依据《劳动合同法》第四十条规定，用人单位证明劳动者确实存在不能胜任工作事实的情形下，可以调整劳动者工作岗位。那么如何判定劳动者不胜任工作呢？依据有关法律法规，用人单位要判定劳动者不胜任工作，至少要做到“三有”：一是有制度或约定。用人单位依法制定了明确、详细的考核制度，或在合同中有明确的岗位考核要求，对劳动者不胜任工作的情形作了明确的界定，并事先告知劳动者。二是有标准。用人单位有细化、量化的考核标准，并进行了科学考核。三是有证据。相关印证材料要与考核制度、考核标准相对应。

那么，劳动者竞岗失败是否等同于不胜任工作呢？肯定不是！不胜任工作是指劳动者的业务素质和工作技能不能满足工作岗位的需要，或者无法按时按质按量完成工作任务。而在竞争上岗过程中，即使所有人都胜任工作，也会有人因岗位的有限性，不能竞岗成功。所以，不能因劳动者竞岗失败，就判定劳动者不能胜任工作。一些用人单位对没有竞岗成功的劳动者，要么直接调岗，要么安排待岗，甚至直接解除劳动合同，这些做法都是很不合适的。

最高人民法院 2016 年 11 月 30 日公布的《第八次全国法院民事商事审判工作会议（民事部分）纪要》明确规定，用人单位在劳动合同期限内通过“末位淘汰”或“竞争上岗”等形式单方解除劳动合同，劳动者可以用人单位违法解除劳动合同为由，请求用人单位继续履行劳动合同或者支付赔偿金。

本案中，吴某虽然同意参加公司组织的竞争上岗，但竞争上岗的结果是不确定的，不能以此视为吴某已经与物流公司协商一致变更其工作岗位，更不能简单地理解成吴某一旦同意参加竞争上岗，即同意任由公司安排。因此，仲裁委裁决物流公司恢复吴某原工作岗位，并补足吴某待岗期间的工资差额。

法条链接：《劳动合同法》第十七条、第三十五条、第四十条

《第八次全国法院民事商事审判工作会议（民事部分）纪要》第二十九条

案例 9

约定工作地“全国范围”，就可以随意调动员工了吗？

案情简介：2013 年 9 月，李某入职镇江某信息公司，具体负责镇江市区银行自动存储设备维修、保养等工作。双方签订的劳动合同约定，信息公司可根据工作需要，在全国设立的各派驻机构调整李某的工作地点。2018 年 1 月，公司突然通知李某到上海服务站工作。李某对此调动持有异议，与公司进行了多轮交涉。李某认为，5 年多来，自己一直在镇江市区工作，现在突然让他去上海工作，给工作、家庭生活带来诸多不便，短时间内根本无法前往。协调不成，李某未按通知要求到上海服务站工作。随后，公司以李某拒不服从工作安排、连续旷工，严重违反劳动合同约定和公司规章制度为由，解除

与李某的劳动合同。李某很不服气，随即提请劳动仲裁。那么，用人单位以有约在先（合同约定工作地为“全国各地”）为由，是否就可以随意调动员工了呢？

案例解析：实际生活中，一些用人单位为了所谓的用工灵活性，将劳动者工作地点约定为“全国各地”，认为这样既可以随意调整劳动者的工作地点，又无须承担法律责任，万一劳动者不服从，还能以旷工、违纪等理由直接解除劳动合同。那么，用人单位这样的如意算盘能实现吗？

一、法律为何规定要在劳动合同中约定工作地点？

工作地点是劳动者提供劳动的地点，是劳动合同的履行地，与劳动者的工作环境、生活环境、社会交往、职业规划等紧密相关，是劳动者就业选择时的重要判断要素。

工作地点成为劳动合同的必备条款，法律上有个历史演变过程。1995年1月1日正式实施的《劳动法》第十九条规定，劳动合同应当以书面形式订立，并具备以下条款：（1）劳动合同期限；（2）工作内容；（3）劳动保护和劳动条件；（4）劳动报酬；（5）劳动纪律；（6）劳动合同终止的条件；（7）违反劳动合同的责任。我们可以看到，当时《劳动法》只是将“工作内容”列入必备条款，而“工作地点”未被列入。

2008年1月1日，13年之后，《劳动合同法》第十七条明确将“工作内容和工作地点”列为劳动合同的必备条款。

工作地点，对于用人单位和劳动者来说，都十分重要。对用人单位来说，工作地点主要涉及人力资源优化、市场拓展、优惠政策争取、环保压力等经营成本，用人单位主要从企业发展、成本最小化的角度考虑问题。对劳动者而言，工作地点意味着自身发展的空间大小、时间精力的付出多少、工作环境的优劣以及朋友圈的转移等，是就业选择的重要考量。

法律之所以将工作地点新增为劳动合同的必备条款之一，并要求双方只有协商一致才能依法变更，主要目的在于限制用人单位滥用用工自主权，随心所欲变更工作地点，导致劳动者工作及生活成本增加，直接或间接侵害劳动者合法权益。

二、将工作地点约定为“全国各地”是否合法有效?

少数用人单位为了能够随意调动员工且无须承担法律责任，以格式条款的方式，将工作地点确定为“全国各地”或者“公司业务覆盖范围内”，企图让劳动者在遭遇调动时“哑巴吃黄连，有苦说不出”。但这种如意算盘，在法律面前常常成为一厢情愿。

《劳动合同法》第八条规定，用人单位招用劳动者时，应当如实告知劳动者工作内容、工作条件、工作地点、职业危害、安全生产状况、劳动报酬，以及劳动者要求了解的其他情况。也就是说，用人单位招用劳动者时，应当如实告知劳动者“工作地点”。劳动者有权在与用人单位建立劳动关系时，就知悉自己的工作地点。在正式签订劳动合同时，《劳动合同法》第十七条又明确规定“工作地点”为劳动合同的必备条款。

结合《劳动合同法》第八条、第十七条的规定，立法目的呈现得很明显，劳动者的工作地点不仅应该是明确的，而且应该是具体的。如果工作地点能宽泛到全国范围，那劳动合同约定工作地点还有何意义？用人单位之所以故意将工作地点扩大化、模糊化，是在有意回避自己的法定义务。

劳动者长期固定在某个地点工作，就会对该地点形成生活依赖，如购买住房、结婚生子、继续教育、孩子入学、社会交往等，而且时间越长，往往这种生活依赖越大。如果用人单位单方面进行工作地点变更，势必会对劳动者工作、学习、家庭等各方面带来诸多不便，增加劳动者的生活成本。依据《劳动合同法》的规定，工作地点的调整属于劳动合同变更，双方协商一致是必经程序，也是前置条件。

因此，法律界比较一致的看法，认为将工作地点约定为“全国各地”不符合立法本意。在司法实践中，工作地点约定为“全国各地”的，如没有特别提示，则视为工作地点约定不明，以实际履行地确定劳动者的工作地点。

三、如何依法有效调整劳动者的工作地点?

工作地点不仅是劳动者的工作场所，也是劳动者家庭生活和社会交往的重要依托场所。《劳动合同法》为了限制用人单位单方变更合同的权利，特别规定，变更劳动合同应与劳动者协商一致，并且应当采用书面形式，这是工作地点变更的一般原则。

在实际生活中，调岗（变更工作地点、工作内容）是个敏感的争议点。用人单位在调岗时，首要遵循的原则就是依法变更，要与劳动者协商一致，并书面确认。如确实必须调岗，在与劳动者协商时，也要充分考虑调岗的合理性，其中包括：用人单位经营的必要性、目的的正当性，调整后的岗位为劳动者所能胜任，工资待遇等劳动条件无不利变更。

现实生活中，有一些单位为了开展业务，需要安排劳动者常年在全国各地出差，没有固定的工作地点，这种情况下，建议在劳动合同中将单位注册地、单位办公总部或劳动者社会保险缴纳地约定为工作地点，并约定单位有权根据工作需要要求劳动者到外地出差，并向劳动者提供相应的差旅待遇。

对于一些难以长时间固定工作地点的全国连锁企业，约定工作地点为“全国各地”，或许有一定的现实需求。但我们不能要求劳动者无条件地牺牲其合法权益，去满足企业的经营需求。这种情况下，用人单位在与劳动者协商一致的前提下，可以约定几个今后极有可能涉及的地点作为合同履约地，劳动者签订劳动合同前，对工作地点变更会有一个提前预判和心理预期，也为后期调整减少很多沟通成本。如确属企业发展需要，调整的工作地点超出了合同前期的约定范围，用人单位可以从适当性以及必要性等多种角度，事先与劳动者进行充分协商，赢得劳动者的理解和支持，并取得劳动者的书面同意，在兼顾双方利益的基础上实现共赢。

本案中，仲裁委经过审理认为，双方当事人虽在劳动合同中约定工作地点为“全国范围”，但李某入职以来就一直在镇江工作，说明其工作岗位和工作地点是具体明确的。现公司将其从一个城市调到另一城市工作，属单方面对岗位和工作地点进行变更，依法应与李某进行协商，在未达成一致意见的情况下，公司以此为由解除劳动合同，属于违法解除劳动合同，应按经济补偿金两倍的标准给予赔偿。在多次调解无果的情况下，市仲裁委最终支持了李某的仲裁请求，裁决信息公司支付赔偿金。

法条链接：《劳动合同法》第八条、第十七条、第三十五条

案例 10

业绩排名垫底，公司对劳动者就能调岗降薪吗？

案情简介：2021 年 5 月，黄某入职某食品公司，工作岗位为销售员。黄某性格内向，不善于与人交际，在“消耗”完周边亲朋好友的人脉资源后，销售业绩一路下滑。2021 年 8 至 10 月，黄某的销售业绩被其他同事远远抛在了后面，连续三个月都是排名垫底。2021 年 11 月，黄某接到调岗通知，依照公司实行的末位轮岗制，从 2021 年 12 月 1 日起，调整到售后部工作。黄某对售后服务工作不感兴趣，而且与销售岗位相比，售后部的奖金和提成都少了一大截，多次表示希望能继续留在销售部。但公司答复，各种考核都表明黄某已经不胜任销售岗位。黄某认为，劳动合同约定的岗位是销售，公司随意给自己调岗，属于违法行为。公司却告诉黄某，末位轮岗已经写入了公司规章制度中，并经职代会讨论通过，在黄某以及其他员工的劳动合同中都有相应的约定，属于有约在先。黄某希望到售后部之后的工资待遇能保持不降，公司答复是岗变薪变，黄某必须接受新岗位的薪酬结构。黄某一气之下，提请劳动仲裁，请求判决公司调岗降薪行为违法。那么，因为业绩排名垫底，公司能对黄某调岗降薪吗？

案例解析：在“以业绩论英雄”的销售行业，不少劳动者因“末位淘汰制”“末位轮岗制”而惴惴不安，承受着巨大的心理压力。那么，末位淘汰制合法吗？末位轮岗制呢？

一、末位淘汰制是一种什么制度？合法吗？

末位淘汰制是指用人单位根据发展目标与阶段性经营指标，结合岗位实际，精心制定考核指标体系，对业绩考核排名处于末位的劳动者进行淘汰的

绩效管理制度。简单来说，“末位淘汰制”就是不断“淘汰”业绩排名处在末位的劳动者。

在企业管理中，末位淘汰制是把双刃剑，既有快速激活团队、提升团队绩效、优化团队结构等优势，也有欠缺科学公正、人为加速员工流失、破坏凝聚力、不符合人本管理理念等缺陷。

更为重要的是，末位淘汰制还涉嫌违法。最高人民法院《第八次全国法院民事商事审判工作会议（民事部分）纪要》明确规定，用人单位在劳动合同期限内通过“末位淘汰”或“竞争上岗”等形式单方解除劳动合同，劳动者可以以用人单位违法解除劳动合同为由，请求用人单位继续履行劳动合同或者支付赔偿金。

只要有考核排名，就会有处在末位的劳动者。但排名末位是区分先进与落后的一种客观状态，与劳动者是否胜任工作没有必然的联系。劳动者考核处于末位的原因有很多，如考核指标体系不合理、劳动者人际关系差、劳动者技能欠缺、其他劳动者过于优秀等。换言之，排名末位不能与劳动者不胜任工作直接画等号，如以“末位淘汰”为由直接解除劳动者劳动合同，则存在违法解除的法律风险。

更为关键的是，即使劳动者被确认为不胜任工作，也不能直接解除，用人单位应当根据法律规定为其提供培训或者调整工作岗位，如果劳动者再次被确认为不胜任工作，才可以单方解除劳动合同，并支付经济补偿金。

二、哪些情形下，可以对劳动者进行调岗调薪?

依据《劳动合同法》第四条、第三十五条、第四十条等规定，用人单位可以对劳动者调岗调薪的情形，主要包括：

（1）双方协商一致。工作内容、工作地点和劳动报酬都是劳动合同的必备条款，在劳动合同履行过程中，劳动关系双方可以就工作岗位、薪酬待遇等事宜重新进行协商约定。

（2）劳动者不胜任工作。劳动者被证明不胜任工作的，用人单位可以对其调岗调薪。

（3）劳动者患病或者非因工负伤。劳动者因患病或者非因工负伤医疗期满后不能从事原工作的，用人单位可以对其调岗调薪。

（4）客观情况发生重大变化。发生不可抗力或出现致使劳动合同全部或部分条款无法履行的情况，如企业迁移、被兼并、企业资产转移，劳动者原工作岗位难以存续，用人单位可以调整其工作岗位，工资待遇也可作相应调整。

（5）劳动者违反企业规章制度。用人单位有充分的证据证明劳动者违反企业依法制定的规章制度，可以依据相关条款给予调岗降薪的处罚。

三、考核排名末位的劳动者，可以被调岗降薪吗?

以末位淘汰为名直接解除劳动者的行为涉嫌违法，但法律并不干涉用人单位对劳动者进行正常的绩效考核，更不会禁止用人单位依据内部规章对考核排名末位的劳动者作出法律允许的处理方式，如调岗降薪。在末位轮岗制的实际操作中，用人单位要真正做到合法合规、合情合理、不留隐患，必须坚持“四性并重”：

（1）注重制度的“有效性”。实施末位轮岗制，合法有效的指标体系是前提保证。制度的有效性主要包括：一是指标合理。指标不合理，末位轮岗的评定就不科学，末位轮岗就失去了根基。关于衡量指标是否科学合理，《江苏省工资支付条例》的规定很值得借鉴，该条例规定，确定、调整的劳动定额应当使本单位同岗位 90% 以上劳动者在法定工作时间内能够完成。同时，考核指标还要具体细致，做到可衡量、可考核、可检验。二是程序民主。末位考核的制度文本要事先提交职代会或全体职工讨论，与工会或职工代表协商确定，这是制度生效的必备条件。三是明确界定。用人单位要对劳动者不胜任工作作出清晰、明确的界定，明确规定“业绩考核排名末位属于不胜任工作”，并向每名劳动者广而告之。

（2）注重证据的“充分性”。劳动者被证明不胜任工作，不仅要有事实，更要有证据，包括考核具体要求与劳动者业绩排名的彼此印证、制度文本履行民主程序的佐证材料以及证明考核程序公开公正的相关材料等。

（3）注重调岗的“合理性”。末位调岗的直接原因是劳动者能力有限、不能胜任工作。因此，在调岗操作中，要充分考虑到新岗位在工作强度、体能适应、技术要求等方面低于原岗位，要充分考虑到调整前后的岗位具有相关性或相似性，要充分考虑到新岗位要求与劳动者现在的身体状况、能力素质相适应，使劳动者能快速适应新岗位，力争早日“东山再起”。

（4）注重降薪的“有限性”。值得注意的是，末位降薪虽为法律所允许，但也不能任性为之。要遵循“科学合理、以岗定薪、岗变薪变、优绩优酬”的绩效分配原则，充分体现调薪的合理性。即使用人单位通过规章制度或合同约定的形式，将业绩考核与劳动报酬、奖金紧密挂钩，也不得违反法律法规的相关规定。例如，处罚性的调岗降薪，劳动报酬不得低于当地最低工资标准。

经审理，仲裁庭认为，食品公司依据依法制定并经职代会讨论通过的末位轮岗制，对连续三个月业绩排名垫底的黄某调岗降薪，属于依法行使用工自主权。该行为基于企业生产经营管理的合理需要，且不违反法律规定和单位依法制定的规章制度，于法有据，应予支持。黄某主张该调岗降薪行为违法，证据不充足，理由不成立，仲裁庭不予支持。

法条链接：《劳动合同法》第四条、第三十五条、第四十条

劳动报酬类争议

案例 11

未完成销售定额，还需要执行最低工资标准吗？

案情简介：2018 年 1 月，秦某入职某连锁酒店，签订两年期劳动合同。合同约定：秦某的工资报酬与每月销售额挂钩，上不封顶、下不托底，每月完成销售定额的基础工资为当地最低工资标准 2020 元，每超额完成 10%，增加 100 元。若完不成定额，每少完成 10% 扣 200 元。2019 年 3 月，市场不太景气，秦某虽然很勤勉，但依然连续半年都没有完成当月销售定额，每月都要被扣工资，少的月份连 1000 元的工资都拿不到。2019 年 9 月，秦某自感没有前途，实在干不下去了，主动提出辞职。在交接工作时，秦某要求酒店按照最低工资标准补足过去半年的工资。酒店称，按照合同约定，秦某未完成销售定额时，酒店有权自主决定秦某的工资数额。秦某感觉酒店的做法很不合理，提请劳动仲裁，要求酒店按照最低工资标准，补发工资差额。那么，劳动者未完成销售定额，用人单位还需要执行最低工资标准吗？秦某能打赢这场官司吗？

案例解析：本案是涉及最低工资标准适用条件的典型案例。我们重点关注以下三个方面。

一、如何判断劳动者是否“提供正常劳动”?

依据《劳动法》《最低工资规定》等法律法规，劳动者在法定或约定工作时间内提供了正常劳动，用人单位支付劳动者的工资就不得低于当地最低工资标准。那么，什么是劳动者提供了正常劳动?

关于正常劳动,《最低工资规定》对此专门进行了阐释，指劳动者按依法签订的劳动合同约定，在法定工作时间或劳动合同约定的工作时间内从事的劳动。

以此条规定为基准，判断劳动者是否提供正常劳动，重点要把握三个关键词:

一是到岗到位。劳动者按照法定或约定工作时间到岗到位，因劳动者个人原因缺勤，如病假、事假、旷工等不能算到岗到位。但劳动者依法享受带薪年休假、探亲假、婚丧假、生育假、节育手术假等国家规定的假期内，以及法定工作时间内依法参加社会活动期间，视为提供了正常劳动。

二是服从管理。服从用人单位的工作安排，遵守用人单位的劳动规章制度。

三是履行职责。依照合同约定或规章制度，劳动者履行了基本职责。

需要注意的是，判断劳动者是否提供正常劳动，与其到岗到位、服从管理、履行职责有关，但与其工作态度、工作能力、工作业绩没有必然联系，后者属于绩效管理的考核因素。

以本案为例，秦某只要做到了按时上下班，到岗到位，服从工作安排，完成销售员的相关工作职责，即为“提供正常劳动”。而秦某工作是否精神饱满、是否讲究销售技巧、有没有完成当月的销售定额，与“提供正常劳动”没有必然的关系。

二、未完成销售定额，工资能低于最低工资标准发放吗?

回答这个问题，我们可以从三个层次来解析:

一是未完成销售定额，不影响对劳动者提供正常劳动的认定。实践中，我们很容易将“完成销售定额”条件下的工资发放混同或等同于“提供正常劳动”条件下的工资发放。但事实上，判断劳动者是否提供正常劳动，不以完成销售定额为前提。

二是劳动者在提供正常劳动的情形下，用人单位必须依法执行最低工资标准。用人单位可以依法制定和完善有关劳动定额管理等方面的工资制度，但制度生效的前提和先决条件是内容必须合法。《劳动法》第四十八条第二款规定，用人单位支付劳动者的工资不得低于当地最低工资标准。《最低工资规定》第三条规定，劳动者在法定或约定工作时间内提供了正常劳动，用人单位应严格执行最低工资标准。这些都是法律的强制性规定，没有讨价还价的空间。

三是关于“未完成劳动定额不需要执行最低工资标准”的约定无效。用人单位应无条件执行最低工资标准，不受劳动合同约定的限制。对此，《最低工资规定》作了进一步的细化规定，实行计件工资或提成工资等工资形式的用人单位，在科学合理的劳动定额基础上，其支付劳动者的工资不得低于相应的最低工资标准。与此相一致，《劳动部关于贯彻执行〈中华人民共和国劳动法〉若干问题的意见》第五十六条规定：“在劳动合同中，双方当事人约定的劳动者在未完成劳动定额或承包任务的情况下，用人单位可以低于最低工资标准支付劳动者工资的条款不具有法律效力。”

综上所述，劳动者只要在法定或约定工作时间内提供了正常劳动，用人单位就应当支付其不低于最低工资标准的工资，而不论劳动者是否完成了销售定额。

三、劳动合同中能否约定工资“上不封顶、下不托底”?

少数用人单位为转嫁经营责任，在劳动合同中约定劳动报酬与销售定额挂钩，“上不封顶、下不托底”，让职工错误地认为：自己拿低于最低工资标准的工资是由于自己能力弱，怪不得单位。这是一种“隐形侵权”现象，必须予以制止和纠正。

销售公司经常采取底薪加提成的工资结构，这其实是一种计时工资与计件工资相结合的工资分配方式。无论最终发放给劳动者的是底薪还是底薪加提成工资，在劳动者正常出勤并提供正常劳动的情况下，用人单位发放的每月工资，都不得低于最低工资标准。“上不封顶、下不托底”这句话需要拆开来分析，用人单位为鼓励劳动者能者多劳、多劳多得，“上不封顶”可以，但“下不托底”不可以，要改成“下要托底”，这个“底”就是最低工资标准。

本案中，经仲裁委审理后认为，秦某勤勉工作，尽管连续半年未完成当月的销售定额，但其仍然属于提供正常劳动，酒店每月发放给秦某的工资不得低于当地最低工资标准。酒店低于最低工资标准发放工资的做法应依法予以纠正。经调解，酒店同意按照当地最低工资标准，补发秦某的工资差额，双方劳动关系依法解除。

特别提示：对用人单位来说，遇到长时间完不成劳动定额的劳动者，该怎么办呢？正确的办法是依法完成以下的“三步走”：第一步，科学制定合理的劳动定额并事先告知劳动者；第二步，依法制定规章制度，约定一定期限内完不成劳动定额属于不胜任工作；第三步，对不胜任工作的劳动者进行调岗或培训，若再次证明劳动者不胜任工作，可以依法解除劳动合同。

法条链接：《最低工资规定》第三条、第十二条

《劳动法》第四十八条

案例 12

未满规定年限离职，可以向劳动者收取工作服折旧费吗？

案情简介：2021 年 3 月，曹某入职某销售公司，担任销售经理。为了展示单位形象，公司要求所有员工上班必须穿工作服，还专门制定了工作服管理制度，规定工作年限满两年的员工，离职时不收取服装费，服装归个人所有；未满两年的员工离职或被辞退，按比例收取服装折旧费后，服装归个人所有。公司实行发一备一、以脏换净的换洗制度，入职后，为曹某发放了冬装、夏装各两套工作服。2022 年 3 月，因销售指标逐年加码、工作压力实在

太大，曹某主动提出辞职。在办理工作交接时，因曹某工作未满两年，公司扣减了服装折旧费2000元。曹某愿意归还工作服，但不同意扣减折旧费。公司拿出规章制度，指出扣减服装折旧费属于依章办事。曹某想不通，一气之下提请劳动仲裁，要求公司返还服装折旧费。那么，公司规定在先，曹某也事先知晓，就可以收取工作服折旧费吗？

案例解析：为加强劳动保护、展现团结协作的企业文化，很多用人单位专门定制工作服，要求劳动者统一着装。但工作服是否属于用人单位必须提供的劳动条件，由工作服而导致的劳动争议也时有发生，本案就是一个典型案例。

一、工作服是否属于用人单位必须提供的劳动条件？

《劳动法》第五十四条规定，用人单位必须为劳动者提供符合国家规定的劳动卫生条件和必要的劳动防护用品。《劳动合同法》第三十八条规定，未按照劳动合同约定提供劳动保护或者劳动条件的，劳动者可以解除劳动合同。所谓劳动条件，广义上说，是指职工在工作中的设施条件、工作环境、劳动强度和工作时间的总和；狭义上说，是指生产过程中有关劳动者的安全、卫生和劳动强度等必备的物质条件。工作服是否属于用人单位必须提供的劳动条件，至少要分三种情形予以分析：

（1）为特殊行业、特殊工种专门定制的工作服。工作服，其本义就是因工作需要而定制的服装。在现实生活中，确有一些特殊行业、特殊工种，不仅上岗需要经过专业的技能培训，其工作服也是根据行业和工种的劳动保护要求，从服装的色彩、面料、款式、造型、搭配等方面，都有特别的考虑和设计要求。例如，化工行业的工作服很多以纯棉为主，主要考虑纯棉的不会积聚静电；质地较厚，对酸碱泼溅会有适当的缓冲。再如，机械加工行业的工作服口袋比较多，袖口和裤腿会收口，左手臂一般会留有口袋。这些特殊行业、特殊工种的从业人员，在工作过程中要求始终穿着工作服，他们的工作服，就属于用人单位必须提供的劳动条件。

（2）虽非行业强制要求，但用人单位要求统一着装。很多用人单位要求劳动者统一着装，不论是上班，还是参加单位集体活动，都必须穿着统一定制的上面印有单位标识的工作服。这样做，对内可以加强劳动保护、促进规范管理，对外可以展现良好的精神风貌和社会形象。这种情形下，劳动者必须穿着工作服上班，就成为用人单位对劳动者工作要求的一部分，他们的工作服，就成为用人单位主动提供、劳动者履行职责的必要工作条件。

（3）以工作服的名义发放的礼仪服装。这种“工作服”制作一般比较精良，不仅可以在工作时穿，日常生活中也可以穿。用人单位要求劳动者在单位重大节庆场合统一着装，平时工作中一般不作要求。这种工作服更多具有福利性质，司法实践中，很少因此类服装发生争议。

二、用人单位能否向劳动者收取服装费 / 折旧费?

明令禁止用人单位向劳动者收取服装费，规定得最坚定也是最直接的是《劳动合同法》第九条：用人单位招用劳动者，不得以其他名义向劳动者收取财物。这里的“不得”就是禁止；这里的其他名义，包括用人单位自作聪明想出来的各种押金、担保以及本案例中所谓的“服装费”等。现实生活中，用人单位向劳动者收取“服装费”常见的情形有：

（1）入职时直接收取服装费。这种做法肯定是错误的。首先，要求劳动者在工作过程中必须穿着工作服，那工作服就是劳动者提供正常劳动的必要条件，提供必要的劳动条件，本就是用人单位的法定义务，由此产生的费用，理应由用人单位承担。其次，工作服是用人单位为了加强劳动保护、提振精气神儿而统一配发，通过工作服最终受益的也是用人单位，由受益方承担服装购置费用也合情合理。再加上《劳动合同法》的第九条明令禁止用人单位向劳动者收取服装费。

（2）离职时收取工作服折旧费。尽管一些用人单位作了限制性规定，甚至在规章制度中作了明确的规定，向未满一定工作年限的离职员工收取工作服折旧费，但这种行为的本质，依然是用人单位变相向劳动者收取财物，属于与法律规定相悖的违法行为。

（3）丢失或者毁损工作服之时。这时需要重点区分劳动者是否属于主观故意或人为毁损。只要是物品，就有一定的损耗率。对于正常损耗，很多单位都是按程序规定申领，免费重新配置。如果无法证明是正常损耗，甚至被证明是人为毁损，为严格管理，要求劳动者照价或折价赔偿，也在情理之中。

三、劳动者离职，能否要求劳动者归还工作服？

在用工管理中，劳动者离职是否需要归还工作服，是一个很小的管理细节，但这其中却蕴含着一个重要的管理理念，即如何对待离职员工。中国人喜欢讲情、理、法，科学规范的管理应该是法、理、情，我们就从这三个视角对此问题进行分析：

从“法”上讲，法律不可能穷尽一切管理的细微环节，未能穷尽的事项，就交由劳动规章制度（单位的“内部法律”）来填补。劳动者离职是否需要归还工作服，就需要由劳动规章制度来进行界定和明确。

从“理”上讲，工作服属于用人单位必须或主动提供的劳动条件，从规范管理的视角，要求劳动者离职时归还工作服，也有其一定的合理性。

从“情”上讲，就是如何对待离职劳动者的问题。马云称离职员工是“敌后的外援”，是笔巨大的财富。如果我们改变管理理念，把离职员工也当作单位的重要客户，那么允许离职员工免费带走工作服，未尝不是一本万利的感情投资。

本案中，经审理，仲裁委认为，销售公司“未满两年的员工离职或被辞退，按比例收取服装折旧费”的规定，明显违反《劳动合同法》第九条、第八十四条关于“不得要求劳动者提供担保或者以其他名义向劳动者收取财物”的禁止性规定，应当认定为无效。销售公司收取工作服折旧费，也是变相向劳动者收取财物，于法无据，应予以纠正。最后，仲裁委裁决，销售公司应依法返还曹某工作服折旧费2000元。

法条链接：《劳动法》第五十四条、第九十二条

《劳动合同法》第九条、第八十四条

案例 13

单位拒发高温津贴，劳动者能因此解除合同吗?

案情简介：2020 年 2 月，段某入职某混凝土公司，工作岗位为搅拌车操作工。入职两年，虽历经两度高温天气，但公司都以没有先例、效益不好为由，一直未发高温津贴。2022 年 3 月，段某以公司拒发高温津贴为由提出解除劳动合同，并要求公司支付两年的高温津贴以及经济补偿金。公司认为段某是无理取闹，不予理睬。官司从劳动仲裁、初级法院一直打到市中级人民法院，才最终结案。在庭审环节中，公司提供了 2020 年 1 月至 2021 年 12 月的段某工资明细表，其中 6 月至 9 月都有高温津贴项目。段某认为，该工资明细表系公司单方制作、纯属虚构，不予认可。那么，段某能以公司拒发高温津贴为由解除劳动合同，并主张经济补偿金吗?

案例解析：炎热的夏季里，高温在炙烤着人们的身体乃至灵魂。在烧烤模式下辛苦劳作的劳动者，常常因享受不到高温津贴而更加郁闷。本案就是一起因劳动者索要高温津贴而引发的劳动争议。

一、哪些人员有权享受高温津贴?

所谓高温津贴，是指用人单位为了补偿劳动者在高温作业环境下特殊或额外的劳动消耗而发放的岗位津贴，也是为了保证高温条件下经济建设的顺利开展、维护劳动者生命健康权的一种保障津贴。

哪些劳动者有权享受高温津贴? 目前最权威、法律效力最高的依据，就是国家安监总局、卫生部、人力资源社会保障部、中华全国总工会联合印发的《防暑降温措施管理办法》。《防暑降温措施管理办法》第十七条规定，劳动者从事高温作业的，依法享受岗位津贴。用人单位安排劳动者在 35℃以上高温天气从事室外露天作业以及不能采取有效措施将工作场所温度降低到 33℃以下的，应当向劳动者发放高温津贴。

依据《防暑降温措施管理办法》第十七条的规定，有权享受高温津贴的劳动者主要分为两大类：一类是在 35℃以上高温天气从事室外露天作业的劳动者，如建筑工人、环卫工人、户外线路检测人员等；还有一类，就是用人单位不能采取有效措施将工作场所温度降低到33℃以下的劳动者，如炼钢、铸造、陶瓷、印染、锅炉等岗位上的从业人员。

现实生活中，也存在一些难以直接确定为高温作业岗位的特殊情况，如经常巡检车间的安全科人员、装有空调但露天作业的航塔吊车人员，用人单位要结合实际，通过工资集体协商等形式，科学合理制定高温津贴的发放办法。

二、防暑降温费和高温津贴是一回事吗？

炎炎夏日，用人单位针对夏季安全生产的特点，采取有效措施，减轻劳动者的工作强度，减少高温时段作业时间，不断改善一线劳动者的作业环境。有些单位为所有劳动者发放防暑降温费，为一线劳动者定时提供绿豆汤、酸梅汤等。也有少数单位将防暑降温费、防暑降温措施以及高温津贴混为一谈，甚至以防暑降温费充抵高温津贴。防暑降温费和高温津贴的区别如下：

（1）适用对象不同。防暑降温费适用于夏季在岗的企事业单位的所有劳动者，对工作环境是否高温并无特别要求，高温津贴只适用于在35℃以上高温天气从事室外露天作业以及不能采取有效措施将工作场所温度降低到33℃以下的劳动者。领取了防暑降温费的劳动者若符合条件，仍可领取高温津贴。

（2）发放方式不同。防暑降温费可以是现金支付，也可以是发放物品的形式，而高温津贴只能是现金支付，且不得用防暑降温饮料等物品充抵或替代。

（3）法律属性不同。防暑降温费是用人单位为劳动者提供的福利待遇，是否发放看用人单位的意愿，不具有强制性；高温津贴是法定津贴，对特定对象的发放具有强制性，劳动者的高温权益受国家政策法规保护。

三、用人单位拒不支付高温津贴，劳动者能否因此解除劳动合同？

高温津贴作为一种劳动保护费用，用人单位理应依法、及时发放。在用人单位拒不支付高温津贴的情形下，劳动者能否依法解除劳动关系，主要依据《劳动合同法》第三十八条的规定，用人单位未及时足额支付劳动报酬的，劳动者可以解除劳动合同。适用这条法规的关键在于高温津贴是否属于劳动报酬。

依照《国家统计局关于工资总额组成的规定》第四条规定，工资总额由计时工资、计件工资、奖金、津贴和补贴、加班加点工资、特殊情况下支付的工资等六个部分组成。从这条规定可以看出，津贴属于工资总额的一部分。《防暑降温措施管理办法》第十七条规定得更加直截了当，用人单位应当向劳动者发放高温津贴，并纳入工资总额。

本案中，段某的工作岗位为露天工作的搅拌车操作工，有权依法享受高温津贴。公司虽提供了段某 2020 年 1 月至 2021 年 12 月的工资明细表，上面有高温津贴项目，但该工资明细表系公司单方制作，公司并未提供其他证据证明发放高温津贴的事实。经审理，法院依法认定公司未向段某发放 2020 年、2021 年度高温津贴，属于未及时足额支付劳动报酬的情形，段某可以据此解除劳动合同，并主张经济补偿金。最后，法院判决混凝土公司依法向段某支付 2020 年、2021 年度高温津贴及两个月的经济补偿金。

特别提示：高温津贴属于工资总额的组成部分，用人单位拖欠或拒发高温津贴，就属于未及时足额支付劳动报酬的情形，劳动者不仅有权依据《劳动合同法》第三十八条规定单方解除与用人单位的劳动关系，还可以向用人单位主张经济补偿金。洞悉其中的利害关系，不难发现，拒发高温津贴的用人单位正所谓作茧自缚、因小失大。

法条链接：《劳动合同法》第三十八条

《防暑降温措施管理办法》第十七条、第二十一条、第二十二条

案例 14

未足额支付停工留薪期工资，能否按违法支付劳动报酬处理？

案情简介：2008 年 3 月，贾某入职某铝业公司。2014 年 4 月，双方签订

无固定期限劳动合同，约定基本工资为3500元/月。2018年8月，贾某在工作期间被单位铲车撞断股骨，在工伤治疗期间公司每月向贾某支付1616元工资（含社会保险个人部分）。2018年10月，劳动行政部门认定为工伤，随后鉴定伤残等级为八级。2019年5月17日，贾某以公司未足额支付工资为由提出解除劳动合同，向劳动人事争议仲裁委员会申请仲裁，请求仲裁委裁决用人单位补足停工留薪期间工资、支付解除劳动合同经济补偿金、支付一次性伤残就业补助金。铝业公司辩称，公司已为贾某参加工伤保险，其工伤保险待遇中有些费用应由工伤保险基金承担；一直以来，公司对于受伤职工停工留薪期间工资都是按生活费标准（当地最低工资标准的80%）发放，等其正常上班时与其他费用一齐结算；贾某自己主动辞职，公司不应该支付经济补偿金。那么，用人单位未足额支付停工留薪期工资，劳动者能否以此为由解除劳动合同并主张经济补偿金呢？

案例解析：本案争议焦点，是如何认定停工留薪期工资性质问题。我们将从以下三个方面进行解析。

一、何为停工留薪期？停工留薪，到底该留多少薪？

停工留薪期是指劳动者因工作遭受事故伤害或者患职业病后，停止工作接受治疗并享受有关待遇的期间。停工留薪期一般不超过12个月，伤情严重或者情况特殊，经设区的市级劳动能力鉴定委员会确认，可以适当延长，但延长不得超过12个月。

停工留薪，究竟该如何留薪？《工伤保险条例》第三十三条第一款规定，职工因工作遭受事故伤害或者患职业病需要暂停工作接受工伤医疗的，在停工留薪期内，原工资福利待遇不变，由所在单位按月支付。

如何认定“原工资福利待遇”，福利待遇无歧义，关键在于如何认定“原工资”。《工伤保险条例》第六十四条规定，本条例所称本人工资，是指工伤职工因工作遭受事故伤害或者患职业病前12个月平均月缴费工资。《劳动部关于贯彻执行〈中华人民共和国劳动法〉若干问题的意见》第五十三条说得更为明确具体，规定《劳动法》中的工资是指用人单位依据国家有关规定或劳动合同的约定，以货币形式直接支付给本单位劳动者的劳动报酬，一般包括计时工资、计件工资、奖金、津贴和补贴、延长工作时间的工资报酬以及特殊情况下支付的工资等。

因此，“原工资福利待遇”是指劳动者工伤前的工资总额加福利待遇。如果发生工伤前，劳动者在用人单位工作已满 12 个月的，应按工伤前 12 个月所发工资的月平均工资（含基本工资、奖金和津补贴以及加班工资）计算其原工资标准；如果发生工伤前劳动者在用人单位工作未满 12 个月的，应按工伤前实际工作月数所发工资的月平均工资计算其原工资标准。

二、停工留薪期工资待遇是否属于劳动报酬?

一般意义上的劳动报酬，是指劳动者付出体力或脑力劳动所得的对价。在司法实务中，存在着一种理解，认为停工留薪期劳动者并未实际为用人单位提供劳动，停工留薪期工资是用人单位依法向劳动者支付的生活保障性待遇，不同于劳动者通过劳动而获得的劳动报酬，故不应属于劳动报酬范畴。

这种理解是对法律法规的误读和曲解。《工伤保险条例》规定，停工留薪期原工资福利待遇不变。虽然停工留薪期的工资不是基于实际劳动付出，但应视同劳动者正常出勤、正常提供劳动情形下应得的劳动报酬。对此，我们可以从两个方面加深理解：

一是基于工伤的特殊性。工伤亦称“因工负伤”，指劳动者在从事职业活动或者与职业责任有关的活动时所遭受的事故伤害和职业病伤害。职工的工作行为是用人单位指定或临时安排的工作（包括从事紧急情况下虽未经行政指定但于用人单位有利的工作），工作目的是为用人单位生产创造效益，与一般意外上的伤害存在性质上的差异，将其工伤治疗过程中视为正常出勤，符合有关劳动合同履行过程中的公平合理原则。

二是基于法律规定。国家统计局《关于工资总额组成的规定》第四条规定，工资总额包括计时工资、计件工资、奖金、津贴和补贴、加班加点工资以及特殊情况下支付的工资。第十条又对特殊情况下支付的工资作了细化规定，包括根据国家法律、法规和政策规定，因病、工伤、产假、计划生育假、婚丧假、事假、探亲假、定期休假、停工学习、执行国家或社会义务等原因按计时工资标准或计时工资标准的一定比例支付的工资，以及附加工资、保留工资。《江苏省工资支付条例》第二十九条规定，工伤职工停工留薪期间，用人单位应当视同劳动者提供正常劳动并支付其工资。

三、用人单位没有足额支付停工留薪期的工资待遇，劳动者是否可以主张经济补偿金？

为保障工伤职工停工留薪期内日常生活不受影响，《工伤保险条例》明确规定，原工资福利待遇不变，由所在单位按月支付。用人单位如未按规定支付职工停工留薪期工资，即属于未及时足额支付劳动报酬的情形，依照《劳动合同法》第三十八条规定，劳动者以此为由提出解除劳动合同，并要求用人单位支付解除劳动合同经济补偿金，将依法得到支持。

本案中，铝业公司在贾某因工受到伤害暂停工作、接受治疗期间，以当地生活费标准发放其停工留薪期工资，有悖国家关于工伤职工“原工资福利待遇不变”的规定，应予补足工资差额。在此情形下，贾某以此为由要求解除劳动合同并支付经济补偿金，符合《劳动合同法》规定精神，铝业公司应当支付贾某经济补偿金。在双方劳动合同解除后，依规定，铝业公司还须支付贾某一次性伤残就业补助金。在仲裁委主持下，经双方平等协商，最终达成调解协议，工伤职工贾某的三项仲裁请求均得到了妥善处理。

特别提示：法律规定，在因工伤停工留薪期内，原工资福利待遇不变，即已清楚阐明该类伤害的特殊性，我们不应从是否提供实际劳动上，去机械地理解停工留薪期工资，而应从伤害发生原因、依法维护职工合法权益等方面加以合理分析、理性判断，全面梳理并透彻地理解法律法规，方能更好地维护法律的公平公正。

法条链接：《工伤保险条例》第三十三条

《劳动合同法》第三十八条

《关于工资总额组成的规定》第四条、第十条

经济补偿类争议

案例 15

劳动者不愿随厂搬迁，可以索要经济补偿金吗?

案情简介： 2013 年 12 月，赵某入职市区某机械公司，三年后，双方签订了无固定期限劳动合同。2018 年 6 月，公司响应政府号召，整体搬迁到距离市中心 20 多公里的开发区，要求员工必须全部到新办公地址上班，公司承诺发放一定的交通补贴。7 月 15 日，公司向全体职工发出报到上班通知，要求 3 日内至公司新址报到，否则按旷工处理。赵某回复公司“孩子上学需要接送、上班路途太远、家庭照顾不方便”，不愿意到公司新址上班。7 月 31 日，公司对赵某作出因旷工违反规章制度解除劳动合同决定，并通知赵某本人。2018 年 8 月，赵某提请劳动仲裁，要求机械公司支付违法解除劳动合同赔偿金。机械公司辩称，赵某不服从管理，不愿到单位上班，这才迫不得已解除了他的劳动合同，因此没有任何经济补偿。那么，劳动者不愿意随厂搬迁，可以向用人单位索要经济补偿金吗?

案例解析： 现实生活中，由于企业发展战略调整、外部经济形势变化以及业务拓展需求等多种原因影响，用人单位整体搬迁的事时常发生。单位迁新址时，劳动者不愿意到新的办公地点工作，以劳动合同订立时依据的客观情况发生重大变化为由，要求用人单位支付经济补偿金；而用人单位不愿意主动解除劳动合同，要求劳动者到新办公地点工作，否则以旷工论处，劳动争议由此引发。

那么，对于那部分不愿意随厂搬迁的劳动者，用人单位是否需要支付经济补偿金呢？

劳动者选择不随厂搬迁并主张经济补偿金，主要依据的是《劳动合同法》第四十条第三款，该条规定劳动合同订立时所依据的客观情况发生重大变化，致使劳动合同无法履行，经用人单位与劳动者协商，未能就变更劳动合同内容达成协议的，用人单位应当支付经济补偿金。劳动者最终能否索要成功，重点要从以下三个方面进行评判。

一、用人单位搬迁是否属于客观条件发生重大变化？

用人单位搬迁，属于用人单位根据自身经营发展策略对经营地点的调整，是用人单位经营自主权的集中体现。

对用人单位来说，根据原劳动部下发的《关于〈劳动法〉若干条文的说明》第二十六条规定，本条文中所指的“客观情况”是指发生不可抗力或出现致使劳动合同全部或部分条款无法履行的其他情况，如企业迁移、被兼并、企业资产转移等，并且排除《劳动法》第二十七条所列的客观情况。企业搬迁被列入其中，属于客观情况发生重大变化。

对劳动者来说，工作地点在劳动合同中属于牵一发而动全身的关键因素，它不仅关系到劳动者的工作圈、生活圈，还关系到劳动者的社会圈。用人单位搬迁新址，不仅会带来劳动者工作地点的变化，对劳动者的影响也是全方位的。

依据以上分析，对用人单位和劳动者来说，企业搬迁都应属于客观情况发生重大变化。

二、用人单位搬迁是否属于客观情况发生重大变化、致使劳动合同无法履行的情形？

用人单位迁址属于客观情况发生重大变化，但是否都属于《劳动合同法》第四十条第三款的适用情形呢？

细究《劳动合同法》第四十条第三款不难发现，此条的适用情形除了规定“劳动合同订立时所依据的客观情况发生重大变化”，还有一个重要的限制条件，就是“致使劳动合同无法履行”。判断用人单位搬迁能否适用此条法规，还要看由于单位搬迁是否导致劳动条件发生“实质性变化”，致使原劳动合同无法履行。

所谓劳动条件“实质性变化”，是指用人单位提供的劳动条件，与双方签订劳动合同时的劳动条件发生明显的变化，对劳动者带来实质性的影响。具体到用人单位搬迁这件事上，我们要综合搬迁距离、通勤时间、配套设施等要素，来综合认定单位搬迁是否属于劳动条件实质性改变，从而导致劳动合同无法履行。

若确属于劳动条件实质性改变导致劳动合同无法履行，如单位新址搬至外省，或虽在本市，但离原工作地点距离遥远，给劳动者工作生活造成很大的改变，此时劳动者要求解除劳动合同的，用人单位应主动解除劳动合同，并向劳动者支付解除劳动合同经济补偿金。

若综合上述因素，用人单位搬迁虽属于客观条件发生重大变化，但是迁址地点与原工作地点相距不远，而且用人单位采取了免费交通工具接送、发放交通补贴等保障措施，对劳动者生活未造成明显影响的，劳动合同可以继续履行，此时劳动者要求解除劳动合同，用人单位无须向劳动者支付解除劳动合同经济补偿金。

三、劳动关系双方是否进行了协商并无法协商一致？

《劳动合同法》第十七条明确规定工作地点属于劳动合同的必备条款。用人单位迁址，必然要带来工作地点的改变，必然要带来劳动合同的变更。

订立和变更劳动合同，应当遵循平等自愿、协商一致的原则。依据《劳动合同法》第四十条第三款，用人单位迁址，应事先制订周密的搬迁计划，并应事先征求每位劳动者的意见，进行充分的协商。同意到新地址工作的，继续履行劳动合同；不同意去的，则提前 30 天书面通知解除劳动合同，并给予经济补偿金。

综上所述，劳动者不愿随厂搬迁，并非所有情形都可以提出解除劳动合同并向用人单位主张经济补偿金。在确定用人单位是否应当支付经济补偿金时，应综合考虑用人单位迁址是否构成了对劳动条件的实质性变更。只有对劳动条件构成实质性改变，并导致劳动合同无法履行的搬迁，经用人单位与劳动者协商，未能就变更劳动合同内容达成协议的，才是适用《劳动合同法》第四十条第三款的触发条件。

本案中，市仲裁院经审理后认为，赵某自2013年进入公司以来一直在市区上班，此次公司整体搬迁至20多公里以外的开发区，尽管公司支付了一定的交通补贴，但客观上还是造成了赵某上下班在途时间延长、上下班不方便、照顾家庭不便等影响，与劳动合同订立时所依据的客观情况发生了重大变化，构成了劳动条件的实质性改变。赵某也明确表示不愿意到公司新址工作，双方未能就变更劳动合同内容达成协议，在此情况下，公司可以通知劳动者解除劳动合同，但应支付经济补偿金，但不是赵某主张的违法解除合同赔偿金。最终，在市劳动仲裁的调解下，双方达成和解，公司依法支付经济补偿金，双方劳动合同解除。

法条链接：《劳动合同法》第十七条、第三十五条、第四十条

案例16

工资低于最低标准，劳动者主动辞职能否获得经济补偿？

案情简介：2018年8月，吴某进入某保洁公司工作，公司与其签订了三年期限劳动合同，约定工作岗位为某写字楼保洁，工作时间为每周工作6天、每天工作8小时，劳动报酬为当地最低工资标准。工作期间，保洁公司一直按2020元/月（当地最低工资标准）支付工资。2019年3月，吴某提出辞职，要求保洁公司补发工资并支付经济补偿金。遭拒后，吴某提请劳动仲裁。庭审中，保洁公司辩称，双方在劳动合同中已对吴某工作时间、工资报酬等

作出明确约定，公司支付吴某的劳动报酬从未低于当地最低工资标准，不存在补发工资问题；另外，吴某自己主动提出辞职，故也不应支付其经济补偿金。那么，吴某有关补发工资、经济补偿金的申请，是属于无理取闹吗？她的诉求能够得到法律支持吗？

案例解析：从表面上看，本案似乎是一起关于劳动报酬、经济补偿金的劳动争议，深入剖析不难发现，本案实则为一起判定最低工资标准适用范围的典型案例。

一、如何判定劳动者工资是否低于最低工资标准？

最低工资标准，是指劳动者在法定工作时间或依法签订的劳动合同约定的工作时间内提供了正常劳动的前提下，用人单位依法应支付的最低劳动报酬。这里，出现判定劳动者工资是否低于最低工资标准的第一个关键词——“正常劳动”。依照法律规定，劳动者依照合同约定提供了正常劳动，如果其每日或每周工作时间超过法定工作时间，用人单位依然按最低工资标准支付劳动报酬，这时，很有可能就存在劳动者工资低于最低工资标准的情形。

《最低工资规定》关于最低工资的标准中不包括：加班加点的工资；中班、夜班、高温、低温、井下、有毒有害等特殊工作环境、条件下的津贴；法律、法规和国家规定的劳动者福利待遇等。这里出现判定劳动者工资是否低于最低工资标准的第二个关键词——“不包括”，“不包括”的题中应有之义就是在剔除加班加点等三方面内容后，用人单位支付劳动者的月工资不得低于最低工资标准。

现实生活中，用人单位片面理解最低工资标准后，常常出现两种违法情形：一是用人单位在劳动合同中约定劳动者超过国家规定工作时间提供劳动，仍按最低工资标准支付劳动者的劳动报酬；二是劳动者大量加班加点，实际收入虽然高于最低工资标准，但如果剔除加班工资，劳动者正常劳动的劳动报酬依然低于最低工资标准。后一种侵权更加隐形，更具有迷惑性。

二、劳动者知情的情况下，劳动合同约定的内容是否都合法有效？

劳动合同是保护劳动者与用人单位之间双方权利和义务的法律文书。订立和变更劳动合同，不得违反法律、行政法规的规定。

现实操作过程中，用人单位常常利用自身强势管理地位，与劳动者订立一些不合理甚至违法内容，如劳动者自愿放弃社会保险、自愿加班加点，再如本案中约定的每周工作 6 天、每天工作 8 小时、劳动报酬为当地最低工资标准等。用人单位在劳动合同中约定的内容不合法，即便劳动者事先知情，依然属于无效条款，不受法律承认和保护。当劳动者对劳动合同持有异议时，可以向劳动争议仲裁机构或者人民法院提出申请，确认劳动合同无效或者部分无效。

三、劳动者主动辞职，能否要求用人单位给予经济补偿？

从劳动者辞职原因来看，一般分为劳动者自身原因和用人单位原因两个方面。虽同为劳动者主动辞职，但有的辞职用人单位不需给予经济补偿，有的则应依法支付经济补偿金，需要客观地分析原因和责任。

劳动者如因自身原因主动提出辞职或不再继续履行劳动合同的，用人单位无须给予劳动者经济补偿。还有一种情形，需引起足够的重视，即因用人单位过错在先，劳动者主动提出辞职的。依据《劳动合同法》第三十八条、第四十六条规定，用人单位如出现未按照劳动合同约定提供劳动保护或者劳动条件的；未及时足额支付劳动报酬的；未依法为劳动者缴纳社会保险费的；用人单位的规章制度违反法律、法规的规定，损害劳动者权益的；用人单位原因致使劳动合同无效的；法律、行政法规规定劳动者可以解除劳动合同的其他情形的，劳动者以上述情形作为辞职原因并事先提出，即使属于劳动者主动辞职，用人单位仍须依法支付经济补偿金。

本案中，经审理查明，吴某在保洁公司工作期间，双方订立的劳动合同中约定每周工作 6 天、每日工作 8 小时，工资金额按当地最低工资标准发放。对照国家现行工作时间每日工作 8 小时、每周工作 40 小时的规定，吴某存在每周休息日加班 1 天的事实。仲裁庭认为，用人单位通过劳动合同必备的劳动报酬条款，将劳动者加班应当支付的加班工资约定在最低工资标准内，有悖国家最低工资标准制度规定，应确认为无效条款。按照公平合理原则，保洁公司除按当地最低工资标准支付吴某正常工作期间劳动报酬外，还应当据实支付其休息日加班工资。根据保洁公司提供的考勤记录和工资发放表，公司应支付吴某加班工资 4458 元（2020 元 / 月 ÷21.75 天 / 月 ×24 天 ×200%）。由于保洁公司存在未支付吴某休息日加班工资事实，吴某以此为由提出离职并事先告知保洁公司，符合法律规定应支付经济补偿金情形。根据吴某在保洁公司工作时间，公司须支付吴某 1 个月解除劳动合同经济补偿金 2763 元｛［（2020 元 / 月 ×6 个月＋ 4458 元）÷6 个月］×1 个月｝。

特别提示：国家之所以出台最低工资标准制度，其本意是保护弱势劳动者的基本权益，而不少用人单位却钻法律规定的空子，把最低工资标准当成工资支付标准，按最低工资标准约定劳动者劳动报酬，甚至将应由用人单位承担的责任约定在最低工资标准内，这属于滥用最低工资标准制度。

法条链接：《最低工资规定》第三条、第十二条

《劳动法》第四十八条

《国务院关于职工工作时间的规定》第三条

《劳动合同法》第三十八条、第四十六条

工伤认定类争议

案例 17

劳动者下班早退途中受伤，能否认定为工伤？

案情简介：2014 年 12 月，职工冯某入职某机械公司，签订三年期劳动合同，合同约定其白班时间是早上 8 点到晚上 6 点。2016 年 4 月 29 日下午 5 点 40 分左右，提早完成工作的冯某和同事打了个招呼，就骑摩托车从单位提前下班，准备到超市购物后回家。快到某超市附近时，冯某与一辆小型客车相撞，事故导致冯某受伤。交警出具交通事故认定书，认定冯某负事故次要责任。之后，市人力资源和社会保障局根据冯某提供的相关材料，认定冯某为工伤。2016 年 10 月，机械公司向人民法院提起诉讼，认为冯某不仅早退，而且是绕路去超市购物，既不属于下班途中，又违反劳动纪律，不应被认定为工伤，请求法院撤销人社局对冯某的工伤认定决定。那么，劳动者下班早退发生交通事故受伤，能不能认定为工伤呢？

案例解析：本案争议的焦点在于，职工早退绕路办私事，能否认定为“在下班途中”？

一、职工上下班途中受伤工伤认定的法律法规演变过程

从纵向的时间跨度来看，对职工上下班途中受到伤害这类工伤的认定条件，法律法规总体上是趋于放宽和细化，因为这更加符合倾斜保护弱势群体

的立法宗旨。

《企业职工工伤保险试行办法》1996 年 10 月 1 日实施，后被 2003 年版的《工伤保险条例》所废止。《试行办法》第八条第九项规定：职工在上下班的规定时间和必经路线上，发生无本人责任或者非本人主要责任的道路交通机动车事故的，应当认定为工伤。

《工伤保险条例》2004 年 1 月 1 日实施，后于 2010 年 12 月被修改。该条例第十四条第六项规定：职工在上下班途中，受到机动车事故伤害的，应当认定为工伤。与废止的《企业职工工伤保险试行办法》相比，《工伤保险条例》删去了“上下班的规定时间”“必经路线”“无本人责任或非本人主要责任”3 个条件，扩大了工伤认定的适用范围。

《工伤保险条例》2011 年 1 月 1 日正式实施。该《条例》第十四条第六项修改为：职工在上下班途中，受到非本人主要责任的交通事故或者城市轨道交通、客运轮渡、火车事故伤害的，应当认定为工伤。修改后的《工伤保险条例》将上下班途中的机动车和非机动车事故伤害，以及城市轨道交通、客运轮渡、火车事故伤害都纳入了工伤认定范围，同时对事故作了“非本人主要责任”的限定。

《最高人民法院关于审理工伤保险行政案件若干问题的规定》2014 年 9 月 1 日正式实施。该规定第六条对上下班途中的时间要素和地理要素进行了细化：（1）在合理时间内往返于工作地与住所地、经常居住地、单位宿舍的合理路线的上下班途中；（2）在合理时间内往返于工作地与配偶、父母、子女居住地的合理路线的上下班途中；（3）从事属于日常工作生活所需要的活动，且在合理时间和合理路线的上下班途中；（4）在合理时间内其他合理路线的上下班途中。

二、关于上下班合理时间、合理路线的法律认定

关于上下班途中工伤认定类的案件，在不同案例中，可能会出现时间、路线、目的等细节方面的不同理解和争论。《最高人民法院关于审理工伤保险行政案件若干问题的规定》第六条的细化解释，核心词就是“合理时间”“合

理线路”。

对于上下班的时间，用人单位一般都有严格的劳动纪律，要求员工不得迟到、早退，很多单位都细化到迟到、早退多少分钟，都会有相应的处罚条款。对此规定，大家都很容易理解。

对于上下班途中的合理时间，除了考虑两地的距离外，还应当充分考虑道路的畅通情况，代步工具的种类和性能、天气变化情况等因素，一般以足以保证劳动者能够顺利到达目的地为测算前提。

对于上下班的合理路线，《最高人民法院关于审理工伤保险行政案件若干问题的规定》也作了非常详细的规定，一般是指往返于工作地与住所地、经常居住地、单位宿舍，或者往返于工作地与配偶、父母、子女居住地的行进路线。

对于职工没有走最直接、最通达的路线上下班，而是绕道时，法律充分考虑到劳动者绕道的理由，将在合理时间内从事属于日常工作生活所需要的活动，如接孩子放学、去超市购物或去菜市场买菜等，都视为合理路线。反之，如果下班后是去参加朋友聚会、看电影等，这些事务因为不属于日常生活所必需，职工为此绕道的，则不视为合理路线。

三、下班早退途中受伤，能否认定为工伤？

在下班早退途中受伤能否认定为工伤，一直有两种不同的意见，一种意见认为，早退属于私自提前下班、擅自离岗，不属于正常的下班，不符合认定工伤的法定条件。另一种意见认为，《工伤保险条例》并没有对“上下班途中”加以限制，员工虽然是早退，但属于违反劳动纪律，应受到劳动纪律处分，属于另一种法律关系。所以早退不能改变员工在下班途中的事实。

从立法目的、法律的变化及条文内容来看，应将上下班途中理解为以上下班为目的的途中。特别是 2004 年 1 月 1 日实施的《工伤保险条例》，突破了对上下班途中“规定时间”和“必经路线”的限制，大大扩大了工伤认定的范围；2011 年 1 月 1 日实施的《工伤保险条例》以及《最高人民法院关于审理工伤保险行政案件若干问题的规定》第六条延续并发展了上下班途中

“合理性”的认定，因此，“上下班时间”应当由司法机构在“合理范围”内把握。

工伤保险制度的根本目的，在于最大限度地对劳动者的合法权益进行倾斜性保护。职工早退属于违反劳动纪律，应当受到用人单位规章制度的处罚，但这种行为仅属于轻微的违纪行为，不能因此否定其下班回家的基本事实和性质，其过错不足以导致其失去工伤保障的资格。因为劳动者早退这种过错，和失去工伤保障的资格这一后果相比，严重不合乎比例，如果因此剥夺法律赋予劳动者因工伤应获得赔偿的权利，有失公允。

本案中，法院经审理后认为，冯某提前20分钟下班，仅仅是违反了公司的劳动纪律，其行为的性质仍属于下班途中。冯某事发当日行驶的路线，虽然并非回家的最短路线，但去超市购物也属于正常合理的生活需要，路线距离亦在合理范围内，且事故地点是冯某从单位离开后到达的第一地点，应当理解为下班途中的合理路线。据此，法院判决驳回机械公司的诉讼请求。一审判决后，机械公司、市人社局、冯某均没有提起上诉，判决发生法律效力。

特别提示：《工伤保险条例》对认定职工上下班途中工伤条件确实趋于放宽，但这并非是无限制地放宽和纵容劳动者的违纪行为。仍以劳动者提前早退为例，仍然有相对合理的限定范围。如果劳动者提前下班时间很长，超出了合理性的考量范围，就不再属于“早退”，而真正属于私自外出、擅离职守，甚至可以判定为旷工，这时，即使劳动者是以回家为目的，也很难认定为属于“下班途中”。因为法律既要倾斜保护劳动者的合法权益，也要依法保护用人单位的经营管理权，充分体现社会效果和法律效果的统一。

法条链接：《工伤保险条例》第十四条

《最高人民法院关于审理工伤保险行政案件若干问题的规定》第六条

案例 18

劳动者递交辞职信后受伤，还能认定为工伤吗？

案情简介：2020 年 6 月，袁某入职某化工公司，与公司签订了三年期劳动合同。公司位于化工园区内，离市区较远，而且经常要上夜班，工作了一段时间，袁某萌生了离职之意。2021 年 3 月 28 日，袁某向公司递交了辞职信。公司方面收下了袁某的辞职信，却没作回复。2021 年 4 月 13 日，袁某在工作期间遭遇工伤，摔断了胳膊。4 月 28 日，公司通知袁某办理正式离职手续，双方在电话中就产生了争执。袁某提出，自己虽然递交了辞职信，但在正式办理离职手续之前，依然是公司的正式员工；自己因工负伤，公司理应为其申报工伤，让其享受工伤保险待遇。袁某还要求撤销之前的辞职信，继续履行劳动合同。公司则认为，袁某递交了辞职信后，就不再属于公司正式员工，此后发生的一切问题都与公司无关，其受伤也不能认定为工伤。双方多次协商，但各执一词、互不相让。袁某向劳动仲裁机构提请仲裁，要求确认双方存在劳动关系，并为其进行工伤认定，享受相关工伤待遇。那么，袁某的要求合理吗，是否能得到法律的支持？

案例解析：本案的特殊之处在于，员工递交辞职信后，在提前通知期内因工受伤，这种情形下，该如何依法处理？

一、劳动者递交辞职信后，双方的劳动关系是否立即解除？

依据《劳动合同法》第三十七条规定，劳动者提前 30 日以书面形式通知用人单位，就可以解除劳动合同。法规言简意赅，现实却纷繁复杂。同样是 30 日，对于用人单位和劳动者来说，却包含着不一样的意蕴和要求。

对于用人单位来说，劳动者递交辞职信后的 30 日，属于“用工缓冲期”，是用人单位的权利而不是义务。用人单位在这 30 日内要安排人手接替即将离职的劳动者，劳动者在 30 日内不经允许不得离职；如果用人单位安排人手迅速完成工作交接，可在 30 日内的任何一天，要求劳动者办理离职手续并离开公司。

对于劳动者来说，向用人单位递交辞职信后的30日内，属于“离职等待期”，是劳动者的义务而不是权利。劳动者在未来的30日内，仍需要善始善终，站好最后一班岗，一如既往地工作，配合用人单位完成工作交接，直到用人单位通知办理离职手续。如未满30日，劳动者擅自离职或不辞而别，给用人单位造成损失的，应当承担赔偿责任。

但有一点是明确的，就是劳动者递交辞职信后，并不意味着双方的劳动关系立即解除。在随后30日的“用工缓冲期”或“离职等待期”，依然是双方劳动关系的存续期，用人单位依然要承担用工管理的责任和义务，劳动者依然享受同在职员工一样的权利和保障。

依据《劳动合同法》第五十条的规定，劳动者递交辞职信后，双方劳动关系正式解除的法律要件包括：（1）用人单位出具解除或者终止劳动合同的证明；（2）劳动者完成工作交接，用人单位依法支付经济补偿金；（3）用人单位为劳动者办理档案和社会保险关系转移手续。至此，双方正式一拍两散、分道扬镳。

二、劳动者递交辞职后因工受伤，还能认定为工伤吗?

从上文的分析可以看出，劳动者在递交辞职信后、正式办理离职手续前，没有实际离职、继续为用人单位提供正常劳动的情形下，劳动者依然是用人单位的正式员工，依然与用人单位保持着劳动关系。在此期间，劳动者如遭遇工伤，用人单位以任何理由都无法推卸或逃避其法定的责任和义务。

更为重要的是，劳动者递交辞职信后因工受伤，不仅应当依法认定为工伤，其身份也从“即将离职的劳动者”变为“工伤职工”，同时接受《劳动合同法》《工伤保险条例》的双重保护。

依据《工伤保险条例》第二十一条、第三十三条规定，职工因工作遭受事故伤害或者患职业病需要暂停工作接受工伤医疗的，享有治疗康复的权利，在停工留薪期内，原工资福利待遇不变，由所在单位按月支付。此时，用人单位不仅不得以劳动者已递交辞职信而要求其办理离职手续，停工留薪期满，用人单位待工伤职工伤情相对稳定后，还应及时请相关部门为劳动者进行劳动能力鉴定，根据劳动者的伤残情况作出不同处理。

三、劳动者能以工伤为名，撤销之前递交的辞职信吗？

依据《劳动合同法》第三十七条规定，劳动者提前30日以书面形式通知用人单位，可以解除劳动合同。此条赋予了劳动者拥有预告解除权，劳动者无须用人单位同意，30日预告期满后，双方劳动关系即可解除。

更为关键的是，劳动者所行使的辞职权，在法律上属于“形成权”，即权利人依单方意思表示就能使民事法律关系发生、变更与消灭的权利。说得直白一点，就是劳动者的辞职信只要送达用人单位，随即产生法律效力。因此，劳动者的辞职信送达后，是不能撤销的，即使在发生工伤的情况下也不行。当然，用人单位同意的除外。

那么，劳动者递交辞职信后发生工伤，双方的劳动关系最后都必然解除吗？这倒未必！主要视劳动者的伤残等级而定。

依据《工伤保险条例》第三十五条、第三十六条、第三十七条的规定，职工因工致残被鉴定为一级至四级伤残的，保留劳动关系，退出工作岗位，享受相关工伤待遇。职工因工致残被鉴定为五级、六级伤残的，保留与用人单位的劳动关系，由用人单位安排适当工作；难以安排工作的，由用人单位按月发给伤残津贴；经工伤职工本人提出，该职工可以与用人单位解除或者终止劳动关系，由工伤保险基金支付一次性工伤医疗补助金，由用人单位支付一次性伤残就业补助金。职工因工致残被鉴定为七级至十级伤残的，劳动、聘用合同期满终止，或者职工本人提出解除劳动、聘用合同的，由工伤保险基金支付一次性工伤医疗补助金，由用人单位支付一次性伤残就业补助金。

递交辞职信的劳动者，如因工致残被鉴定为七级至十级伤残，由于之前劳动者已提出辞职，且辞职信不可撤销，用人单位此时可以为劳动者办理离职手续，但应当支付相关工伤待遇。如果劳动者未达到伤残等级的，用人单位可以即刻为劳动者办理离职手续。

本案中，袁某虽然向化工公司递交了辞职信，表达了离职的意愿，但化工公司收到辞职信后并没有及时予以回复，更没有及时出具解除劳动关系的证明，所以袁某与化工公司仍处于劳动关系存续期。袁某在离职等待期内因工受伤并导致伤残，即使其已递交辞职信，化工公司仍应依法承担《工伤保险条例》规定的相关法律责任。据此，仲裁委裁决，袁某与化工公司之间存在劳动关系，公司应依法为袁某申请工伤认定，依据劳动能力鉴定结果，让袁某享受相应的工伤待遇。袁某要求撤销之前的辞职信、继续履行劳动合同，于法无据，不予支持。

特别提示：劳动者递交辞职信后发生工伤，用人单位万万不可自作聪明，为逃避责任，单方为劳动者办理离职手续，停止为劳动者缴纳社会保险费。此种情形下，工伤职工一旦经劳动能力鉴定有伤残等级的，本应由工伤保险基金支付的一次性伤残待遇等费用，将由用人单位全部承担。

法条链接：《劳动合同法》第三十七条

《工伤保险条例》第二十一条、第三十三条

案例 19

假冒他人身份入职受伤，能否享受工伤待遇？

案情简介：2019 年 3 月，经朋友介绍，邱某去某铸造公司应聘。由于身份证遗失，为了不错过此次招工，邱某便利用与其堂哥年龄相仿、模样相近的机会，借用堂哥的身份证，成功应聘，与公司签订了劳动合同，工作岗位为翻砂工。公司为“邱某的堂哥”办理了入职手续，缴纳了社会保险。2021 年 12 月，邱某在工作中腿部被模具砸伤，入院治疗两个多月。在医院治疗期间，公司获悉邱某的真实身份，很生气，认为邱某假冒他人身份、以欺诈手段入职，与公司订立的劳动合同应属无效，并扬言将他辞退。邱某并未意识到问题的严重性，认为自己虽然以堂哥的名义与公司签订了劳动合同，但事实上提供劳动的是自己本人；自己在工作时间因工受伤，理应属于工伤。故此，邱某一出院就申请工伤认定。公司对此很不认可，认为邱某假冒他人身份来公司应聘，与公司不存在真实有效的劳动关系；邱某欺诈行为在先，工作中受伤在后，当然不应属于工伤。双方各不相让。官司从仲裁庭、区法院一直打到市中院。那么，邱某假冒他人身份入职后因工受伤，还能享受工伤待遇吗？

案例解析：由于身份、年龄、户籍等因素，抑或身份证丢失等原因，少数劳动者假冒他人身份入职，埋下了劳动争议的隐患。本案争议的焦点在于，假冒他人身份与公司签订的劳动合同是否有效，此种情形下因工受伤，能否享受工伤待遇？

一、假冒他人身份入职，与单位的劳动关系是否成立？

订立劳动合同是一种法律行为，应当遵循合法公平、平等自愿、协商一致、诚实信用的原则，用人单位有权了解劳动者与劳动合同直接相关的基本情况，劳动者应当如实说明。弄清本案的是非曲直，需厘清两个不同的法律概念，即劳动合同无效与事实劳动关系。

所谓劳动合同无效，是对订立劳动合同这一种法律行为效力的判断。《劳动合同法》第二十六条规定，以欺诈、胁迫的手段或者乘人之危，使对方在违背真实意思的情况下订立或者变更劳动合同的，劳动合同无效。劳动者假冒他人身份入职的行为，会使用人单位对是否录用劳动者产生认识上的混淆和错误，进而影响用人单位的真实意思表达，依据这条法规，该行为可认定为属于欺诈。在劳动者存在欺诈情形下订立的劳动合同，自始无效。

而事实劳动关系是一种客观状态，不是一种法律行为，不存在效力问题。《劳动合同法》第七条规定，用人单位自用工之日起，即与劳动者建立劳动关系。劳动者是否向用人单位提供实际劳动，其提供的实际劳动是否具有“人身依附性”“管理支配性”以及“经济从属性”这三个必备特征，这是确定双方是否存在劳动关系的核心标准。如果劳动者向用人单位提供的劳动符合这“三性”特征，就说明劳动者与用人单位之间已经建立了事实劳动关系，即使劳动者以假冒他人名义入职，并不影响双方已经存在事实劳动关系的认定。

综上，劳动合同无效和事实劳动关系是两个不同的法律概念。假冒他人身份的劳动者虽然用的是假身份，但其与用人单位建立的劳动关系却是真关系。透过现象看本质，我们要看到隐藏在无效劳动合同背后的，是实际存在着的真真切切的劳动关系。劳动合同无效，事实劳动关系却难以否定。

二、假冒他人身份入职的劳动者因工受伤，能否认定为工伤？

在工伤认定这一环节，我们重点讨论的是，劳动者虽因工受伤，但存在假冒他人入职这一欺诈行为，还能依法认定为工伤吗？答案是可以，主要基于以下三点原因：

（1）《工伤保险条例》认可事实劳动关系。《工伤保险条例》第十八条在列举工伤认定申请应当提交一系列材料时，明确规定需提供与用人单位存在劳动关系（包括事实劳动关系）的证明材料。也就是说，《工伤保险条例》立法保护包括与用人单位建立事实劳动关系的各类劳动者。假冒他人身份入职的劳动者，只要与用人单位建立了事实劳动关系，也在《工伤保险条例》的保护范围。

（2）工伤认定适用无过错责任原则。对于工伤认定，世界各国普遍采用无过错责任原则，即无论职业伤害的责任在于用人单位、他人还是劳动者自己，受害者都应得到必要的赔偿；这种赔偿是无条件的，而不管劳动者个人是否有过错。《工伤保险条例》第十六条规定，只有劳动者存在故意犯罪、醉酒吸毒、自残自杀这三种情形，才不得认定为工伤或视同工伤。除此之外，劳动者在工作中的其他过错，如本案中的邱某假冒他人身份入职，并不影响对伤害事实的认定，也不能作为否定工伤的正当理由。

（3）假冒他人身份入职与劳动者因工受伤之间并无因果关系，所以，司法机构在工伤认定中不考虑劳动者欺诈因素，更不支持“因欺诈行为造成的伤害不构成工伤”的观点。

三、假冒他人身份的劳动者发生工伤，是否有权享受工伤保险待遇？

虽在工伤认定上统一了认识，但假冒他人身份入职的劳动者能否享受工伤保险待遇，在实践中仍然存在较大争议。

假冒他人身份入职的劳动者，因未提供本人真实身份信息，导致用人单位不能以其本人名义缴纳工伤保险费，发生工伤事故后，社会保险经办机构常常以没有该劳动者的缴费记录为由，拒绝支付工伤保险待遇。多方争议的焦点在于，这一法律后果，该由谁来承担？

纵览多方争论，主要存在三种观点：一是无法赔付的责任在于劳动者本人，由此造成无工伤保险缴费记录并导致不能享受工伤保险待遇的法律后果，应由劳动者自己承担。二是用人单位未尽到必要的审查义务，由此造成的法律后果应由双方根据过错比例分担。三是用人单位虽为被冒用身份的人投保，但其真实投保对象无疑是假冒他人身份的劳动者，在事实劳动关系及事实工伤保险关系都存在的情况下，社保经办机构不应拒绝支付工伤保险待遇。

工伤保险待遇主要由两个部分组成：一部分是工伤保险基金支付部分，如医疗费、一次性伤残补助金/一次性工亡补助金、一次性工伤医疗补助金等；另一部分是用人单位支付部分，如停工留薪期待遇、一次性伤残就业补助金等。如无劳动者假冒他人身份入职这一过错行为，劳动者发生工伤，本应依法全部享受两个部分组成的工伤保险待遇。

综合全国各地对此类案件的判例，比较集中的裁决思路是：假冒他人身份入职的劳动者，被依法认定为工伤后，应当依法享受工伤保险待遇。但这里的依法享受，并不代表全额享受，大多数司法机构只支持劳动者依法享受用人单位应当支付的工伤保险待遇，如停工留薪期待遇、一次性伤残就业补助金等，而原本应由社保经办机构支付的工伤保险待遇，则因劳动者过错在先，社保经办机构无法也不能支付，只能由劳动者自负。本案采取的就是这种裁决思路。

本案中，经审理，法院认为，邱某虽以其堂哥的名义与公司签订了劳动合同，但事实上提供劳动的是邱某本人；邱某假冒其堂哥身份入职的行为，不影响邱某与公司建立事实劳动关系及因工受伤的客观事实。邱某假借其堂哥的身份入职，确实存在过错；因两人年龄相近、相貌相仿，公司尽了形式审查义务而无法辨别真伪，不存在过错。由于邱某的过错，社保经办机构依法拒绝支付医药费、一次性伤残补助金，应予以支持。法院最后裁决，邱某与铸造公司形成事实劳动关系；依照《民法典》的过错承担原则，邱某不能全额享受工伤待遇，只可获得工伤赔偿中应由公司支付的一次性工伤医疗补助金、一次性伤残就业补助金。

特别提示：我国劳动立法承认并保护事实劳动关系，但法不容情。假冒他人身份入职的劳动者确实存在过错，在用人单位参加工伤保险的情况下，社保经办机构拒绝支付工伤保险待遇，确实也是在依法行使管理职能。

法条链接：《劳动合同法》第三条、第七条、第二十六条

《民法典》第一千一百六十五条

竞业限制类争议

案例 20

用人单位不支付竞业限制补偿金，劳动者的竞业限制义务是否自然免除？

案情简介：2021 年 1 月，胡某应聘到某广告公司工作，担任创意设计，月工资 8000 元。2021 年 6 月，双方签订竞业限制协议，对保密内容、竞业限制期限、补偿标准等作出相关约定，约定解除或终止劳动合同后 2 年内，胡某不得自营或进入与公司具有竞争关系的用人单位工作。2022 年 5 月，胡某递交辞呈，离开广告公司。2022 年 11 月，胡某应邀到另一家广告公司上班。广告公司知晓后，一纸诉状将胡某告上仲裁庭，要求胡某按照约定支付违约金 20 万元。庭审中，胡某陈述，自己离职后，选择到高校进修深造。可直至四个月进修期结束，广告公司一直未支付给自己竞业限制补偿金。进修期间和结束后，胡某曾两次催要竞业限制补偿金，公司均未作正面回应。广告公司未按约定支付竞业限制补偿金，可视为对之前签订的竞业限制协议的放弃，故自己不存在违约行为，不需要支付违约金。广告公司则认为，公司和胡某签订的竞业限制协议是真实有效的，虽然在胡某离职后公司没有及时支付竞业限制补偿金，但该协议并没有自动解除，对双方仍有约束力，胡某要按照约定支付违约金。那么，用人单位不支付竞业限制补偿金，劳动者的竞业限制义务是否可以自然免除呢？

案例解析：按照法律规定，用人单位应当在竞业限制期限内，按月支付劳动者竞业限制补偿金，但在实践中，很多用人单位在劳动者离职后并未支付补偿金，在这样的情况下，竞业限制协议对劳动者还有约束力吗？

一、竞业限制生效的必备条件有哪些？

竞业限制是指用人单位和知悉本单位商业秘密或者其他对本单位经营有重大影响的劳动者签订协议，劳动者依照约定，在终止或解除劳动合同后，一定期限内不得到与本单位生产或者经营同类产品、从事同类业务的有竞争关系的其他用人单位，或者自己开业生产或者经营同类产品、从事同类业务。依据《劳动合同法》第二十三条、第二十四条规定，用人单位追究劳动者违反竞业限制协议的违约责任，至少要满足以下四个条件：

（1）协议事先订立。对负有保密义务的劳动者，可以在劳动合同中约定竞业限制相关条款，也可以订立专门的竞业限制协议。在劳动者离职时或离职后，用人单位才提出订立竞业限制协议，常常会遭到劳动者的拒绝。

（2）主体限定准确。竞业限制的人员仅限于用人单位的高级管理人员、高级技术人员和其他负有保密义务的人员。用人单位如随意放大签订范围，不仅会导致补偿成本增加，而且会导致无效约定情形的发生。

（3）期限选择合理。竞业限制的具体期限，用人单位可与劳动者协商确定。法律作了一个上限规定，最长不得超过两年。

（4）法律责任明晰。签订竞业限制协议，往往由用人单位首先提出，它在保护用人单位商业秘密的同时，一定程度上限制了劳动者自由择业。依据公平原则，竞业限制协议生效的一个重要条件，就是劳动者离职后，用人单位要在竞业限制期限内按月给予劳动者经济补偿金。

二、用人单位未支付竞业限制补偿金，竞业限制是否自然免除？

劳动者离职后，用人单位不按协议约定支付经济补偿金，属于违约在先。但是，用人单位的违约行为，是否直接导致竞业限制协议的无效？劳动者还需要履行竞业限制义务吗？

竞业限制补偿金是劳动者离职后履行竞业限制义务的经济补偿，《劳动合同法》对竞业限制确立了“无经济补偿，则无竞业限制义务”的基本原则。《最高人民法院关于审理劳动争议案件适用法律问题的解释（一）》第三十七条、第三十八条作了更为明确的规定，用人单位与劳动者约定了竞业限制，劳动合同解除或者终止后，因用人单位的原因导致三个月未支付经济补偿，劳动者可以请求解除竞业限制约定的，法院应予支持。用人单位不支付经济补偿金的，劳动者履行了竞业限制义务，可以向人民法院提起诉讼要求用人单位支付经济补偿金。

在司法实践中，比较一致的共识是，劳动者的竞业限制义务与用人单位的经济补偿义务形成对待给付关系。所谓对待给付义务，指的是与债务人所负义务相对应，债权人负有先行给付或与债务人同时给付的义务。按照法律规定或合同约定，债权人只有在自己向债务人履行义务后，才可以请求债务人给付，或与债务人同时互为给付。

也就是说，劳动者履行了竞业限制协议规定的义务，就有权获得相应的合理的经济补偿金。用人单位没有支付经济补偿金，竞业限制协议就难以对劳动者产生约束力。如果单方限制劳动者的就业范围，而不对劳动者提供公平的对价补偿，必然会剥夺劳动者的自由择业权与生存发展权。

对劳动者而言，有一个重要程序需要引起足够的重视，那就是，当遇到用人单位不按照约定支付竞业限制补偿金，要解除竞业限制协议时，需要履行主动告知程序。

根据《民法典》等相关法律规定，解除权属于形成权，合同的一方向另一方主张解除应当通知对方。如符合法律规定或者双方约定的条件，合同自通知送达对方时解除。细究《最高人民法院关于审理劳动争议案件适用法律问题的解释（一）》第三十八条的规定，就会发现“劳动者请求解除竞业限制约定”的“请求”程序，这里的请求，就是告知程序。司法解释中所规定的“劳动者请求解除竞业限制约定的，人民法院应予支持”，并非要求劳动者必须通过向法院申请，才能在条件达成时解除竞业限制约定。实际操作中，由于用人单位的原因导致三个月未支付经济补偿金，劳动者向用人单位履行一定的告知义务即可，如有证据证明自己将解除竞业限制协议的通知送达用人单位，如多次催要竞业限制补偿金，即可免除相应的竞业限制义务，有权自主择业或创业。

三、在职时一次性或分期支付竞业限制补偿金是否有效?

在实际生活中，有些用人单位为了图省事，或者本意是为了更好地激励在职劳动者，在劳动合同履行期间，每月向劳动者支付竞业限制补偿金，或者一次性支付竞业限制补偿金，离职时不再另行支付。那么，这种提前支付竞业限制补偿金的做法是否有效呢?

依据《劳动合同法》第二十三条规定，用人单位支付竞业限制补偿金的法定期间，应在“解除或终止劳动合同后”，并且在“竞业限制期限内”“按月支付”。在劳动关系存续期间，用人单位向劳动者提前支付竞业限制经济补偿金，主张其在劳动关系存续期间向劳动者支付的劳动报酬已包含竞业限制经济补偿的，这种做法面临的风险是，很难被司法机构认可，将被视为约定无效或无效支付。

本案中，胡某 2022 年 5 月从广告公司离职后，随即到大学进行了四个月的进修学习，未进入其他广告公司工作，履行了与原单位约定的竞业限制义务；在进修期间和结束后，胡某都曾催要过竞业限制补偿金，广告公司没有任何理由，未支付胡某竞业限制补偿金长达 6 个月，依据相关法律规定，双方签订的竞业限制协议失效，对胡某不具有法律约束力。因此，2022 年 11 月胡某入职其他广告公司的行为，未违反竞业限制协议。最后，仲裁庭依法驳回了广告公司的仲裁请求。

法条链接:《劳动合同法》第二十三条、第二十四条

《最高人民法院关于审理劳动争议案件适用法律问题的解释（一）》第三十七条、第三十八条

案例 21

保密费能否代替竞业限制经济补偿金?

案情简介：2017 年 11 月，孙某与某科技公司签订了三年期劳动合同，工作岗位为高级研发人员。入职后，公司与孙某另行签订了《保密及竞业限制协议》，约定孙某在公司工作期间及离职后，必须保守公司的商业秘密，离开公司后两年内，不得自营或者为他人经营与公司相竞争的业务；如孙某违反双方约定的保密及竞业限制义务，应向公司支付违约金 10 万元。孙某在职期间，公司在孙某的工资中增加了 800 元作为“保密费”，每月均按时发放。2019 年 11 月，孙某因个人原因辞职。辞职后，孙某很快跳槽至另一家公司上班。科技公司很快得知，孙某跳槽后的新单位，系公司的同业竞争对手。科技公司认为孙某违反了当初双方签订的保密及竞业限制协议，提请劳动仲裁，要求孙某支付违约金 10 万元。那么，孙某是否应当按照与科技公司的协议约定，支付违反竞业限制违约金呢?

案例解析：商业秘密是企业参与市场竞争的重要资源。与相关涉密员工签订保密和竞业限制协议，无疑是企业保护商业秘密的重要手段之一。本案争议的焦点在于，用人单位按月发放的保密费，能否替代竞业限制补偿金?

企业与员工签订保密与竞业限制协议时，常常会将保密义务与竞业限制义务融在一起进行要求和约定，很多人因此产生误解，以为保密义务与竞业限制义务是一回事，或者说竞业限制仅仅是商业秘密保护的一个手段而已。

其实，保密义务与竞业限制义务是既有联系又有区别的两个概念。从两者的联系来看，保护商业秘密是竞业限制义务和保密义务的共同目标，保密义务是劳动者履行竞业限制义务的前提和基础，而竞业限制义务是实现保密义务的有效手段。

保密义务与竞业限制义务的区别主要表现在以下五个不同：

（1）适用范围不同。竞业限制的人员仅限于高级管理人员、高级技术人员和其他负有保密义务的人员，用人单位超范围约定竞业限制义务，很可能会导致竞业限制协议被认定为无效。而保密义务适用的劳动者范围则没有特殊要求，用人单位可以与其建立劳动关系的任一劳动者约定，要求其遵守保密义务。

（2）期限约束不同。竞业限制义务的履行是有期限的，包含劳动合同存续期间，以及离职后双方协议约定的竞业限制期间（最长不得超过 2 年）。保密义务的存在则是没有期限的，只要商业秘密存在，义务人的保密义务就始终存在。

（3）产生基础不同。竞业限制义务为约定义务，以双方签订竞业限制协议或条款为前提，无约定则无义务。保密义务是一项法定义务，不仅来源于双方的约定，也来源于劳动者基于劳动关系而产生的忠诚义务。即使用人单位未与劳动者签订保密协议，劳动者在职期间和离职之后均要承担保守单位商业秘密的义务。

（4）对价补偿不同。对于离职后履行竞业限制义务的劳动者，用人单位需要支付经济补偿，作为劳动者履行竞业限制义务的对价补偿。劳动者履行保密义务，用人单位不需要支付对价补偿，即可要求劳动者遵守。

（5）法律责任不同。劳动者违反竞业限制义务的，用人单位可以根据协议的约定，追究劳动者的违约责任，劳动者应按约定向用人单位支付违约金。劳动者违反保密义务的，用人单位可以在劳动争议中向员工主张违反保密义务的违约责任，或通过商业秘密侵权诉讼主张侵权责任，还可以采取到公安机关报案的方式，追究劳动者的刑事责任。

从上面“五个不同”的分析中，我们知道，竞业限制义务是用人单位与劳动者协商产生的约定义务，而保密义务是劳动者必须无条件履行的一项法定义务。由于两者产生基础的不同，直接导致竞业限制补偿金与保密费有着明显的区别和不同。

依据《劳动合同法》第二十三条的规定，竞业限制以牺牲劳动者很大一部分就业选择机会为代价，限制了劳动者离职后的就业权，一定程度上影响了劳动者的生存权，因此，竞业限制要事先以协议的方式确立，而且要在协议中约定履约的条件是支付竞业限制补偿金，而支付的正确时间节点为解除或者终止劳动合同后、按月支付。如果用人单位不支付竞业限制补偿金，劳动者就可以行使竞业限制协议解除权，并可以不再履行竞业限制义务。

保密义务是劳动合同的附随义务，是基于诚信原则派生的法定义务，用人单位与劳动者建立劳动关系，劳动者对用人单位的忠诚义务中，就包含对单位商业秘密的保守，用人单位向劳动者支付的工资里面，就已经包含了对劳动者遵守保密义务的补偿。因为发放保密费并非法定支付义务，因此，即使用人单位不发保密费，劳动者也不能免除其保密义务。

本案中，科技公司虽按约定每月发放保密费，但孙某离职后，却没有在竞业限制期限内按月给予孙某经济补偿，违反《劳动合同法》的相关规定，孙某可以行使竞业限制协议解除权，并可以不履行竞业限制义务。公司每月支付的保密费，只能视为单位给予孙某的一项福利，对孙某履行竞业限制义务没有法律约束力。经审理，仲裁委裁决，孙某辞职后可以不遵守竞业限制的约定，不需要支付违约金。

特别提示：竞业限制补偿金是由用人单位按照约定必须支付的，而保密费却并非法定。因此，用人单位千万不要想当然，以在职期间发放的保密费作为竞业限制补偿金，否则到时候，单位既掏了冤枉钱，还起不到竞业限制的应有作用。

法条链接：《劳动合同法》第二十三条、第二十四条、第二十五条、第二十六条

社会保险类争议

案例 22

劳动者不愿缴纳工伤保险，发生工伤事故怎么办？

案情简介：2013 年 9 月 11 日，夏某与某环卫公司签订三年期劳动合同。2014 年 4 月 20 日，夏某工作时被车撞伤，被认定为工伤，鉴定为九级伤残。2014 年 8 月 20 日，环卫公司通知夏某提供办理社会保险的相关材料，并告知，如逾期未提供，将视为自动放弃。夏某未按要求如期提供相关材料。2014 年 12 月 8 日，夏某以环卫公司未依法为其缴纳社会保险为由，书面通知双方解除劳动关系。2015 年 1 月，夏某申请劳动仲裁，请求裁决环卫公司支付解除劳动关系经济补偿金、一次性伤残补助金、一次性工伤医疗补助金、一次性伤残就业补助金、劳动能力鉴定费等，共计 9 万余元。2015 年 3 月 15 日，市仲裁委员会作出裁决，支持了夏某的大部分请求。裁决书送达后，环卫公司不服，诉至法院，请求法院判其不承担赔偿责任。那么，劳动者不愿缴纳工伤保险，发生工伤事故怎么办？

案例解析：本案争议的焦点在于，由于劳动者不愿缴纳工伤保险，发生工伤事故后，用人单位是否需要承担赔偿责任？

一、劳动者不愿意缴纳，用人单位是否可以不缴工伤保险？

工伤保险，又称职业伤害保险，是指劳动者在工作中或在规定的特殊情况下，遭受意外伤害或患职业病导致暂时或永久丧失劳动能力以及死亡时，劳动者或其遗属从国家和社会获得物质帮助的一种社会保险制度。

工伤保险具有保障性、法定性、赔偿性、互助性等法律特征，需要特别引起注意的是其法定性。工伤保险是社会保险的一个险种，和其他社会保险一样，法定性是其区别于商业保险的一个鲜明特征。

《劳动法》第七十二条规定，用人单位和劳动者必须依法参加社会保险，缴纳社会保险费。《劳动合同法》第十七条将社会保险（包括工伤保险）作为劳动合同应当具备的必备条款。《工伤保险条例》第二条、《社会保险法》第三十三条等法律法规明确规定，用人单位应当依法参加工伤保险，为本单位全部职工或者雇工缴纳工伤保险费，职工不缴纳工伤保险费。

工伤保险是法定的强制性保险，用人单位为劳动者缴纳工伤保险费，是其不容推卸的法定义务。同时，法律明确规定，用人单位是工伤保险法定的投保义务主体，劳动者是工伤保险的受益人，是法定的权利主体。劳动者不承担工伤保险费的缴费义务，这是工伤保险与养老、医疗等其他社会保险项目的区别之处。

为劳动者缴纳工伤保险费，是用人单位的法定义务。也就是说，用人单位为劳动者缴纳工伤保险费具有强制性，不得以任何形式、任何理由逃避。因此，劳动者不愿意缴纳保险、劳动者自愿承诺放弃社会保险、将社会保险费折现支付给劳动者等变通形式或不缴纳社会保险的借口，均为法律所禁止的情形。

二、用人单位不缴工伤保险的法律风险有哪些？

现实生活中，一些用人单位由于法律意识淡薄，或出于侥幸心理，没有为劳动者依法缴纳工伤保险。当工伤事故发生后，往往以劳动者没有参加工伤保险为由，拒绝支付相关工伤保险待遇，使劳动者遭受身心折磨。

《工伤保险条例》为劳动者依法维权撑起了一把遮风挡雨的保护伞，其第二条第二款明确规定，与用人单位建立劳动关系的劳动者，发生工伤事故后，均有享受工伤保险待遇的权利。对于没有为劳动者办理工伤保险的情形，《工伤保险条例》第六十二条明确规定，依照本条例规定应当参加工伤保险而未参加工伤保险的用人单位职工发生工伤的，由该用人单位按照本条例规定的工伤保险待遇项目和标准支付费用。

也就是说，为劳动者办理工伤保险，是用人单位的法定义务；在未给劳动者办理工伤保险的情况下，用人单位的工伤赔偿责任，也是其法定义务。在任何情形下，用人单位都要为其不给劳动者依法办理工伤保险的行为所造成的后果，承担法律风险和赔偿责任。

对用人单位应当参加工伤保险而未参加的，《工伤保险条例》同时规定，由社会保险行政部门责令限期参加，补缴应当缴纳的工伤保险费，并自欠缴之日起，按日加收万分之五的滞纳金；逾期仍不缴纳的，处欠缴数额 1 倍以上 3 倍以下的罚款。此条法律的规定，是对未依法参加工伤保险的用人单位惩罚性的处罚措施。

三、工伤职工应该享受哪些工伤待遇？

依据《工伤保险条例》的规定，劳动者发生工伤后，从待遇项目上，包含了三个方面的含义。

一是工伤医疗期待遇，主要包括：（1）治（医）疗费；（2）住院伙食补助费；（3）外地就医交通费、食宿费；（4）康复治疗费；（5）辅助器具费；（6）停工留薪期工资；（7）生活护理费。

二是工伤残疾待遇，主要包括：（1）一次性伤残补助金；（2）伤残津贴；（3）一次性伤残就业补助金和一次性工伤医疗补助金。

三是因工死亡待遇，主要包括：（1）丧葬补助金；（2）供养亲属抚恤金；（3）一次性工亡补助金。

综上所述，不论用人单位有没有给劳动者办理工伤保险，只要劳动者与用人单位建立劳动关系，劳动者发生工伤后，都有权享受法律规定的工伤保险待遇。唯一的区别是，参加工伤保险的，由工伤保险基金支付工伤待遇；没有参加保险的，由用人单位承担赔偿责任。

本案中，法院依据未参加工伤保险的用人单位的职工发生工伤，由该单位依照法律规定的项目和标准支付职工各项工伤待遇的法律规定，判决环卫公司赔偿夏某一次性伤残补助金、一次性工伤医疗补助金、一次性伤残就业补助金、劳动能力鉴定费用等，共计 88162 元。对于未缴纳社会保险，环卫公司和夏某均有过错，夏某以此解除劳动关系，不符合法律规定的可获经济补偿金的条件，因此法院驳回了夏某的相关请求。

法条链接：《劳动法》第七十二条

《工伤保险条例》第二条、第六十二条

《社会保险法》第四条、第三十三条、第三十五条

案例 23

上下班途中遭遇交通事故，能获得双份赔偿吗？

案情简介：2015 年 7 月，庄某入职某纺织有限公司。公司一直没有为庄某缴纳工伤保险费。2016 年 11 月，庄某在上班途中发生交通事故，2017 年 2 月被认定为工伤，2017 年 7 月被鉴定为九级伤残。庄某垫付了劳动能力鉴定费。在交通事故案件中，庄某获得住院期间伙食补助、护理费、误工费等赔偿。2017 年 9 月，庄某提起仲裁，要求解除劳动关系，并要求公司承担工伤赔偿责任，支付一次性伤残补助金、一次性医疗补助金、一次性就业补助金、伤残等级鉴定费，支付护理费、住院伙食补助费以及停工留薪期工资等工伤保险的相关待遇。公司则认为庄某已获得交通事故赔偿，不同意再承担赔偿责任。那么，劳动者上下班途中遭遇交通事故，能获得双份赔偿吗？

案例解析：本案争议的焦点，在于劳动者获得侵权第三人民事赔偿后，是否还能享受工伤保险待遇。

一、何为第三人侵权造成的工伤？

本案首先涉及的是一个法律术语：第三人侵权造成的工伤。第三人侵权

造成的工伤，是指由于劳动关系以外第三人的侵权行为，造成劳动者人身损害，并同时构成工伤事故的情形。

因第三人侵权造成的工伤事故，一般包括以下两种情形：一是在劳动者上下班途中，遭受到非本人主要责任的交通事故等特定情形；二是劳动者在工作场所及工作时间内，因为履行工作职责受到用人单位以外第三人暴力侵害等意外情形。

二、第三人侵权造成的工伤能否“双赔”？

劳动者因第三人侵权行为受到伤害导致工伤，劳动者能否获得民事侵权赔偿和工伤保险赔偿的双重赔付，我们重点从以下三个方面进行剖析。

（1）从法律关系上看。在第三人侵权造成的工伤事故中，存在着两种不同的法律关系：一是民事侵权关系，即第三人侵犯他人人身权利而产生的关系，形成侵权损害赔偿；二是工伤补偿关系，即对于被纳入国家工伤保险制度的劳动者，因为工伤事故而发生的关系，享受工伤保险待遇。在第三人侵权造成的工伤事故中，这两种法律关系共同作用于劳动者，这种现象属于法律上的竞合关系。

发生竞合时，从法理上来说，一般权利人可以依据不同的法律关系寻求不同的法律救济。具体到第三人侵权造成的工伤事故，工伤职工可以依照《道路交通安全法》《民法典》等法律规定，向第三人即肇事者提出民事赔偿要求，同时，也可以依照《工伤保险条例》提出工伤待遇请求，主张工伤保险待遇。还有一点也很重要，即第三人承担民事赔偿责任，不能自然免除用人单位支付受伤职工工伤保险待遇的法定义务。

（2）从现实操作来看。在实践中，工伤职工向侵权第三人主张民事赔偿责任存在很多困难。一是侵权第三人具有完全赔偿能力的并不多，即使法院判决侵权人支付赔偿金，也常常难以执行到位。二是工伤职工打民事官司要花费很大的人力和金钱成本。即使打赢官司，扣除成本后所获得的利益也有限。三是工伤职工存在举证不能而无法获得民事赔偿的巨大风险。因此，从有效维护劳动者合法权益的角度，工伤职工主张侵权第三人的民事赔偿，不应成为其申请工伤待遇的障碍。

（3）从法律规定上看。我们简单梳理一下第三人侵权造成的工伤能否享受“双赔”的法律法规，主要包括：

2003年，《最高人民法院关于审理人身损害赔偿案件适用法律若干问题的解释》第十二条规定，因用人单位以外的第三人侵权造成劳动者人身损害，赔偿权利人请求第三人承担民事赔偿责任的，人民法院应予支持。

2006年，《最高人民法院关于因第三人造成工伤的职工或其亲属在获得民事赔偿后是否还可以获得工伤保险补偿问题的答复》规定，因第三人造成工伤的职工或其近亲属，从第三人处获得民事赔偿后，可以按照《工伤保险条例》第三十七条的规定，向工伤保险机构申请工伤保险待遇补偿。

2014年，《最高人民法院关于审理工伤保险行政案件若干问题的规定》第八条规定，职工因第三人的原因导致工伤，社会保险经办机构以职工或者其近亲属已经对第三人提起民事诉讼为由，拒绝支付工伤保险待遇的，人民法院不予支持，但第三人已经支付的医疗费用除外。

从以上列举的法律法规来看，最高人民法院的态度日益清晰明确，即对于第三人侵权发生的工伤类案件，受伤职工既可以从第三人处获得民事赔偿，也可以享受工伤保险待遇。据此，工伤职工获得双赔就有了相应的法律依据。

三、如何赔付第三人侵权造成的工伤?

第三人侵权造成工伤事故的处理，世界各国有多种模式，如选择模式（两者任择其一）、补充模式（在选择一种方式的基础上，还可就差额按照另一种方式补足）、替代模式（工伤补偿代替民事赔偿）、相加模式（可以拿双份，两者叠加）。

对于第三人侵权造成的工伤，我国采取的是有限双重赔偿模式。这种模式，我们首先可以在《社会保险法》上得到验证，其第四十二条规定，由于第三人的原因造成工伤，第三人不支付工伤医疗费用或者无法确定第三人的，由工伤保险基金先行支付。工伤保险基金先行支付后，有权向第三人追偿。

由于民事赔偿与工伤保险制度采取的救济途径不同，其相关费用的范围与计算也不相同，有的费用是兼得类，有的是重叠类。按照有限双重赔偿模式的规定，兼得类的项目，可以全额享受；重合类的项目，如重复赔偿则有违法理和情理，因此采取就高原则折抵。

以上下班途中遭遇交通事故造成工伤为例，“兼得类”主要指人身性赔偿项目和特有赔偿项目。人身性赔偿项目包括工伤保险赔偿中的一次性伤残补助金、一次性工亡补助金和交通事故赔偿中的残疾赔偿金、死亡赔偿金等，此类赔偿项目是因人身受到损害而取得的补偿费用，可以在两类赔偿案件中都进行主张；特有赔偿项目包括工伤赔偿中残疾津贴、一次性工伤医疗补助金和一次性伤残就业补助金，交通事故赔偿中的营养费、精神抚慰金等项目，该类赔偿项目属于工伤赔偿和交通事故赔偿中特有的项目，在两类案件中并不重叠，也不存在折抵的问题，应全额享受。“重叠类”主要是财产性赔偿项目，包括医疗费、护理费、住院伙食补助费、交通费、后续治疗费、辅助器具费、供养亲属抚恤金、丧葬补助金等费用。重叠项目属于实际支出项目，采取同一赔偿项目就高折抵的原则，一般不予双份赔偿。依据《社会保险法》，工伤医疗费只能由侵权第三方承担。

本案中，市仲裁委经过审理后裁决，庄某工伤鉴定为九级伤残，由于纺织公司没有为庄某缴纳工伤保险费，故应由纺织公司支付庄某一次性伤残补助金、一次性医疗补助金、一次性伤残就业补助金、劳动能力鉴定费等工伤待遇。庄某垫付的劳动能力鉴定费，应据实支付。由于庄某工伤系被公司以外的第三人侵权事件（交通事故）造成，庄某已在交通事故赔偿中足额获得了护理费、住院期间伙食补助费，庄某再次要求纺织公司支付，仲裁委不予支持。至于停工留薪期工资，从庄某受伤治疗及伤残鉴定过程，可以确定停工留薪期为12个月，根据停工留薪期原工资福利待遇不变的工伤待遇规定，纺织公司应支付扣减庄某在交通事故中所获赔偿金额的剩余部分。

法条链接：《最高人民法院关于审理人身损害赔偿案件适用法律若干问题的解释》第十二条

《最高人民法院关于因第三人造成工伤的职工或其亲属在获得民事赔偿后

是否还可以获得工伤保险补偿问题的答复》

《最高人民法院关于审理工伤保险行政案件若干问题的规定》第八条

案例 24

劳动者不愿参加社会保险，发生的医疗费由谁承担？

案情简介：2019 年 2 月，黄某入职某房地产公司，工作岗位为销售经理，约定采取底薪加提成的工资结构。入职后，黄某的销售业绩波动较大，每月到账的工资忽高忽低，于是，他主动向公司提出不参加社会保险。2022 年 6 月，黄某因急性胆囊炎入院治疗，共花费医疗费 12000 余元。由于没有参加医疗保险，黄某的医疗费只能个人承担。出院后，黄某找到公司，希望能报销部分医疗费。公司直接予以拒绝，认为没有参加社会保险的责任在黄某本人，公司没有义务报销黄某的医疗费。黄某认为，虽然自己主动提出不参加社会保险，但同时也为公司节省了一笔社会保险费；根据责权利对等原则，公司理应报销部分医疗费。双方多次沟通，无法形成共识。于是，黄某提请劳动仲裁，要求仲裁委裁决公司报销部分医疗费。那么，劳动者不愿参加社会保险，发生的医疗费应该由谁来承担？

案例解析：劳动者不愿参加社会保险，后期又反悔自己当初的决定，由此常常引发劳动争议。这种情况下，劳动者主张自己的权益，能否得到法律的支持呢？

一、缴纳社会保险有没有替代或变通方案？

由于工资偏低、流动性强、认知偏差等原因，少数劳动者参加社会保险的意愿不高，甚至为了逃避社会保险，主动或被动写下自愿不缴纳社会保险的承诺书。

现实生活中，劳动者不参加社会保险的常见情形包括用人单位不愿缴纳、劳动者不愿缴纳、协议约定延后缴纳，如试用期满缴纳等。用人单位自以为高明常见的变通或替代方案包括在工资中发放保险补贴、为劳动者办理商业保险等。

劳动法律法规调整的是用人单位与职工的权利义务关系。《劳动法》第七十二条规定，用人单位和劳动者必须依法参加社会保险，缴纳社会保险费。《社会保险法》第四条规定，用人单位和个人依法缴纳社会保险费；在该法其后的分则里，分别规定职工应当参加基本养老保险、基本医疗保险、工伤保险、生育保险和失业保险，由用人单位和职工共同缴纳社会保险费。在法律条文中，“应当”即为“必须”。

依法缴纳社会保险，是法律要求用人单位和劳动者双方必须承担的法定义务。深刻理解这一法定义务，我们可以牢记“三个不可”：

（1）不可约定免除。法定义务没有商量的空间，用人单位和劳动者关于不缴纳社会保险的协议或约定，以及劳动者自愿放弃社会保险的承诺，因违反法律的强制性规定，自约定之日起即为无效，更不能以约定为借口，免除其法定义务。

（2）不可变通替代。法定义务没有变通途径，用人单位以支付保险津贴、办理商业保险都无法改变社会保险的法定性。

（3）不可随意拖延。法律对申请办理社会保险的时限作了明确规定，要求用人单位自用工之日起30日内，为劳动者依法缴纳社会保险费，约定试用期过后或一定期限后缴纳的协议，因与法律法规相抵触，都将视为无效。

二、劳动者不愿参加社会保险，用人单位要承担法律风险吗？

不管是出于节约用工成本，还是本来就积极性不高，很多用人单位对劳动者不愿参加社会保险，常常是求之不得、乐见其成，甚至怂恿诱惑。其实，用人单位是被短期获利蒙蔽了双眼，聪明反被聪明误，是严重的短视行为，忽视了其中潜在的风险和隐患。仔细分析，劳动者不愿参加社会保险，至少存在着三重法律风险。

（1）劳动者随时辞职的风险。结合《劳动合同法》第三十八条、第四十六条以及《社会保险法》的相关规定，用人单位未依法缴纳社会保险费的，劳动者可以随时以此为由提出辞职，不受劳动合同期限的限制；在此基础上，劳动者还可以要求用人单位支付经济补偿金、补缴相关社会保险。适用这些法规时，劳动者不愿参加社会保险这一因素，并不能改变或减轻用人单位未依法为劳动者缴纳社会保险这一违法事实，用人单位无法以劳动者的认知偏差，来掩盖自己的后知后觉或者明知故犯。

（2）社保征收机构处罚的风险。依据《社会保险法》第八十六条规定，用人单位未按时足额缴纳社会保险费的，由社会保险费征收机构责令限期缴纳或者补足，并自欠缴之日起，按日加收万分之五的滞纳金；逾期仍不缴纳的，由有关行政部门处欠缴数额一倍以上三倍以下的罚款。社会保险是由用人单位代扣代缴的，所以，缴纳社会保险费的主动权在用人单位，用人单位的法定义务不因劳动者不愿参加社会保险而免除，更不能成为用人单位逃避社保征收机构处罚的挡箭牌。

（3）赔偿劳动者损失的风险。社会保险制度建立的初衷，就是为劳动者撑起遮风避雨的“保护伞”，其具有的强制性、非营利性、普遍保障性等特点，决定了当劳动者遭遇各种风雨时，不论前期是什么原因导致劳动者未参加社会保险，用人单位的赔偿责任不可减免。《最高人民法院关于审理劳动争议案件适用法律问题的解释（一）》第一条规定：“劳动者以用人单位未为其办理社会保险手续，且社会保险经办机构不能补办导致其无法享受社会保险待遇为由，要求用人单位赔偿损失发生的纠纷，人民法院应予受理。”最高人民法院这一司法解释，既是依法保护职工的利益不受损失，也是对用人单位违反法定义务的一种惩戒。

用人单位未依法缴纳社会保险，不仅违反了自身应当承担的法定义务，而且严重损害了劳动者的合法权益，给劳动者造成损失的，应当依法赔偿。比如，在未缴纳社会保险期间，劳动者发生工伤事故的，可要求用人单位支付工伤保险待遇；女职工生育的，可要求用人单位支付医疗费以及产假期间的生育津贴；劳动者因患病无法享受基本医疗保险待遇，可要求用人单位支付相关医疗费；劳动者失业的，可要求赔偿失业金损失。

对劳动者不愿参加社会保险这一高危行为，用人单位的应对之举，也可分为三个方面：一是深入宣传阐释，让劳动者认识到，不参加社会保险，不仅是违法行为，而且直接影响今后社会保险待遇的享受；二是将劳动者不积极配合办理社会保险的行为，列为不符合录用条件或严重违纪行为；三是防患于未然，对多次动员依然不参加社会保险的劳动者，及早依法解除劳动合同，避免形成不和谐的劳动关系。

三、未缴纳基本医疗保险导致的医疗费，该如何赔偿损失？

按照现有法律法规，基本医疗保险费属于预缴费，不能通过事后补缴保险费而享受医疗保险待遇。用人单位未依法给劳动者缴纳基本医疗保险费，导致劳动者患病后无法享受医疗保险待遇，依据《最高人民法院关于审理劳动争议案件适用法律问题的解释（一）》规定，应当由用人单位承担相关的赔偿责任，使劳动者享受相应的医疗保险待遇。

在司法实践中，具体如何赔偿，其实也很简单，就是视同用人单位为劳动者缴纳了基本医疗保险费，劳动者可要求用人单位支付医疗费中属于基本医疗保险报销范围内的相关费用。

本案中，仲裁委认为，黄某与房地产公司建立劳动关系三年多，公司一直未依法为黄某缴纳社会保险，虽然黄某曾主动提出不参加社会保险，但不能因此免除公司依法为黄某缴纳社会保险费的法定义务。黄某要求公司支付部分医疗费的请求合法有据，应予以支持。经审理，仲裁委参照视同黄某参加基本医疗保险的结算方式，认定将黄某住院期间的医疗费用减去黄某应该自负的费用，其差额部分即为黄某无法享受基本医疗保险待遇造成的损失，裁决房地产公司十日内支付黄某相关医疗费。

法条链接：《劳动法》第七十二条

《社会保险法》第四条、第三十八条、第八十六条

《最高人民法院关于审理劳动争议案件适用法律问题的解释（一）》第一条

案例 25

享受了单位购买的意外伤害险，工伤保险待遇还能兼得吗？

案情简介：2021 年 1 月，曹某入职某物流公司，从事长途货物运输工作。入职后，物流公司为所有员工购买了意外伤害保险，保险期限为一年。2021 年 8 月，曹某在运送货物途中，为躲避突然横穿马路的电动车，急打方向盘，车辆与行道树发生猛烈碰撞。曹某随即被送到当地一家医院进行救护。后经鉴定，达到七级伤残。保险公司及时理赔调查，一次性支付曹某意外伤害赔偿金 3 万多元。事后，经人指点，曹某申请了工伤认定，并向公司提出了享受工伤待遇的要求。为了节省费用，公司没有参加工伤保险。面对曹某的要求，公司认为，曹某享受的人身意外伤害险为公司出资投保，工伤待遇已由保险公司代为支付，岂能重复享受？曹某则认为，公司为其购买的意外伤害险是商业保险，而参加工伤保险是法定义务，没有参加是公司的问题，就应该承担不利后果。多次协商，双方难以达成一致意见。曹某提请劳动仲裁，要求物流公司依照法定标准支付工伤待遇。那么，劳动者一旦发生了工伤事故，享受了单位出资投保的意外伤害险，还能主张工伤保险待遇吗？

案例解析：本案争议的焦点在于，用人单位为劳动者投保的意外伤害险，能否替代工伤保险待遇？

一、为职工投保了意外伤害险，还有必要参加工伤保险吗？

工伤保险与意外伤害险，虽然本质上都是为了化解工伤风险，但两者之间，却有着很大的区别。

（1）保险性质不同。工伤保险是由国家立法强制实施的社会保险，是一种政府行为，以社会效益最大化为原则，不具有营利性目的。意外伤害险是由商业保险公司承保的商业保险，是一种商业行为，保险方与被保险方之间完全是一种自愿的契约关系，是以营利为经营目标。

（2）目标指向不同。工伤保险的出发点是为了维护劳动者的生命健康权，以促进劳动关系和谐稳定为目标追求。意外伤害险的出发点是为了顺应和满足人们规避风险的客观需要，以获取利润为目标追求。

（3）社会责任不同。工伤保险是劳动者享有的一项基本权利，用人单位和劳动者参加社会保险是法定义务，政府对工伤保险承担最终的兜底责任；意外伤害险则受市场竞争机制的制约，用人单位和劳动者自愿参加，政府对其主要是依法监管。

（4）适用法规不同。工伤保险适用《社会保险费》《工伤保险条例》等劳动法律法规；意外伤害险则适用《商业保险法》《民法典》等民事法律法规。

综上分析，工伤保险和意外伤害险属于两种完全不同性质的保险，参加工伤保险属于用人单位的法定义务，不得以任何理由逃避；用人单位为劳动者投保意外伤害险则属于社会保险的补充，只能视为用人单位给予劳动者的一种福利待遇。用人单位意图用意外伤害险代替工伤保险，不但不合法，还会给日后的工伤赔偿和治疗带来诸多隐患。

二、享受了意外伤害险的赔付，还能再享受工伤保险待遇吗？

一般情况下，工伤保险的缴费标准要比意外伤害险的保费贵不少。不少企业自作聪明，故意偷换概念，把本应给员工缴纳的工伤保险改换成意外伤害险。一旦发生工伤事故，用人单位以保险公司已经赔付为由，拒绝支付相关的工伤保险待遇。那么，用人单位的这个理由能站得住脚吗？

首先，从法定义务来看。根据《劳动法》《社会保险法》《工伤保险条例》等法律法规，工伤保险是社会保障体系的重要组成部分，用人单位参加包括工伤保险在内的社会保险并依法足额缴纳社会保险费，是其法定的义务。所以，用人单位参加工伤保险具有法定性、强制性，已经投保商业保险，不能成为用人单位逃避其法定义务的理由和借口。说得更明白一点，用人单位投保商业保险，并非其法定义务，不能豁免；而劳动者依法享受工伤待遇，却是其法定权利，不容剥夺。

其次，从投保行为来看。工伤保险的设立宗旨为有效维护劳动者的生命健康权，这个无须细说。我们重点分析意外伤害险。根据《保险法》的规定，意外伤害险是以保护和减轻被投保对象的人身伤害作为实现前提，保险利益的实现和被投保对象的权益保护具有密不可分性。用人单位投保意外伤害险，被保险人和受益人一般只能适用于劳动者，一旦发生工伤事故，保险公司支付保险金的对象因此也只能是工伤员工。

最后，从给付缘由来看。工伤保险的给付主要基于用人单位和劳动者双方之间存在劳动关系，系按照法定项目支付；而意外伤害险的给付，则是基于保险关系，系按照双方的约定赔付。两者给付的缘由、途径都不一样，即使意外伤害险和工伤保险支付的项目类似或相同，依然不属于重复赔偿，不能相互抵扣。

对于工伤职工享受了意外伤害险的赔付，是否还能再享受工伤保险待遇，《最高人民法院关于因第三人造成工伤的职工或其亲属在获得民事赔偿后是否还可以获得工伤保险补偿问题的答复》说得更加明确：因第三人造成工伤的职工或其近亲属，从第三人处获得民事赔偿后，可以按照《工伤保险条例》的相关规定，向工伤保险机构申请工伤保险待遇补偿。

可以看出，法律并不禁止工伤职工或其近亲属获得两种不同性质的赔偿。工伤保险和意外伤害险属于两个不同的保险范畴，两者有着不同的功能，工伤职工完全可以重复享受。

三、怎样投保商业保险，才能减轻用人单位的负担和压力？

现实生活中，用人单位投保商业保险，本为分散工伤风险，将其承担的赔偿义务再行投保。上文已经分析，意外伤害险的受益人只能是劳动者，一旦发生工伤事故，就只能算是用人单位发给劳动者的额外福利。

用人单位要想实现分散工伤风险的目的，并非没有办法，可将原计划投保意外伤害险，改为投保财产险或雇主责任险，将用人单位支付工伤待遇这一法定义务作为保险标的，投保人、被保险人均为用人单位。这样，一旦劳动者发生工伤事故，用人单位依法支付相关工伤待遇后，保险公司将理赔用人单位支付的有关费用。

本案中，经审理，仲裁委认为，物流公司为曹某投保的意外伤害险，属公司自愿给予职工的福利待遇，其与工伤保险具有不同性质，不能以意外伤害险替代工伤保险。用人单位参加工伤保险是其法定义务，未参加工伤保险期间，职工发生工伤的，由用人单位按照法律规定支付工伤保险相关待遇。最后，仲裁委支持了曹某的请求，要求物流公司依法支付曹某伤残补助金、医疗费、护理费等相关费用。

特别提示：无论如何设计商业保险项目，其前提条件依然是用人单位必须依法参加社会保险，参加工伤保险是必选项，投保商业保险则是补充项。如果工伤保险不参加，仅仅想投保商业保险来回避其应当承担的法定义务和社会责任，都将会受到法律的处理。

法条链接：《社会保险法》第四条

《工伤保险条例》第一条、第二条

合同解除类争议

案例 26

单位口头通知让走人，劳动者该怎么办？

案情简介：2019 年 9 月，余某入职某软件服务公司。2022 年 3 月，余某与部门经理因琐事发生冲突，情绪激动之下，双方都说了一些过激的话语。部门经理一气之下，口头通知余某立马走人，让余某当天交接工作、结算工资、交还门禁卡及所有办公用品。余某深感委屈，多次向公司相关领导申辩，却无人理睬。无奈之下，余某提请劳动仲裁，要求公司支付违法解除劳动合同的赔偿金。仲裁庭上，公司辩称，职工辞退手续应由公司人事部办理，部门经理不能自行决定辞退员工；部门经理口头通知解除余某劳动合同的行为，没有得到公司的确认，不具有法律效力，属于部门的内部纷争，余某可以随时回来上班。余某指出，虽然公司否认与其解除劳动合同的意思表示，但自己事后多次向公司申辩，不仅无人理睬，公司还将自己的社会保险关系转出，表明公司不仅知晓并认可部门经理的作为，更说明部门经理的个人行为已经上升为公司行为，公司已经构成违法解除劳动合同，理应支付赔偿金。那么，公司部门经理口头通知解除余某劳动合同的行为，是否构成了违法解除呢？

案例解析：现实生活中，这样的闹剧确实经常上演：用人单位随意找了个理由，口头通知员工立马走人，可一旦与劳动者对簿公堂，却又矢口否认，甚至辩称是劳动者口头辞职。此情此景，劳动者该如何应对呢？

一、用人单位口头通知，能解除劳动者劳动合同吗？

用人单位依法解除劳动合同，不仅实体要合法，程序也要规范、严谨。用人单位单方解除劳动合同，一个完整的解除链条至少应包括以下程序：

（1）工会监督程序。解除合同前，用人单位需要事先将解除理由通知工会，并听取工会意见。

（2）书面通知程序。在充分梳理的基础上，用人单位应当制作解除劳动合同通知书，载明解除劳动合同的事实、理由及依据。

（3）当面送达程序。解除劳动合同通知书需要当面送达劳动者本人，邮寄送达、公告送达应该是候选的权宜之计。

（4）离职办理程序。用人单位应当在解除劳动合同时出具解除劳动合同的证明，并在15日内为劳动者办理档案和社会保险关系转移手续。劳动者应当按照双方约定，办理工作交接。用人单位依法向劳动者支付经济补偿的，在办结工作交接时支付。

可以看出，当面送达解除劳动合同通知书、出具解除劳动合同证明，是用人单位解除链中的两个重要环节。缺少了这两个环节，不仅解除行为本身不严谨、不规范，而且后期也会给用人单位带来一些法律风险或者不必要的麻烦。

虽然法律规定了用人单位单方解除劳动合同时应该在通知送达和离职办理环节采取书面形式，但需要指出的是，书面形式并不是单位解除劳动合同的实质要件。

单位口头通知解除劳动合同的行为是否成立、生效，应重点查看解除行为所依据的客观事实、法律条款以及后续程序。如果口头通知解除这一行为直接导致了双方劳动关系的宣告解体，并后续发生了工资清算、工作交接、社会保险转移等实质性变更，那此时，口头通知解除与书面通知解除在法律效力上的区别就相差无几。而解除劳动合同通知书、解除劳动合同证明等书面材料，并不是劳动合同解除这一法律事实成立的依据，而是对该法律事实的书面确认。

也就是说，用人单位口头通知解除，虽然是一种不规范、不严谨的解除劳动合同行为，但依然能宣告劳动关系的解体，依然能产生实质性的法律后果。

二、究竟是口头解除还是口头辞职，我们该相信谁？

在司法实践中，常常会出现用人单位和劳动者各执一词的情形，用人单位说是劳动者口头辞职，劳动者称是用人单位口头通知解除，该如何评判呢？这时，我们可以分两种情况进行讨论。

（1）用人单位口头通知解除劳动合同，但后续并没有办理相关解除手续。

劳动争议的一般举证规则是“谁主张，谁举证”。第一种情形下，劳动者主张用人单位“口头通知解除”，要对用人单位口头通知解除相关事实先行举证，并提供印证材料，否则将依法承担举证不能的不利后果。在这种情形中，劳动者一定要慎之又慎，当解除行为还停留在口头通知之时，解除劳动关系的后续事实还没有真正发生，如果劳动者断然采取离岗、旷工等过激行为，后期又无法举证自己行为的合法性，将会陷入十分被动的境地。

（2）用人单位口头通知解除劳动合同，后续办理了相关解除手续。

这种情形下，适用法律与上一种情形完全不同。依据《最高人民法院关于审理劳动争议案件适用法律问题的解释（一）》第四十四条规定，因用人单位作出的开除、除名、辞退、解除劳动合同、减少劳动报酬、计算劳动者工作年限等决定而产生的劳动争议，用人单位负举证责任。该解释突破了传统“谁主张，谁举证”的证据规则，适用于辞退、解除劳动合同等类型的劳动争议。

依据这个法规，当用人单位口头通知解除劳动合同，并且解除劳动合同的事实已经成立，无论后期是用人单位主张劳动者口头辞职，还是劳动者主张用人单位口头通知解除，都应由用人单位负责举证。

三、劳动者遭遇口头通知解除劳动合同，该如何应对?

法律的生命力在于运用。劳动者万一遭遇口头通知解除劳动合同陷阱，建议从以下三个方面积极应对：

（1）据法力争。用人单位如果故意采用口头通知解除的方式，无非是想借此逃避支付经济补偿金、缴纳社会保险费等法律义务。劳动者必须明白：自己虽身处弱势，但绝不可软弱；法律是公开的，也是公正的。要学做法律的明白人，依据法律条文，有理有据地与用人单位进行交涉。必要时，可以寻求工会组织、人社部门、公职律师等第三方组织的法律援助。事发时忍气吞声，等你后期幡然醒悟，再想主张权益，用人单位很可能会倒打一耙，说你是主动辞职，再想维权就非常难了。

（2）收集证据。在依法维权中要抢占先机，必须靠证据、靠事实说话。在这场较量中，关键在于劳动者要有足够的证据，证明用人单位确实是通过口头通知的方式，行使了单方解除劳动合同这一行为。只有证明了这一点，劳动者后续追讨经济补偿金或赔偿金才有了事实基础。劳动者只要用心，这方面的证据还是可以收集到的，主要包括：用人单位口头通知解除劳动合同的录音录像；涉及口头通知解除劳动合同相关的电子邮件、短信、QQ或微信聊天记录等电子证据；劳动者离职的工作交接单；社会保险转移记录；等等。

（3）以退为进。依据《劳动合同法》，为劳动者出具解除劳动合同证明是用人单位的法定义务。既然是法定义务，就不是想给就给，而是必须给。在争议协调中，劳动者如果无法通过沟通争取权益，可以姑且认可用人单位的口头通知解除行为，以领取失业保险、入职新单位为由，以退为进，要求用人单位出具解除劳动合同证明，取得相关证据，为后期提请劳动仲裁埋下伏笔、赢得先机；用人单位如拒不出具，可及时向劳动监察机构去投诉。

本案中，部门经理口头通知解除余某的劳动合同，当天就要求余某结算工资、交接工作、交还办公用品，后期公司转出余某的社会保险关系，结合这些事实，可认定公司对余某的单方解除劳动合同行为已经成立。经审理，仲裁庭认为，双方的劳动合同已经事实解除，公司虽然否认这一事实，却未能提供相应证据证明，依法应当承担举证不能的不利后果。仲裁庭最后裁决，软件服务公司向余某支付违法解除劳动合同的赔偿金。

法条链接：《劳动合同法》第五十条、第八十九条

案例 27

连续三个月未完成销售指标，用人单位能否解除合同？

案情简介：2019 年 2 月，郑某入职某销售公司，担任营销经理，双方签订两年期劳动合同，约定郑某全年的销售指标为 60 万元，每月基础工资 3000 元，提成部分按完成的销售业绩另行核算。2019 年 6 月起，郑某连续三个月未完成销售指标。2019 年 9 月，公司书面通知郑某解除劳动合同，让郑某月底前办理离职手续。郑某认为销售有淡旺季之分，营销部门很多人均未完成序时进度，公司为啥只解除自己一个人；即使解除，也应支付经济补偿金。公司答复，营销团队中，郑某连续三个月考核垫底，属于不胜任工作，根据公司规定，这种情形下的解除，是没有经济补偿金的。一气之下，郑某提请劳动仲裁，要求公司支付违法解除劳动合同赔偿金。那么，劳动者连续三个月未完成销售指标，用人单位能否解除劳动合同呢？这种情形下的解除，是否需要支付经济补偿金？

案例解析：销售指标既是销售人员展示自身实力的重要标尺，也是用人单位管理销售人员的重要依据。在劳动争议领域，销售指标同时也是引发劳动争议的导火索。本案就是因未完成销售指标序时进度而引发的争议。

一、如何判定劳动者属于不胜任工作？

在现实生活中，“不胜任工作”经常会出现在用人单位单方解除劳动合同的理由清单中。那么，应该如何判定劳动者是否属于不胜任工作呢？

何为“不胜任工作”？原劳动部下发的《关于〈劳动法〉若干条文的说

明》第二十六条作了原则性的界定，即“不胜任工作”是指不能按要求完成劳动合同中约定的任务或者同工种、同岗位人员的工作量；用人单位不得故意提高定额标准，使员工无法完成。对这条规定，我们可以把不胜任工作的评判标准解读为“三个有”：

（1）有事先的约定。法律赋予用人单位用工自主权，用人单位可以依法制定绩效管理制度，依法自主确定劳动者是否属于不胜任工作。但用人单位不可滥用这项权利，需要事先与劳动者就不胜任工作的诸多情形进行清晰、明确的约定，要让劳动者对不胜任工作的判定标准、考核办法、后续处理等都有透彻的认知。

（2）有明晰的标准。业绩目标是用人单位判定劳动者是否胜任工作的具体要求。业绩目标的设定，既要合法，又要明晰。合法方面，制定的业绩目标，应该是同工种、同岗位大多数员工可以达到的标准。何为大多数员工？以实行计件制的单位为例，江苏省明确规定，确定、调整的劳动定额应当是本单位同岗位 90% 以上劳动者在法定工作时间内能够完成。明晰方面，不少企业要求制定业绩目标需符合 SMART 原则，即具体的（Specific）、可以衡量的（Measurable）、可以达到的（Attainable）、要与其他目标具有一定的相关性（Relevant）、具有明确的截止期限（Time-bound）。如果用人单位设定的目标过高，大多数员工都无法完成，虽然在客观上造成员工无法胜任工作的结果，但该结果却不可归责于员工，也不能作为证明员工不胜任工作的依据。

（3）有严谨的考核。因劳动者不胜任工作引发的劳动争议，用人单位负有举证责任。因此，用人单位对劳动者不胜任工作的考核，要尽可能地细化、量化、外化，考核结论不能全部运用定性化描述，如“工作责任心不强、缺乏团队合作精神”等；不仅要考核劳动者的工作态度，还要具体考核工作的产量、质量、成本消耗、销售回款、销售进度等定量指标。

二、连续三个月未完成销售指标，是否等同于不胜任工作？

对一个连续三个月未完成销售指标的劳动者，如何评判其销售业绩，能否认定为不胜任工作，依据前述“三个有”的评判标准，我们可以追问“三个是否”：

（1）销售指标的约定是否事先告知？每家销售公司都有一套量身定做的销售考核体系。在绩效考核中，公司一般会与劳动者充分协商，通过签订劳动合同、制定规章制度、签署岗位职责说明书、明确绩效考核标准等措施，事先告知劳动者年度销售指标以及考核流程、方式，绩效考核结束后，应及时告知绩效考核结果以及评定依据，充分尊重劳动者的知情权。

（2）销售指标的制定是否合理合法？制定合理合法的销售指标，有程序合法和内容合法两个维度的要求。销售指标，对应的是绩效管理制度，绩效管理制度合法有效，需要同时具备内容合法、程序民主和公示员工三个法律要件，特别是在履行民主程序方面，需经过职代会讨论、平等协商这个环节，很多用人单位往往会忽视这点。合理性上，我们不能把未完成销售指标与不胜任工作直接关联、简单挂钩，要仔细分析销售指标的科学性、合理性以及可考评性。比如本案中，业绩垫底算不算不胜任工作？排名末位不必然等于不胜任工作，与胜任工作之间并没有必然的逻辑关系。只要排名，就一定有人是排名末位。不能说，排名末位，就一定是工作能力不行，还有一种可能，就是他所在的团队成员都很优秀，才导致他排在末位，但他其实是胜任工作的，只不过其他人完成得更好而已。

（3）销售指标的考评是否严肃严密？完成销售指标，受团队人员工作能力、市场、资源配置等多方面的影响。对销售指标的考评，用人单位不仅要制定严密周详的考评制度，考评环节也要公开、公平、公正，用事实说话，让数据说话。要证明员工不胜任工作，就要拿出让员工服气、认账的证据和事实。

三、认定员工不胜任工作，能否解除劳动合同？

对不胜任工作员工的处理，是人力资源管理中的“雷区”，需谨慎处置。

依据《劳动合同法》，解除不胜任工作的员工，需要具备三个法律要件，才能合法解除。首先，证明“第一次不能胜任”，即经过考核后劳动者第一次被证明未达到考核目标，不能胜任工作；其次，经过必要的专业培训或者合理调整工作岗位；最后，证明“第二次不能胜任”，即劳动者经过培训或调岗后，再一次经考核被证明不能胜任工作。这三个法律要件要全部具备，用人单位才可行使单方解除劳动合同的权利，缺少任何一个要件，都很可能导致用人单位违法解除劳动合同。

更为重要的是，在劳动争议发生后，这三个法律要件就成为用人单位承担的三重举证义务，用人单位需逐一举证劳动者“第一次不能胜任”、单位安排培训或调岗、劳动者“第二次不能胜任”，并提供相对应的证明材料。

劳动者经培训或者调岗后仍不能胜任工作，用人单位解除与劳动者的劳动关系时，应当提前30日以书面形式通知劳动者本人或者额外支付劳动者一个月的工资，并按照劳动者的工作年限支付相应的经济补偿金。

本案中，销售公司通过合同约定的方式，约定郑某年度销售指标为60万元。从公司提供的证据来看，虽然郑某连续三个月未完成销售指标，但因处在销售淡季，营销团队中同样存在未完成销售指标的其他人员。公司仅凭郑某销售业绩垫底，就认定郑某不胜任工作的理由不充分。再者，即使公司有充分的证据证明郑某属于事先约定的不胜任工作的情形，也不能直接解除劳动合同，而要安排郑某进行专业培训或调岗，只有经过这个程序之后，再次证明郑某不胜任工作，才能合法解除。经过审理，仲裁委裁决公司依法支付郑某违法解除劳动合同赔偿金。

法条链接：《劳动合同法》第四十条

案例28

打听同事工资被辞退，到底冤不冤？

案情简介：2018年8月，经市场招聘，蒋某入职某化工公司，工作岗位为管理部文员。入职培训时，公司告知蒋某，公司实行严格的工资保密制度，员工之间不得交流工资信息；如果违反，将视为严重违反规章制度。蒋某和新入职员工一起，还专门学习了《员工手册》，蒋某发现上面确实有工资保密的相关条款。让蒋某没想到的是，后来就是因为这条规定，不仅让他与公司分道扬镳，最终还闹得法庭相见。时光如水，转眼间，蒋某入职公司两年多了。2021 年 3 月，在一次和同事的闲聊中，蒋某发现，和自己同批入职、同类岗位的两名同事的工资，竟然都比自己高。蒋某以分配不公为由，向人事部门提出加薪要求。在被问到如何得知自己的工资比别人低时，蒋某没有隐瞒，据实回答。事情的后续发展大大出乎蒋某的意料，他没有等到加薪的批复，等来的却是辞退通知。公司以他严重违反规章制度为由，与其解除了劳动合同。蒋某很是不服，认为公司的工资保密制度本就是小题大做，不仅限制了自己的知情权，还违反了同工同酬原则。公司则认为，公司的规定有言在先，蒋某明知故犯，必须以儆效尤。官司一直打到法院。那么，员工私下打听同事工资，单位真的可以辞退吗？

案例解析：实行薪酬保密制度，是不少企业惯用的管理制度。“不要打听同事工资”，也是许多新入职员工常常会收到的告诫和提醒。更有甚者，有的企业还会将“禁止私下交流工资信息”列入劳动规章制度、写入合同，明确规定违反者将被解除劳动合同。不过，即便有企业的明文规定，薪酬保密制度就真的合法吗？

一、单位是否有权要求员工对薪资保密？

企业之所以实行薪酬保密制度，有一大堆理由：防止员工相互攀比、减少员工内部冲突、留住精英人才、尊重员工的隐私权，甚至还有照顾低工资员工的“玻璃心”。从企业管理角度出发，确有一定的合理性。但立足于依法管理、科学管理、和谐管理，我们至少还有以下三个视角：

（1）从“法无禁止皆可为”的角度出发，薪酬保密约定优先。认真梳理《劳动法》《劳动合同法》《工资条例》等法律法规，并无明文规定薪酬必须保密，但也没有限制用人单位实施薪酬保密制度。在法律没有明文规定的情况下，只要用人单位和劳动者公平自愿、坦诚协商，经双方民主协商并一致认可的薪酬保密制度或相应条款，遵从“法无规定、约定优先”的原则，理应受到法律的尊重与保护。

（2）从“按劳分配、同工同酬”的角度出发，薪酬保密隐患重重。《劳动法》第四十六条第一款规定：“工资分配应当遵循按劳分配原则，实行同工同酬。”同工同酬是指用人单位对于技术水平和劳动熟练程度相当的劳动者，在从事同种或同类型工作时，不分性别、年龄、民族、区域等差别，只要提供相同的劳动量，就应该获得相同的劳动报酬。实现同工同酬的前提是收入公开，员工既有权利了解自己的工资收入，也有权利了解同等条件下其他员工的劳动报酬。而企业实行薪酬保密制度，劳动者缺乏知情权，无法与同岗位同工种的其他员工的收入进行对比，失去判断同工同酬的标尺和参照。对企业方而言，对一些基础性、常规性岗位，抑或同一工种的普通劳动者实行薪酬保密制度，这个举措与同工同酬原则相背离，变相地侵犯了劳动者同工同酬权益，存在着较大的法律风险。

（3）从“构建和谐劳动关系”的角度出发，薪酬保密实无必要。薪酬制度的公开或保密，既关系到员工对自身最切身利益是否拥有足够的知情权与参与权，也关系到劳动者对企业的认同感、体面劳动的尊严感能否实现，直接影响到劳动者的积极性、创造性。只有最大限度实行科学合理、公平公正公开的薪酬制度，建立和谐顺畅的沟通机制，减少猜忌，减少误传，增强信任感，增强幸福感，才能真正构建和谐、稳定的劳动关系。

二、打听同事工资，能成为辞退员工的理由吗?

将打听同事工资者辞退，用人单位最理直气壮的理由是：劳动者严重违反规章制度。《劳动合同法》第三十九条第二项规定：劳动者严重违反用人单位的规章制度的，可以解除劳动合同。但用人单位适用这条法规，欲将打听同事工资的劳动者辞退，要满足三个法律要件后方能实施。

（1）用人单位是否建立了薪酬保密制度？有规矩才成方圆。既然用人单位以劳动者严重违反规章制度为由解除劳动合同，首先得建立薪酬保密这个规章制度。如果用人单位只是口头宣布、约定俗成，甚至只是心照不宣的“潜规则”，待劳动者实际违反时，却发现连成文的规章都没有，这时想要挥舞处罚的大棒，只怕心有余而力不足、言顺而名不正了。

（2）用人单位制定的薪酬保密制度是否合法有效？依据《劳动合同法》第四条规定，用人单位制定的劳动规章生效，必须具备有内容合法、程序民主、告知员工三个法律要件。用人单位费尽心思制定的薪酬保密制度，要想其合法有效，一是不得与同工同酬原则相抵触，只能在合适的范围与合适的人约定；二是要履行民主程序，提交职代会或全体职工讨论，并与工会或职工代表平等协商确定；三是事先告知劳动者，并留有告知的证据或痕迹。

（3）劳动者违反薪酬保密制度，能否认定为严重违纪？既然是薪酬保密制度，普通劳动者的工资收入是否属于保密范围，是否有密可保，就很值得推敲和研究了。从严格意义上讲，薪酬保密制度一般适用于高级管理人员、核心技术岗位、引进的享受特殊待遇人才或工作成效难以具体量化考核的岗位，对这类人员采用薪酬保密制度更有实际意义，也更具有合理性。对普通员工而言，无论从实行薪酬保密制度的本意，还是从情理上讲，都显得过于严苛，保障他们实现同工同酬的权利，要比限制他们相互知悉彼此的工资收入更有价值。

如果普通劳动者打听同事工资，并无任何恶意，也难以表明其行为存在严重失职、营私舞弊行为，或此行为给单位造成了重大损害，用人单位以辞退作为惩戒来约束员工，不仅劳动者严重违纪的情节难以得到法庭认可，其辞退行为本身也显得有些小题大做，有侵犯劳动者合法权益之实。劳动者因打听同事工资而被辞退，背后的本质仍是用人单位任性，需要法律来监督、惩戒。

三、实行了密薪制，是否意味着薪酬管理制度也要保密？

在协商一致、依法依规的情况下，用人单位对高级管理人员、享受特殊待遇人员等特别岗位、精英骨干实行薪酬保密制度，双方均应遵守。但即便如此，实行薪酬保密制度，还有一些“明规矩”需要强调，主要包括：

（1）实行薪酬保密，但薪酬并不对员工本人保密，只是对其他员工保密，员工本人有权查询自己的工资收入状况、自己的岗位等级以及岗位等级所对应的薪酬标准。

（2）保密的只是具体员工的薪酬，薪酬管理制度本身并不保密。这点特别容易产生误解。要特别强调的是，“密薪制”的核心要义是：“薪酬体系公开，个人工资保密”。在现实生活中，很多员工竟然除了知道自己的工资，对单位的薪酬管理制度往往却是“一问三不知”，这是很不正常的。用人单位不能泛化、滥用薪酬保密制度，侵犯劳动者的知情权，对劳动者进行不合理控制。

（3）薪酬管理制度不仅要公开，在制定或修改过程中，要发动全员参与、民主协商，这样制定出来的薪酬管理制度，才能合法有效，也更具科学性、合理性、可操作性。

本案中，经过审理，法院认为，同工同酬是《劳动法》的基本要求，收入公开是同工同酬的前提。化工公司员工手册中规定的“工资保密制度”，与同工同酬的法律规定相悖，故该条规章内容不合法，不能作为法院审理的依据。在员工手册规定了工资保密制度、蒋某也确认知晓的情况下，蒋某打听其他同事工资这一做法即便有些欠妥，但公司将此行为作为解除劳动合同的依据并不合法。据此，法院判决化工公司解除蒋某劳动合同的行为构成违法解除劳动关系，应向蒋某支付经济赔偿金。

法条链接：《劳动法》第四十六条

《劳动合同法》第三十九条

案例 29

公司总经理可以让员工立马走人吗？

案情简介：2019 年 6 月，黄某入职某销售公司。黄某交友很广，能说会道，销售业绩稳步提高，逐渐在公司站稳了脚跟。第二年，黄某便担任其中一个销售小组的负责人。唯一让黄某不爽的是，公司总经理对自己总是横挑鼻子竖挑眼，时不时给自己“穿小鞋”，双方的关系日益恶化。2021 年 10 月，因一张发票报销的问题，黄某和总经理发生激烈争执，总经理一气之下，叫黄某“立马滚蛋”，还说“地球离开谁都转”，黄某气得摔门而去。事情闹得满城风雨，连公司董事长也惊动了。第二天，受董事长委托，人力资源经理找到黄某，代表公司予以安抚，并再三表明总经理的气话不代表公司意见，要求黄某赶紧回公司上班。黄某气愤难平，坚持要让总经理上门赔礼道歉、收回自己先前说的话，自己才回去上班。总经理闻听黄某这个态度，更加坚持“地球离开谁都转”。事已至此，黄某再也没回公司上班，黄某的小组负责人岗位也被其他人员接替。事情的后续发展，完全出乎黄某的意料，但覆水难收。2021 年 11 月，黄某提请劳动仲裁，要求公司支付非法解除劳动合同赔偿金。那么，法律能支持黄某的诉求吗？

案例解析：本案争议的焦点，在于总经理是否有权让黄某立马走人？黄某是否有权向公司索要赔偿金？

一、用人单位可以让劳动者随时走人吗？

在资强劳弱的企业中，对于劳动者来说，最大的忧虑莫过于饭碗的稳固性。那么，用人单位真的可以强势作为，让劳动者随时走人吗？其实不然！

在用工管理中，仅就用人单位单方解除劳动合同而言，主要包括过错性解除、非过错性解除以及经济性裁员三种情形。后两种解除方式除了严格的条件限制、程序限制，还有提前三十日的时间限制，因此，这里重点讨论与本案密切相关的过错性解除。

根据《劳动合同法》第三十九条规定，劳动者有下列情形之一的，用人单位可以解除劳动合同：（1）在试用期间被证明不符合录用条件的；（2）严重违反用人单位的规章制度的；（3）严重失职，营私舞弊，给用人单位造成重大损害的；（4）劳动者同时与其他用人单位建立劳动关系，对完成本单位的工作任务造成严重影响，或者经用人单位提出，拒不改正的；（5）因以欺诈、胁迫的手段或者乘人之危，使对方在违背真实意思的情况下订立或者变更劳动合同的情形致使劳动合同无效的；（6）被依法追究刑事责任的。

这条法规，是用人单位实施过错性解除的法律依据，即劳动者过错在先，用人单位可以随时提出解除劳动合同。这种情形下的单方解除，其厉害之处不仅在于用人单位可以随时提出解除劳动合同，更为关键的是，劳动者无权向用人单位索要经济补偿金。因此，这条法规也是劳资双方较劲最多的博弈区，劳资双方都会逐字逐句对照、推敲。

此条法规中，除了规定“劳动者有下列情形之一的”，没有其他的限制条件，因此，用人单位可以随时提出解除劳动合同，劳动者一旦确认符合上述六种情形之一，此条法规的威慑力不可小觑。

但即便如此，用人单位在运用此条法规时，也不可任意任性，切记“随时”不等于“随便”。用人单位要实施过错性解除，必须同时具备三个法律要件：一是实体要件，即劳动者的过失或过错行为要和《劳动合同法》第三十九条规定的相应情形相吻合、相对应，不能似是而非，要凭法条说话；二是证据要件，即指认劳动者的过错行为，要有相应的证据支撑，形成有效的证据链，要凭证据说话；三是程序要件，即使劳动者的过错行为成立，用人单位正式实施单方解除行为前，依据《劳动合同法》第四十三条的规定，应当事先将理由通知工会，应当研究工会的意见，并将处理结果书面通知工会。

从上面的分析看出，用人单位运用《劳动合同法》第三十九条实施过错性解除，实体要件、证据要件和程序要件必须同时具备、缺一不可，想要让劳动者立马走人绝非易事。用人单位一定要谨慎实施、依法行事，否则，极易造成明明胜券在握，却属于违法解除劳动合同，那就真正是得不偿失。

二、总经理是否有权让劳动者立马走人？

在本案中，有一个重要细节必须引起我们的重视，就是公司总经理是否有权让黄某马上离职？后期人力资源经理上门安抚黄某时，再三表明总经理的气话不代表公司意见，这又如何理解？

为厘清这其中的是是非非，我们把视野放大，不局限于本案，进行递进式解析，搞明白下面与之相关联的三个问题：

（1）总经理作出的让黄某立马走人的决定是否作数？总经理说的话是否管用，关键是看总经理是不是公司法人，他的意见是否代表公司意见。《公司法》第十三条规定，公司法定代表人依照公司章程的规定，由董事长、执行董事或者经理担任，并依法登记。《民法典》第六十一条规定，法定代表人以法人名义从事的民事活动，其法律后果由法人承受。从本案来看，总经理与黄某发生争执，惊动了董事长，受董事长委托，人力资源经理明确表明总经理的气话不代表公司意见，说明总经理并非公司法人，他的话没有经过公司决策层同意，只能属于个人意见。《民法典》对无权代理的法律效力作了明确规定：行为人没有代理权、超越代理权或者代理权终止后，仍然实施代理行为，未经被代理人追认的，对被代理人不发生效力。

（2）假设总经理就是公司法人，他的话就能代表公司的意见，那么该如何分辨他的话究竟是气话还是真话？分辨总经理的话究竟是真是假，其实很简单，只要看后续公司是否采取进一步的行动即可。依据《劳动合同法》，出具解除劳动合同通知书、转移社会保险、办理工作交接等，这才是用人单位单方解除劳动关系的标志。我们不仅仅要看总经理说了什么，更要看他做了什么。如果公司后续没有采取任何行动，那总经理说的只是气话而已。

（3）总经理真的能让黄某立马走人吗？假设总经理是法人，让黄某立马走人确实是总经理的真实想法，黄某就真的能如他所愿立马走人了吗？那倒是很不一定。对照用人单位实施过错性解除必须同时具备的三个法律要件，从本案来看，第一个实体要件就不具备。《劳动合同法》第三十九条列举了劳动者过错在先的六种情形，但总经理与员工因工作发生争执，不管对应哪种情形都很牵强。在这种情况下，如果总经理一意孤行，必将承担违法解除劳动合同的法律后果。

三、劳动者辞职可以说走就走吗?

近年来，“裸辞”似乎成为新生一代的潇洒之举，甚至“世界那么大，我想去看看”都成为辞职的理由。那么，劳动者真的可以随时随地一走了之吗？答案是：要看情况！

辞职是法律赋予劳动者的法定权利，劳动者享有充分的辞职自主权，想辞职时，不需要任何理由，不需要找任何借口。但提前通知用人单位是劳动者行使辞职自主权的前提，更是劳动者的法定义务。依据《劳动合同法》第三十七条的规定，劳动者提前三十日以书面形式通知用人单位，可以解除劳动合同。劳动者在试用期内提前三日通知用人单位，可以解除劳动合同。

法律之所以这样规定，是在维护劳动者辞职权的同时，兼顾用人单位的生产经营秩序，给用人单位一个过渡调整的时间，包括招录新人、工作交接等。如果劳动者违反法律规定不辞而别、说走就走，给用人单位造成损失的，应当承担相应的赔偿责任。

上面分析的只是一般情形。现实生活中，有两类特殊情形发生时，劳动者不仅可以说走就走，而且可以向用人单位索要经济补偿金。

第一类，用人单位存在以下情形，劳动者可以随时解除劳动合同，但应告知单位：（1）未按照劳动合同约定提供劳动保护或者劳动条件的；（2）未及时足额支付劳动报酬的；（3）未依法为劳动者缴纳社会保险费的；（4）用人单位的规章制度违反法律、法规的规定，损害劳动者权益的；（5）因《劳动合同法》第二十六条第一款规定的情形致使劳动合同无效的；（6）法律、行政法规规定劳动者可以解除劳动合同的其他情形。

第二类，用人单位以暴力、威胁或者非法限制人身自由的手段强迫劳动者劳动的，或者用人单位违章指挥、强令冒险作业危及劳动者人身安全的，劳动者可以立即解除劳动合同，不需要事先告知用人单位。

本案中，经审理，仲裁委认为，黄某因工作琐事与公司总经理发生争执，虽然总经理一气之下，叫黄某“立马滚蛋”，但公司对总经理的越权行为事先不知情，事后没有追认，反而是人力资源经理受董事长委托，专门上门安抚，当面否定总经理的个人意见，明确要求黄某立即回公司上班，说明劳动合同当时仍处于未解除状态。后因黄某固执己见，长期拒绝上班，导致劳动合同实际解除，故解除责任不在公司，而在黄某本人，这种情形下，黄某要求公司支付非法解除劳动合同赔偿金，于法无据，不予支持。

法条链接：《劳动合同法》第三十九条

《民法典》第六十一条、第一百七十一条

《公司法》第十三条

案例 30

帮助顾客虚开发票，用人单位能否解除其劳动合同？

案情简介：2018 年 2 月，高某与某超市签订无固定期限劳动合同，约定岗位为收银经理。2022 年 5 月 9 日，超市接员工举报，高某在工作期间利用职务之便，帮助顾客虚开普通发票一万元。2022 年 6 月 1 日，超市以高某违规帮顾客虚开发票，致使单位遭受损失，且符合《员工手册》中解雇情形为由，解除与高某的劳动合同。高某不服，称自己从不知道有该员工手册，并于 2022 年 6 月 23 日提请劳动仲裁。2022 年 11 月 10 日，市劳动争议仲裁委员会裁决超市一次性支付高某经济赔偿金 61200 元、鉴定费 1200 元，共计 62400 元。超市不服仲裁裁决，向法院提起诉讼。审理中，经查明，超市提供的“员工手册确认书”上高某的签名不是高某所签，超市未提供有效证据证明高某知晓员工手册的内容。那么，劳动者帮顾客虚开发票，用人单位能否依据员工手册解除其劳动合同呢？

案例解析：本案争议的焦点在于，用人单位以劳动者违反《员工手册》的相关规定为由将其解除，劳动者却称自己并不知道手册中的相关内容，此时《员工手册》还能作为用人单位单方解除劳动合同的依据吗？

企业劳动规章，常常被比喻成企业内部“宪法”，它是国家劳动法律法规在企业层面的延伸和具体化。依法制定和实施劳动规章制度，是企业在其自主权限内，用规范化、制度化的方法对劳动过程进行组织和管理的行为，也是企业依法行使用工自主权的重要体现。对劳动者来说，企业劳动规章决定和规定了劳动报酬、工作时间、休息休假、劳动安全卫生、保险福利、职工培训、劳动纪律以及劳动定额管理等直接涉及切身利益的重大事项，同时为劳动者规定了很多禁忌要求，划定了若干边界范围，是劳动者依法享有劳动权利和履行劳动义务的行为准则。

很巧的是，《劳动法》第四条以及《劳动合同法》第四条都是关于用人单位应当依法建立和完善劳动规章制度的规定。法律赋予了用人单位拥有依法制定劳动规章的权利，但同时也从多个方面入手，捆住用人单位行使用工自主权时违法任性、肆意妄为的手脚。

《劳动合同法》第四条明确了用人单位制定、修改劳动规章制度的法律程序，明确规定用人单位制定劳动规章时，应当经职工代表大会或者全体职工讨论，提出方案和意见，与工会或者职工代表平等协商确定；在规章制度和重大事项决定实施过程中，工会或者职工认为不适当的，有权向用人单位提出，通过协商予以修改完善；同时，用人单位应当将直接涉及劳动者切身利益的规章制度和重大事项决定公示，或者告知劳动者。在此之后，《最高人民法院关于审理劳动争议案件适用法律问题的解释（一）》第五十条规定，用人单位根据《劳动合同法》第四条之规定，通过民主程序制定的规章制度，不违反国家法律、行政法规及政策规定，并已向劳动者公示的，可以作为人民法院审理劳动争议案件的依据。

依据上述法律规定，用人单位劳动规章要合法有效，必须同时具备三个要件：一是内容合法，不违反国家法律、行政法规及政策规定；二是程序民主，需经职工代表大会或者全体职工讨论，提出方案和意见，与工会或者职工代表平等协商确定；三是公示告知，用人单位要将劳动规章向全体员工进行公示或告知。这三个法律要件，缺一不可，必须同时具备，用人单位制定的劳动规章制度对劳动者才具有法律约束力，才可以作为司法机构审理劳动争议案件的依据。

对照用人单位劳动规章生效的三个法律要件，我们逐一来分析：

（1）内容合法。在现实生活中，有些用人单位制定的规章制度内容严苛，直接与法律法规相抵触，如“工作期间发生的一切伤亡事故，与本公司无关，由劳动者本人自行负责”“夫妻双方同为公司员工，一方提出辞职的，另一方亦必须提出辞职”等，这些规章内容，违反《社会保险法》《就业促进法》《工伤保险条例》等法律规定，对照内容必须合法这一法律要件的要求，其自制定之日起，就是无效规定，对劳动者没有法律约束力。

（2）程序民主。有些用人单位的管理者有“我的地盘我做主”的错误思想，认为制定劳动规章是企业用工自主权的组成部分，很多规章制度仅仅通过总经理办公会讨论后就直接实施，常年不召开职代会，甚至都没有建立工会组织；更有少数企业负责人认为劳动者“端我的碗，就要受我的管”，单位根本没有规章制度，以言代法，一言不合就让劳动者走人。依据《劳动合同法》等法律规范，没有经过民主程序制定的企业劳动规章，对劳动者没有法律约束力，这点需要引起用人单位的足够重视。

（3）公示告知。用人单位即使制定了完备的甚至精细的劳动规章制度，并经过了必要的民主程序，但如果缺少了公示告知环节，劳动者不知晓、不知情，或者没有有效证据证明劳动者知情，那么，用人单位的劳动规章依然对不知情的劳动者没有法律约束力。如果以劳动者不知情的规章制度管理甚至处罚员工，发生劳动争议之后，用人单位就会陷入规章制度没有法律效力的尴尬境地。在这个环节中，即使用人单位履行了公示告知程序，但却因为没有足够的证据意识，没有保留公示或告知劳动者的相关直接或有效证据，一旦发生劳动争议，用人单位同样会陷入败诉的法律风险。

本案中，经审理后，法院认为，《员工手册》是某超市的重要规章制度，超市却未将相关内容告知高某，该员工手册的制定违反了《劳动合同法》等相关法律规定，对高某不具有法律约束力，更不能作为某超市解除与高某劳动合同的依据，某超市对高某的解除属于违法解除劳动合同。据此，法院判决某超市向高某支付违法解除合同赔偿金 61200 元、鉴定费 1200 元，共计 62400 元。宣判后，某超市服判息诉。

特别提示：在纷繁复杂的管理细节中，常常会出现企业劳动规章没有穷尽所有违纪行为的情形，或者劳动者出现了劳动规章制度里面没有列举到的违纪情形，这时，企业管理方应该怎么办？对于用人单位来说，此时最明智的办法，就是牢记“管理无穷尽、完善无止境”，按照上文分析的劳动规章生效的规范要求，立即在最短时间内启动修改完善程序，堵塞管理漏洞，真正做到依托合法有效的规章制度，进行依法管理、精细管理、人本管理，这才属于亡羊补牢、为时未晚。

法条链接：《劳动法》第四条

《劳动合同法》第四条、第八十条

《最高人民法院关于审理劳动争议案件适用法律问题的解释（一）》第五十条

案例 31

解聘旷工员工为啥属于违法解除劳动合同？

案情简介：2018 年 5 月，汪某入职某软件公司，担任设计工程师，双方签订三年期劳动合同。2020 年 3 月，汪某在没有请假的情况下，连续旷工五天。在此期间，部门负责人多次与汪某联系，均没有联系上他本人。2020 年 4 月，公司向汪某发出《解除劳动合同通知书》，通知书上明确写着：“鉴于你在岗期间连续旷工五日，已经严重违反公司规章制度，依据《劳动合同法》和员工手册的规定，从即日起，依法与你解除劳动关系。”对于突然被辞退的事实，汪某表示难以接受。2020 年 5 月，汪某提请劳动仲裁，随后官司一直打到了法院，汪某要求公司支付违法解除劳动合同赔偿金。判决之前，公司认为汪某肯定败诉，因为辞退汪某既有客观事实，又有制度依据，并且事先向汪某送达了《解除劳动合同通知书》，各方面都到位。但判决结果却大大出乎公司意料之外，仲裁委和法院均判决公司败诉，裁决公司向汪某支付违法解除赔偿金。让公司始料不及的是，官司败诉的关键，在于公司解除汪某劳动合同时未事先通知公司工会，被认定程序违法，属于违法解除劳动合同。

正所谓一着不慎，满盘皆输。最终，汪某获赔2万元。

案例解析：用人单位单方解除劳动合同一直是协调劳动关系中的关键节点，很多劳动争议由此引发。在具体实施中，每一个法律要件、每一个实施步骤都很重要。本案就是一起用人单位因单方解除程序不规范而引发的争议。

一、劳动者只要严重违反单位规章制度，用人单位就能与之解除劳动合同吗?

劳动者违反规章制度分为一般违纪和严重违纪。依据《劳动合同法》第三十九条的规定，劳动者严重违反单位规章制度的，用人单位可以解除劳动合同。如果劳动者违纪情形只属于一般违纪，用人单位只可以采取警告、记过乃至留厂察看等批评教育手段，但不能解除其劳动合同。那么，劳动者有了严重违反规章制度的行为，用人单位就能与之解除劳动合同吗？答案是：没那么简单！用人单位要依法解除有严重违纪行为的劳动者，必须同时符合实体要件和程序要件的要求。

实体要件方面，劳动者出现严重违纪行为，用人单位要有证据证明该事实存在，并要提供依法制定的规章制度，上面要有相对应的处罚依据。就本案而言，软件公司不仅要有证据证明汪某存在旷工五天的事实，还要证明公司规章依法制定、合法有效，规章上有无故旷工五天属于严重违纪行为的相关规定。

程序要件方面，用人单位发现劳动者出现违纪行为，要依照以下步骤处理：（1）用人单位收集并固定劳动者违纪证据；（2）用人单位对照劳动规章，评判劳动者违纪行为是否属于“严重违纪”；（3）用人单位将解除理由通知工会并征求工会意见；（4）用人单位向劳动者发出《解除劳动合同通知书》并依法送达。以上四个步骤要逐步实施，不能跳跃或省略某个环节。

二、用人单位单方解除忘记通知工会，有啥法律后果?

用人单位单方解除劳动者劳动合同时，经常把关注点放在单位规章制度是否依法制定、《解除劳动合同通知书》是否规范送达等常见问题上，往往忽视了“通知工会”这一细微却十分重要的程序。

专门设定事先通知工会程序，是《劳动合同法》的一个创新举措。《劳动合同法》第四十三条明确规定，用人单位单方解除劳动合同的，应当事先将理由通知工会。用人单位违反法律、行政法规规定或者劳动合同约定的，工会有权要求用人单位纠正。用人单位应当研究工会的意见，并将处理结果书面通知工会。

与此相对应，原《最高人民法院关于审理劳动争议案件适用法律若干问题的解释（四）》第十二条［现为《最高人民法院关于审理劳动争议案件适用法律问题的解释（一）》第四十七条］为用人单位履行通知工会程序提供了审判尺度，规定建立了工会组织的用人单位解除劳动合同符合《劳动合同法》第三十九条、第四十条规定，但未按照《劳动合同法》第四十三条规定事先通知工会，劳动者以用人单位违法解除劳动合同为由请求用人单位支付赔偿金的，人民法院应予支持，但起诉前用人单位已经补正有关程序的除外。

少数用人单位管理者出于轻视工会组织，或者从思维惯性出发，认为履行通知工会程序是多此一举，是可有可无的事情。但法律不容亵渎和轻视，对于已建立工会的用人单位来说，事先将解除理由通知工会是用人单位解除劳动合同所要履行的“法定事先必经程序”。如用人单位单方解除劳动关系前没有履行通知工会义务，依据《劳动合同法》和最高人民法院的相关规定，即属于违法解除劳动合同，需要向劳动者支付赔偿金。

让不少劳动者和工会组织略感失望的是，最高人民法院在用人单位履行通知工会程序上，给用人单位手下留情，规定用人单位在起诉前补正通知程序，也属于履行通知工会的程序，单方解除劳动合同将判定为合法。

三、用人单位没有建立工会，单方解除时通知工会程序还需要履行吗？

《劳动合同法》对建立了工会组织的用人单位在单方解除时履行通知工会程序作了详细的规定，那么，对于那些没有建立工会的用人单位，是否要参照执行呢？

《劳动合同法》的立法本义是避免用人单位随意解除劳动合同，设立事先通知工会程序，不仅是为了约束和规范用人单位单方解除劳动合同的行为，也是为了切实保护和保障劳动者的就业权利。如果建立工会的用人单位单方解除时必须要通知工会，而没有建立工会的单位则无须通知，则不仅会助长用人单位不依法建立工会的不良之风，而且违背了《劳动合同法》第四十三条立法的本义和初衷。

根据自古以来“举轻明重”的法律逻辑，为了限制用人单位随意解除劳动合同的行为，有效协调劳动关系，对于那些没有建立工会的用人单位，我们认为，在单方解除劳动合同时，同样应当履行听取意见的法定程序。当然，对于如何履行听取程序，法律没有作出明确规定，全国各地的做法各有不同。以四川为例，要求没有建立工会的用人单位解除或者终止劳动合同时，可以通过征询职工大会、职工代表大会的方式履行法定程序。以江苏为例，《江苏省劳动合同条例》第三十一条规定，用人单位解除或者终止劳动合同，应当事先将理由通知工会；用人单位尚未建立工会的，通知用人单位所在地工会。

本案中，汪某无故连续旷工五日，符合软件公司员工手册中严重违纪的情形。在这起劳动争议诉讼中，软件公司本应是胜券在握，但软件公司单方解除汪某劳动合同时，只顾及了实体要件合法这一单方面要求，却忘记或疏忽了事先将解除理由通知公司工会这一重要环节，导致解除程序违法，最后落得输了官司又赔钱的严重后果，可谓教训深刻。

特别提示：用人单位在履行通知工会程序时，也要强化证据意识，单位工会或所在地工会对解除劳动合同通知书的签收证据、出具的意见，都要注意收集和保留，万一今后发生争议，这些都将是证明单位履行法定通知程序的“呈堂证供”。

法条链接：《劳动合同法》第四十三条、第八十七条

《最高人民法院关于审理劳动争议案件适用法律问题的解释（一）》第四十七条

特殊权益类争议

案例 32

录用条件中已写明“未婚”，试用期内怀孕的女职工能解除劳动合同吗？

案情简介：2021 年 3 月，杨某与某医药公司签订了三年期劳动合同，约定试用期六个月。2021 年 7 月，杨某将自己怀孕的事告知公司。公司当即提出异议，认为杨某存在欺诈行为，入职前故意隐瞒结婚事实；公司在招聘广告和录用条件中，第一条就是要求入职者未婚。2021 年 8 月，公司向杨某发出《解除劳动合同通知书》，理由是杨某提供虚假材料，不符合“未婚”的录用条件。杨某承认入职前就已经结婚，但辩称，自己在试用期内表现很好，连续四个月的月度考核都是优秀，公司不能因为自己已婚就解除合同；况且自己已经怀孕，根据法律规定，公司不得辞退孕期女职工，如执意为之，系违法解除劳动合同。双方各执己见、各不相让。2021 年 9 月，杨某提请劳动仲裁，要求公司恢复劳动关系。那么，杨某的要求能得到法律的支持吗？

案例解析：处于“三期”（孕期、产期、哺乳期）的女性劳动者，受到法律法规很多的特别保护。本案争议的焦点，在于试用期内怀孕的女职工，用人单位能依法解除吗？

一、如何以“不符合录用条件”为由依法解除试用期员工劳动合同？

试用期是用人单位和劳动者的双向选择期。依据《劳动合同法》第三十九条规定，在试用期间被证明不符合录用条件，用人单位可以随时解除劳动合同，并且不需要支付经济补偿金。因此，以“不符合录用条件”为由解除试用期员工，是用人单位最常用、最直接，也是经济成本最低的一种方式。

博弈是双向的。对试用期劳动者来说，被用人单位以“不符合录用条件”为由解除，就成为最常遇见，同时也是最危险、损失最大的一种解除方式。

法律的公正在于其具体条文一经制定，其始终遵从法律本义，不偏袒任何一方。仔细研究推敲“在试用期间被证明不符合录用条件”这条规定，这里面包含了用人单位依法解除试用期员工劳动合同的四个法律要件：

（1）用人单位要有“录用条件”，而且这个录用条件是明确、具体、可考核的。

（2）用人单位事先告知劳动者有这个“录用条件”存在，并且丑话说在前面：试用期能否转正，录用条件说的算。

（3）劳动者要“被证明不符合”录用条件，需经过科学合理的考评程序，用人单位要有充分、有效的证据链，证明劳动者没有达到或不符合本单位的录用条件。

（4）对试用期员工的考核以及用人单位的解除决定，都要“在试用期间”完成，也就是在试用期内完成；要特别重视“在试用期间”那个“间”字，法律条文的每一个用字，都经过反复斟酌，包含着深刻而丰富的内涵。

用人单位要依法解除试用期员工，这四个法律要件都很重要，缺少任何一个，都会导致解除行为的不规范、不生效，甚至是违法解除。

二、能否将“未婚”确定为录用条件?

录用条件是用人单位依据《劳动合同法》第三十九条第一款，依法行使试用期解除权的核心。

从本案来看，医药公司解除杨某劳动合同的行为，对照上文分析的四个法律要件，公司似乎全部符合，可最终为什么在法庭上会败诉呢？这里面牵涉到另一个法律问题，即如何依法约定录用条件？

对于众多用人单位来说，录用条件很难有一个统一的模板，行业不同、单位不同、岗位不同，录用条件也肯定千差万别。但万变不离其宗，这个“宗”就是所有用人单位在约定录用条件时应该遵循的基本原则：

（1）“共性”和“个性”的结合。录用条件的约定和设计，既有敬业、守法等基本要求，更多的是每个单位、岗位和职位的特殊要求。

（2）“定性”和“定量”的结合。录用条件的约定和设计要遵循可操作性、易考核性的原则，要有可量化的指标，来验证和支撑相关定性表述。

（3）“合法”和“合理”的结合。设计的录用条件，既要科学合理、切实可行，也不能违反国家法律法规的规定以及公序良俗。

将“合法”作为约定录用条件的基本原则，其实是底线要求，是最基本的要求。不管录用条件考虑得多周到，也不管劳动者事先是否知晓、同意，一旦录用条件与法律法规的规定相抵触，从制定之日起，即为无效约定。

生育是法律赋予劳动者的一种基本权利，用人单位不得也无权以任何理由、任何形式予以限制。《就业促进法》第二十七条、《妇女权益保障法》第二十三条等法律法规都明确规定，各单位在录用女职工时，劳动（聘用）合同或者服务协议中不得规定限制女职工结婚、生育的内容。

三、能否解除试用期内怀孕的女职工？

对于用人单位来说，解除试用期内怀孕的女职工，依据的是《劳动合同法》第三十九条，因为以“不符合录用条件”为由解除合同最快捷，经济成本也最低；而最大的疑虑在于《劳动合同法》第四十二条，该条规定：女职工在孕期、产期、哺乳期的，用人单位不得依照本法第四十条、第四十一条的规定解除劳动合同。女职工也常常依据这条法规维护自身的特殊权益。

在实际生活中，不管是用人单位的依法用工，还是劳动者的依法维权，都应该完整、全面、准确地运用法律法规，维护各自的合法权益。

那我们不妨把《劳动合同法》第三十九条、第四十二条放在一起仔细分析、比照研究，结果不难发现很多用人单位和劳动者都不同程度存在的一个“重大误解”，那就是《劳动合同法》第三十九条列举的“女职工在孕期、产期、哺乳期的”等若干情形，竟然不在《劳动合同法》第四十二条重点保护的范围。

在仔细比照研究的基础上，我们不难得出以下三点结论：一是在试用期间，只要被证明不符合录用条件都可以解除，这个规定是针对所有劳动者，并不区分女职工是否处于孕期、产期、哺乳期；二是试用期内怀孕的女职工可以解除，但解除的理由必须合法，如严重违反用人单位规章制度、试用期内被证明不符合录用条件等；三是怀孕不能成为用人单位解除试用期员工的理由和借口。

本案中，经审理，仲裁委认为，杨某在试用期表现出色，连续四个月的月度考核均为优秀，可以认定杨某符合公司的录用条件。公司以录用条件要求未婚、杨某提供虚假材料、试用期怀孕为由解除与杨某的劳动合同，于法无据，属于违法解除劳动合同。而杨某以自己已经怀孕，公司不得辞退孕期女职工为由抗辩，则没有法律依据。如果杨某在试用期考核不合格，有充分的证据证明其不符合录用条件，即使杨某已经怀孕，公司依然可以以在试用期间被证明不符合录用条件为由与其解除劳动合同。最后，仲裁委裁定，要求医药公司恢复与杨某的劳动关系。

特别提示：女性劳动者为了提高求职成功率，常常隐婚入职，如本案中的杨某。一旦发生劳动争议，用人单位能否仅仅以劳动者隐瞒婚姻状况、存在欺诈行为为由解除劳动合同呢？答案是：不可以！《劳动合同法》第八条规定，用人单位有权了解劳动者与劳动合同直接相关的基本情况，劳动者亦应当如实说明。一般情形下，婚姻状况与劳动合同并无直接关联，劳动者没有如实反映婚姻状况虽属不该、应该批评，但用人单位依然不得以此为由解除合同。

法条链接：《劳动合同法》第三十九条

《就业促进法》第二十七条

案例 33

女职工插队怀孕能否解除劳动合同？

案情简介：2018 年 4 月，陆某师范大学研究生毕业后，经过竞聘选拔，入职某民办中学。三年里，陆某工作生活上顺风顺水，还步入了婚姻殿堂。学校同事提醒她赶紧向学校提交生育申请，进入排队怀孕序列。陆某找人打听，才弄明白事情的原委：自从 2016 年 1 月 1 日二孩政策全面放开后，学校根据女职工比例高、生育适龄人数多的实际情况，考虑到维护教学秩序和工作连续性，为防止女教师扎堆生育，施行有序生育制度，还专门制定了《关于做好计划生育管理的规定》，并经职代会讨论通过，要求女职工在达到规定的服务年限后，按照个人申请、积分排队、处室签字、审核备案的程序操作。备案成功与否，以接到学校计划生育办公室的回执为准。《关于做好计划生育管理的规定》在处罚一节中特别规定：不按顺序怀孕者，以严重违纪论处。按照学校的积分排序办法，陆某至少要两年后才有怀孕指标。可是，陆某竟突然意外怀孕，但如果留下孩子明显属于违反学校的规章制度。反复斟酌，陆某和爱人还是决定留下孩子。学校获知陆某怀孕并执意生下孩子后，专门开会研究，认为这个先例不能开，否则极易产生效仿效应，甚至会冲击教学秩序，决定严肃校规校纪，以陆某插队怀孕、严重违反学校规章制度为由，与陆某解除劳动合同。陆某知道学校这个决定后，一纸诉状将学校告上法庭，要求学校支付违法解除劳动合同赔偿金。官司从仲裁庭一直打到法院。那么，学校明文规定有序生育，陆某却插队怀孕，她这个官司能打赢吗？

案例解析：“排队怀孕”的案例令人啼笑皆非，但其实，“两年内不得结婚生子”“被辞退在婚礼前”之类的事情早已经不是新鲜事。在劳动者维权意识日渐高涨的当下，女性生育权保护依然任重而道远。本案就是一起女职工为自身合法权益奋力抗争的典型案例。

一、形势所迫，用人单位可以规定“排队怀孕”吗？

近年来，随着二孩、三孩政策的先后放开，学校、银行、医院、纺织厂等女职工较多的单位都先后迎来了女职工扎堆生育的高峰。女职工在一个时段里扎堆怀孕休假，势必会影响运营管理，甚至会冲击单位的正常运转。不少单位各显神通、“高招”“妙招”迭出。那么，为破解困境，用人单位可以规定“排队怀孕”吗？

让女职工“排队怀孕”的背后，或许有单位诸多的无奈和苦衷，但这能成为单位采取这种简单粗暴做法的理由和借口吗？

（1）从权益维护的维度来看，“排队怀孕”多重侵权。主要表现为“三个侵犯”：一是侵犯基本人权。公民的生育权是一项基本的人权，是先于国家和法律发生的权利，任何时候都不能剥夺。二是侵犯生育自由。《妇女权益保障法》第五十一条规定，妇女有按照国家有关规定生育子女的权利，也有不生育的自由。《人口与计划生育法》第二十六条规定，妇女怀孕、生育和哺乳期间，享受特殊劳动保护并可以获得帮助和补偿。《女职工劳动保护特别规定》第五条规定，用人单位不得因女职工怀孕、生育、哺乳而降低其工资、予以辞退、与其解除劳动或者聘用合同。三是侵犯国家大政方针。为积极应对人口老龄化，2016 年 1 月、2021 年 8 月，国家先后两次修改《人口与计划生育法》，全面二孩、三孩政策分别实施，促进人口均衡发展。“排队怀孕”制度为女职工生育设置障碍，明显与国家大政方针相背离。

（2）从伦理情理的维度来看，“排队怀孕”荒唐残忍。主要表现为“三个相悖”：一是与尊重生命的伦理要求相悖。怀孕生子毕竟不是生产产品，一个新生命的诞生存在各种不可控因素，人为强制要求女职工“排序怀孕”，明显背离常识、不近人情，也缺乏对生命的尊重。夫妻双方都不能完全做主的事，单位却要强人所难，何其荒唐残忍。二是与尊重隐私的道德规范相悖。怀孕生子完全是个人的隐私，怎能由别人来发号施令？难怪网友猛烈抨击：今天任由单位规定“排队怀孕”，那明天单位是不是还要对职工的夫妻生活排出“时间表”？三是与尊重职工的人本理念相悖。新时代的企业管理要以人为本，对劳动者体现人文关怀，女性生育不该也不能成为职场的“拦路虎”。

（3）从依法治企的维度来看，“排队怀孕”自始无效。法律赋予用人单位依法制定“家规”的用工自主权，但“家规”要合法有效，必须同时具备内容合法、程序民主、公示员工三个法律要件，缺一不可。“排队怀孕”这一制度规定，内容本身就是违法的，因此从制定之初就是无效的。制度本身就是违法的、无效的，因此也就不存在劳动者违反规章制度一说。在此告诫用人单位：“道路千万条，依法治企第一条。”

综上分析，“排队怀孕”这种所谓的“高招”“妙招”，其实是彻头彻尾的“歪招”“烂招”，不仅是对女职工的生育权、人格权的无视和践踏，还违背了国家大政方针以及人类孕育的生理规律，也突破了情理与伦理的底线，是一个不合理、不合情、不合法的规定。

二、如何化解女职工“扎堆怀孕”的现实困境？

全面三孩时代已经来临，保障女职工的生育意愿和权利，是全社会的事。一纸判决能分对错，但并不能解决问题。“排队怀孕”这一奇葩制度的背后，是依法维护女性生育权与有效维护用人单位运营秩序之间的博弈与平衡。如何化解女职工“扎堆怀孕”的现实困境，可以着力从以下三个方面下功夫：

（1）设置预案，不要慌不择路。女职工较多的单位制定奇葩的“排队怀孕”制度，虽有不得已而为之的无奈和理由，但道理再大也大不过法律。用人单位要在提前设置预案、建立替岗制度、完善年龄结构等方面多动脑筋，才不用事到临头手忙脚乱。

（2）沟通疏导，不要强制计划。“排队怀孕”的背后不仅是一个法律问题，还是一个文化问题，更是一个管理艺术的问题。破解“排队怀孕”的困境，不应该陷入法理之争。法必须得到尊重，我们要更多地在正向激励、换位思考、双向沟通等方面多下功夫，重视和谐文化建设，力争以妥善有效的方式破解难题。

（3）多方联动，不要一味指责。全面三孩是国策，是顺应人口发展态势的积极之举，但在落实落地过程中产生的“排队怀孕”等社会问题，仅仅依靠企业一方的力量难以彻底解决。各级政府部门乃至社会各界应积极作为，对大量吸纳女职工就业的单位，从荣誉激励、用工补贴、税收优惠、政策减免等方面入手，减轻企业负担，帮助企业排忧解难，从根本上杜绝“排队怀孕”制度产生的土壤和环境。

三、除了不得非法解除劳动合同，孕期女职工还拥有哪些权益？

处于孕期的女职工，法律法规给予了多重保护。依据《劳动法》《妇女权益保障法》《女职工劳动保护特别规定》《劳动部关于女职工生育待遇若干问题的通知》等法律法规，除了不得非法解除劳动合同，孕期女职工至少还享受以下权益：

（1）工资报酬权益。女职工处于孕期，用人单位不得降低其工资。

（2）劳动安全权益。女职工在孕期不能适应原劳动的，用人单位应根据医疗机构的证明，予以减轻劳动量或者安排其他能够适应的劳动。对怀孕7个月以上的女职工，用人单位不得延长劳动时间或者安排夜班劳动，并应当在劳动时间内安排一定的休息时间。

（3）带薪休假权益。怀孕的女职工，在劳动时间内进行产前检查，应当算作劳动时间。女职工怀孕不满四个月流产时，应当根据医务部门的意见，给予15天至30天的产假；怀孕满四个月以上流产时，给予42天产假。产假期间，工资照发。

（4）医疗报销权益。女职工怀孕，在本单位的医疗机构或者指定的医疗机构检查和分娩时，其检查费、接生费、手术费、住院费和药费由所在单位负担，费用由原医疗经费渠道开支。

本案中，经审理后，法院认为，《劳动合同法》《妇女权益保障法》等法律法规对孕期女职工规定了诸多特殊的劳动保护制度，学校出台的《关于做好计划生育管理的规定》，虽经职代会讨论通过，但因与法律法规相抵触，对陆某等女职工没有法律约束力。依照《劳动合同法》第四十二条、第八十七条的规定，判决学校依法支付陆某违法解除劳动关系赔偿金。

法条链接：《妇女权益保障法》第二十七条、第五十一条

《劳动合同法》第四十二条、第八十七条

劳动派遣类争议

案例 34

遭遇逆向劳务派遣，劳动者该如何维权?

案情简介：2000 年 12 月，姜某进入某工程总公司工作，先后被安排到工程一处、租赁分公司工作。2017 年 12 月 29 日，租赁分公司向姜某邮寄送达了《终止劳动合同通知书》，通知姜某，他与某劳务派遣公司之间的劳动合同于 2017 年 12 月 31 日到期后不再续签。姜某接到通知后大吃一惊，自己在工程总公司兢兢业业干了十多年，工作岗位、性质也未发生大的调整，公司不仅突然终止劳动合同，而且不知何时自己竟然成为劳务派遣工。经多次与公司人力资源部门沟通，并经查询社会保险账单证实，自 2010 年 1 月起，为自己缴纳社会保险的单位竟然一直为某劳务派遣公司。姜某很是想不通，多次与公司领导协商，始终未得到满意答复。愤怒之余，姜某提请劳动仲裁，最后官司一直打到法院，姜某请求裁定工程总公司的行为构成逆向劳务派遣，要求公司支付违法解除劳动合同的赔偿金。庭审中，工程总公司辩称，2010 年 1 月，公司安排姜某与某劳务派遣公司签订劳动合同，姜某并未表示反对，因此从 2010 年 1 月起，姜某就是某劳务派遣公司的员工。姜某经常无故旷工，严重违反员工奖惩管理办法，公司为照顾姜某的面子及便于其以后找工作，没有使用开除的方式，而是以劳动合同到期不再续签为由向姜某发出了终止合同通知。因此，姜某要求公司支付赔偿金的请求没有法律依据。那么，工程总公司的行为属于逆向劳务派遣吗？姜某的请求能得到法律的支持吗？

案例解析：本案争议的焦点在于，工程总公司和劳务派遣公司对姜某的派遣活动，是否属于逆向劳务派遣。

一、逆向劳务派遣与劳务派遣有什么区别？

劳务派遣是指需要劳务的用工单位与劳务派遣机构先签订劳务派遣协议，商定接收劳务派遣岗位的任职资格、待遇标准等要求，再由劳务派遣机构依据要求推荐合适人选，将劳动者以派遣机构员工的名义派遣到用工单位提供劳务。

在劳务派遣中，劳务派遣公司是用人单位，他们与劳动者签订劳动合同，建立劳动关系。需要劳务派遣工并与派遣公司签订派遣协议的单位是用工单位，而非用人单位，与劳动者之间没有劳动关系，只存在劳务关系。

逆向劳务派遣则不然，通常是指用人单位已经与劳动者建立劳动关系，却不愿或不肯与劳动者签订劳动合同，而是让劳动者与指定的劳务派遣机构签订劳动合同后，再由劳务派遣机构将这些劳动者派回本单位工作。

逆向劳务派遣不是一个法律术语，而是一种形象说法。说通俗一点，就是用人单位借逆向劳务派遣这种做法，刻意掩盖或规避其与劳动者先期已经真实存在的劳动关系，力图把自己从用人单位的角色，“打扮”成只与劳动者存在派遣关系的用工单位。逆向劳务派遣，扭曲了劳务派遣单位、用工单位与劳动者之间的关系，是用人单位逃避法律责任的障眼法，其本质上就是假派遣。

二、如何判断派遣活动是否属于逆向劳务派遣？

依据《劳动合同法》，判断派遣活动是否属于逆向劳务派遣，主要可以从下述几个方面入手：

（1）劳动者与实际用工单位之间是否存在劳动关系，这是判断是否属于逆向劳务派遣的首要因素，也是关键因素。在劳务派遣中，劳动者与实际用工单位之间已经不存在劳动关系（包括事实劳动关系）；即使之前存在过劳动关系，在派遣之前，双方的劳动关系已经依法解除或依法终止。而在逆向劳务派遣中，劳动者与假扮的用工单位之间已经建立了劳动关系，而且这种劳动关系在派遣后依然未被解除或者终止。

在逆向劳务派遣中，由于劳动者和实际用工单位之间并未解除劳动关系，或者已构成事实劳动关系，劳动者与劳务派遣机构再次签订劳动合同，违反了劳动关系的唯一性，因此劳动者与劳务派遣机构所签订的劳动合同应认定为无效合同，应当由实际用工单位承担相应的用工责任。

有一种情形，虽类似逆向派遣，但应区别对待。即劳动者曾经工作过的用人单位，与劳动者已经依法解除或终止劳动关系，劳动者与劳务派遣机构自愿签订劳动合同后，再被派回到原来的单位工作，在这种情形中，原用人单位与劳动者的劳动关系已经依法终结，这种派遣不属于逆向劳务派遣。劳务派遣机构承担相应的用工责任，原用人单位与劳动者仅为劳务关系。

（2）劳动者与劳务派遣机构签订劳动合同是否建立在平等、自愿的基础上。在劳务派遣中，劳动者与劳务派遣单位之间，属于用人单位与劳动者之间的关系，双方签订的劳动合同应该建立在诚实信用、平等自愿的基础上。而在逆向劳务派遣中，部分用人单位会对劳动者采用隐瞒的方式，诱骗劳动者与派遣单位签订劳动合同，但劳动者却并不知晓已经从用人单位的合同工变为派遣用工。甚至有些用人单位利用劳动者的弱势地位，采用逼迫的手段迫使劳动者签订劳务派遣合同。

（3）派遣岗位是否符合法律的相关规定。在劳务派遣中，劳动者从事的是临时性、辅助性或者替代性的工作。而在逆向劳务派遣中，部分劳动者实际所在工作岗位是长期、稳定、重要的岗位。

（4）劳务派遣单位的设立，与用人单位是否有直接关联。这点也很重要，如果是用人单位或其所属单位出资或合伙设立的劳务派遣公司，再自我派遣，那所谓的派遣活动就是掩耳盗铃。

三、劳动者遭遇逆向劳务派遣该咋办？

现实生活中，如果劳动者一不小心遭遇逆向劳务派遣，不要慌乱，要积极寻找维权证据，从多方面证明用人单位属于逆向劳务派遣：一是寻找用人单位与自己依然存在劳动关系或者事实劳动关系的相关证据，举证用人单位从未依法解除或者终止与自己的劳动关系；二是举证证明自己与劳务派遣公司订立劳动合同，系用人单位的刻意安排，而不是劳动者自主行为；三是举证证明自己的工作岗位不符合使用劳务派遣工的“三性”特征；四是举证劳务派遣公司的设立者就是用人单位本身或其下属单位等。劳动者如能举证证明以上若干点，用人单位就很难摆脱逆向劳务派遣的用工嫌疑，劳动者胜诉的概率就大大提高。

对于劳动者来说，签订劳动合同时一定要谨慎，仔细阅读劳动合同条款，谨防由于疏忽，自己一夜之间从合同工变成劳务派遣工。在不少单位，劳务派遣工与合同工相比，可能会出现同工不同酬、福利待遇较低等现象。

对于用人单位来说，不要对逆向劳务派遣心存侥幸，在用人单位与劳动者尚未解除或者终止劳动关系的情形下，劳动者与劳务派遣机构所签的劳动合同是无效的，用人单位仍要承担用工责任。更为严重的是，劳动者如果能够证明其与用人单位存在事实劳动关系，用人单位又自以为是，未与劳动者签订劳动合同，那么，用人单位就存在着支付双倍工资以及签订无固定期限劳动合同的法律风险。

本案中，工程总公司一直未与姜某解除劳动关系，就安排其与劳务派遣公司签订劳动合同，此后姜某仍在工程总公司租赁分公司处上班，并且工作岗位、性质、待遇未发生变化，但工程总公司自以为已从原来的用人单位变成用工单位，这是典型的逆向劳务派遣。因此，与姜某形成劳动关系的真实用工主体仍然为工程总公司，而非劳务派遣公司，姜某与劳务派遣公司签订的劳动合同无效。经审理后，法院认定工程总公司与姜某形成劳动关系，但却超过一年未与姜某签订书面劳动合同，依法应视为其与姜某已订立无固定期限劳动合同；工程总公司租赁分公司未提供充分证据证实姜某存在《劳动合同法》规定的用人单位可单方解除合同的情形，属于违法解除姜某劳动合同。法院判决工程总公司对姜某的派遣行为属于逆向劳务派遣，应承担给付违法解除姜某劳动合同赔偿金的责任。

法条链接：《劳动合同法》第三条、第六十六条、第六十七条

案例 35

用工单位可以随意退回劳务派遣工吗?

案情简介: 张某是某劳务派遣公司派遣至某贸易公司的劳务人员。2015年3月,贸易公司以工作不再需要为由,将劳动合同尚未到期的张某退回劳务派遣公司,并不再支付其工资及社会保险费。次日,劳务派遣公司以用工单位退回为由,与张某解除劳动合同,并安排另一员工到贸易公司顶替张某工作。张某认为自己工作中无任何过错,贸易公司的运营也很正常,在无任何告知情况下自己就失去工作,用工单位和派遣公司都存在违法行为,故提请劳动仲裁,要求贸易公司继续履行劳动合同。劳务派遣公司在庭审中辩称,张某之所以被贸易公司退回,是因为张某多次顶撞部门经理,工作关系紧张所致,原来张某的工作岗位已重新安排人员,不具备继续回贸易公司的工作条件。那么,用工单位是否可以随意退回劳务派遣工?其间是否存在法律风险?

案例解析: 劳务派遣作为一种灵活的用工方式,有其独特的功能和作用,为解决我国就业难题开创了一条新思路。但在现实生活中,很多用工单位认为与劳务派遣员工之间反正建立的是劳务关系,而非劳动关系,因此随意退工,常常引发劳动争议。那么,用工单位是否拥有随意退工权呢?

一、用工单位退回劳务派遣工的法定情形有哪些?

对于用工单位在何种情形下才能将劳动者退回劳务派遣单位,《劳动合同法》第六十五条规定,被派遣职工有《劳动合同法》第三十九条和第四十条第一项、第二项规定情形的,用工单位将劳动者退回劳务派遣单位,劳务派遣单位可以与劳动者解除劳动合同。

为保障被派遣劳动者的就业稳定性,防止用工单位无正当理由随意退回被派遣劳动者,2014年3月1日起施行的《劳务派遣暂行规定》在《劳动合同法》第六十五条第二款的基础上,进一步明确了用工单位可以退回劳动者的情形,即用工单位出现以下三种情形,方可将被派遣劳动者退回劳务派遣单位:一是用工单位有《劳动合同法》第四十条第三项、第四十一条规定的情形的；二是用工单位被依法宣告破产、吊销营业执照、责令关闭、撤销，决定提前解散或者经营期限届满不再继续经营的；三是劳务派遣协议期满终止的。

同时，依据《劳务派遣暂行规定》，如果被派遣劳动者有《劳动合同法》第四十二条规定的患病或者非因公负伤在规定的医疗期内以及女职工在孕期、产期、哺乳期等情形的，在派遣期限届满前，用工单位不得依据《劳务派遣暂行规定》第十二条第一款第一项规定将被派遣劳动者退回劳务派遣单位。派遣期限届满的，应当延续至相应情形消失时方可退回。

也就是说，只有存在法定可以退回的情形，用工单位才可以将被派遣劳动者退回劳务派遣公司，其他随意退回情形均不符合法律规定。在被派遣劳动者不存在法律规定可以退回的情形下，如用工单位强行退回劳动者，就应当认定退回行为违法。同时，作为劳务派遣单位应当主动与用工单位进行协调，不可以不闻不问，互相推脱，侵犯被派遣劳动者的合法权益。

二、被派遣劳动者如被用工单位依法退回，劳务派遣单位应如何处理？

被派遣劳动者如果被用工单位依法退回，劳务派遣单位应区分情形依法妥善处理。一般分以下两种情形：

（1）被派遣劳动者有《劳动合同法》第三十九条和第四十条第一项、第二项规定情形的，劳务派遣单位依照《劳动合同法》第六十五条第二款的规定，可以与被派遣劳动者解除劳动合同。

（2）用工单位以《劳务派遣暂行规定》第十二条规定的情形将被派遣劳动者退回劳务派遣单位，如劳务派遣单位重新派遣时维持或者提高劳动合同约定条件，劳动者不同意的，劳务派遣单位可以解除劳动合同；如劳务派遣单位重新派遣时降低劳动合同约定条件，劳动者不同意的，劳务派遣单位不得解除劳动合同。

此外，在被派遣劳动者退回后无工作期间，劳务派遣单位应按照不低于所在地人民政府规定的最低工资标准，向其按月支付报酬。

三、用人单位如违法解除劳动合同，应如何处理？

《劳动合同法》第四十八条规定，用人单位违反本法规定解除或者终止劳动合同，劳动者要求继续履行劳动合同的，用人单位应当继续履行；劳动者不要求继续履行劳动合同或者劳动合同已经不能继续履行的，用人单位应当依照本法第八十七条规定支付赔偿金。据此，仲裁机构在处理用人（用工）单位违法解除劳动合同时，应根据事实情况区别对待。

（1）继续履行劳动合同。在用人单位无重大变化，原工作岗位尚需人员的情况下，一般认定原劳动合同可以继续履行，依法撤销用人单位违法解除劳动合同的决定。劳动者主张用人单位支付在作出解除劳动合同决定至仲裁期间原工资待遇的，裁决时应根据公平合理、过错分担的原则对赔偿责任进行合理裁定。

（2）支付违法解除劳动合同赔偿金。对于劳动合同不能继续履行的，首先，仲裁机构审查不能继续履行的原因，审查应基于用人单位的抗辩而启动。审查时既要考量用人单位主观不愿继续履行的意思表示，还要审查劳动合同不能继续履行的客观情形。其次，在确认劳动合同已无法继续履行，仲裁机构应当向劳动者进行释明，告知其可以通过变更仲裁请求，要求用人单位支付违法解除劳动合同赔偿金。如劳动者坚持不变更，则应当驳回继续履行劳动合同的请求，并告知可以另行主张违法解除劳动合同的赔偿金。

综上所述，在处理用人单位违法解除劳动合同时，劳资双方均需理性看待，综合实际情况妥善处置，避免劳资双方受诉讼之累。

本案中，经审理，仲裁庭认为，贸易公司在劳动合同尚未到期情况下，以公司不再需要为由将劳动者退回劳务派遣公司；劳务派遣公司以用工单位退回为由解除与张某的劳动合同，两公司的行为均违反了《劳动合同法》关于劳务派遣用工的相关规定。因张某原先的工作岗位已安排了其他员工，客观上劳动合同已不能继续履行，在仲裁委释明可主张违法解除赔偿金后，张某当庭变更了仲裁请求。最终，仲裁庭裁决劳务派遣公司向张某支付违法解除劳动合同的赔偿金，贸易公司对该赔偿金承担连带赔偿责任。

法条链接：《劳动合同法》第三十九条、第四十条、第四十八条

《劳务派遣暂行规定》第十二条、第十三条

事实证据类争议

案例 36

劳动者是否严重违纪，应该由谁来认定?

案情简介：2020 年 12 月，杨某进入某药业公司，担任总经理助理，年薪 12 万元，每月发放 7000 元，差额部分根据考核机制发放。2022 年 4 月 15 日，药业公司突然以杨某“严重违反劳动规章”为由，与其解除了劳动合同。2022 年 9 月，杨某以药业公司违法解除劳动合同为事项，提请劳动仲裁，要求药业公司支付违法解除劳动合同赔偿金 3 万元。案件审理中，药业公司辩称，由于杨某严重违反财务管理制度，越权签批，给公司造成了近 50 万元的经济损失，为了避免损失扩大，公司以杨某严重违纪为由解除劳动合同，符合法律规定。但公司没有向仲裁庭提供任何证据。杨某针对药业公司的辩称，认为公司的辩称纯属狡辩，缺乏事实依据，请求仲裁委驳回。那么，劳动者违反劳动规章制度，用人单位可以一家说了算吗?

案例解析：近年来，因劳动者严重违反劳动规章制度而引发的劳动争议案件迅速增加，愈加吸引社会各界关注用人单位的劳动规章制度问题。在司法实践中，下面所列举的“三个有没有”，不仅直接影响到劳动者违纪行为的认定，还直接关系到劳动争议案件最后的裁决。

一、用人单位有没有合法有效的劳动规章？

劳动规章制度，即厂规厂纪，其实就是用人单位的“内部宪法”，是用人单位在本单位范围内进行生产经营和劳动管理的规范或规则，是其用工自主权制度化、规范化的具体体现。

法律法规赋予用人单位依法建立和完善劳动规章制度的权利。依据《劳动合同法》第四条的规定，劳动规章的内容一般包括劳动报酬、工作时间、休息休假、劳动安全卫生、保险福利、职工培训、劳动纪律以及劳动定额管理等方面。

依据相关法律法规，用人单位的劳动规章合法有效，必须要同时具备三个法律要件：一是内容合法。劳动规章文本中的任何一条，不得与现行的法律法规相违背或相抵触；如违反，自制定之日起即为无效条款。二是程序民主。《劳动合同法》规定，用人单位制定或修改劳动规章，应当经职工代表大会或者全体职工讨论，提出方案和意见，与工会或者职工代表平等协商确定。履行民主程序，既是用人单位集思广益和统一思想的酝酿过程，更是劳动规章生效的程序性规定。三是公示员工。用人单位应当将直接涉及劳动者切身利益的规章制度和重大事项决定公示，或者告知劳动者。这三个法律要件缺一不可，否则将直接影响劳动规章的法律效力。

劳动规章不合法有效，至少有三个方面的法律后果：一是用人单位依据劳动规章作出的决定或规定无效，如解除劳动合同无效。二是用人单位直接涉及劳动者切身利益的规章制度违反法律、法规规定的，将由劳动行政部门责令改正，给予警告；给劳动者造成损害的，应当承担赔偿责任。三是用人单位的规章制度违反法律、法规的规定，损害劳动者权益的，劳动者可以随时提出解除劳动合同，单位需要支付经济补偿金。

二、劳动者的违纪行为在劳动规章中有没有明确规定？

《劳动法》《劳动合同法》均明确规定，劳动者严重违反用人单位规章制度的，用人单位可以解除劳动合同，并且不需要支付经济补偿金。但相关法律法规并没有详细规定哪些情形属于严重违纪、哪些情形属于一般违纪，而将依法细化劳动者严重违纪情形的权利作为用工管理权的一部分赋予了用人单位。也就是说，用人单位可以根据法律法规的原则性规定，结合企业的实际情况，对劳动者违反劳动规章制度的种类、程度以及具体情形作出限定性、量化性的判断和界定。

当劳动者严重违反劳动规章的劳动争议发生时，首先，我们要看用人单位所指认的劳动者违纪行为，在用人单位依法制定的劳动规章中，有没有作出相对应的明确规定，如有，是否将此违纪行为界定为严重违纪行为。其次，在司法实践中，判断劳动者的违纪行为是否达到严重程度，除了考虑规章制度文本的合法性要求，还要考虑其合理性要求，在具体判断时，常常会综合考虑下列因素：一是劳动者违纪行为的主观过错程度，二是劳动者违纪行为的重复频率，三是劳动者违纪行为给用人单位造成的损失大小。

三、用人单位有没有有效的证据链证明劳动者严重违纪？

依据《最高人民法院关于审理劳动争议案件适用法律问题的解释（一）》第四十四条规定，因用人单位作出的开除、除名、辞退、解除劳动合同、减少劳动报酬、计算劳动者工作年限等决定而发生的劳动争议，用人单位负举证责任。

当用人单位以劳动者严重违反劳动规章制度为由解除劳动合同，双方进入仲裁或诉讼环节，用人单位至少要承担五个方面的举证责任：

（1）举证规章制度履行了民主程序制定并告知劳动者。关于履行民主程序，法庭一般会要求用人单位提供职代会制度（含职代会工作机构、届期、职工代表人数、产生办法等）、职代会讨论劳动规章制度的会议纪要、协商代表签名的协商会议记录等。关于履行告知程序，用人单位可提供劳动者签字确认的员工手册、劳动合同或规章制度考试试卷、入职声明等。

（2）举证劳动者存在严重违纪行为，如劳动者签字认可的考勤记录、劳动者自己写的书面检查等。

（3）举证劳动者的违纪行为在规章制度中有明确的规定或指向。

（4）举证劳动者的行为达到了严重程度，包括是否有意违反、多次违反、劝阻无效、严重影响用人单位的正常管理秩序，造成用人单位的重大损失。

（5）举证解除劳动合同前已经书面征求工会的意见。

如用人单位能有效完成以上五个方面的举证，则用人单位系合法解除，并且不需要向劳动者支付经济补偿金。

本案中，药业公司未能提供有效证据证明杨某存在严重违纪事实及处理依据，而据此作出解除劳动合同的决定应认定为违法解除；在杨某不再要求继续履行劳动合同的情况下，药业公司应当依法支付违法解除劳动合同赔偿金。最后，市仲裁委裁决，自裁决书生效之日起七日内，药业公司支付杨某2022年4月1日至2022年4月15日工资3500元，违法解除劳动合同赔偿金30000元，两项合计33500元。

法条链接：《劳动合同法》第四条、第三十九条

案例37

电子考勤记录是否能够单独作为认定事实的依据？

案情简介：2009年，张某入职某销售公司，从事业务推广工作。2014年4月，公司以张某旷工7天为由，依据单位管理制度解除了张某的劳动合同。张某很是气愤，认为自己不存在旷工7天的事实，要求仲裁委裁定公司解除劳动合同行为违法，支付违法解除劳动合同赔偿金。庭审中，公司提供了两份证据，一份是公司管理制度，规定考勤统计以电子卡记录为准，劳动者连续旷工达7天，可以解除劳动合同；另一份是电子考勤记录，证明张某存在旷工7天的事实。张某提供了一份电话记录，证明这7天时间里，自己与客户电话不断联系业务，一直在履行工作职责。在庭审质证中，张某对电子考勤记录的真实性持有异议，认为公司篡改电子考勤记录。那么，电子考勤记录是否能够单独作为认定事实的依据呢？

案例解析：当前，很多用人单位采用电子（指纹）考勤，大大提高了考

勤效率，但带来的问题是，因为电子考勤记录作为证据使用的确认难度比较大，此类劳动争议经常发生。

一、电子考勤是否可以作为案情调查依据？

首先可以肯定的是，电子考勤确实可以作为劳动争议案情调查的依据之一。《民事诉讼法》已把电子证据列入证据范围，电子证据包括电子邮件、QQ 聊天记录、微博私信、博客、微博客、手机短信、电子签名、域名等存储在电子介质中的信息。

与此相印证的是，《最高人民法院关于民事诉讼证据的若干规定》第十四条列举网页、博客、微博客等网络平台发布的信息，手机短信、电子邮件、即时通信、通讯群组等网络应用服务的通信信息等五大类信息、电子文件均可作为电子数据；其第十五条规定，当事人以视听资料作为证据的，应当提供存储该视听资料的原始载体。当事人以电子数据作为证据的，应当提供原件。

二、仅凭电子考勤记录是否可以认定当事人旷工事实？

从实务上来看，电子证据往往不能孤立使用。发生劳动争议时，用人单位需要对电子考勤记录证据进行充实，提供其他证据予以佐证。

那么，在当事人不承认电子考勤有效性的情况下，电子考勤是否具有法律效力？仲裁机构在审查此类证据时，一般会围绕电子证据的关联性、真实性、合法性三方面进行。如果电子证据未经有权部门确认，不能单独作为认定案件事实依据。对于微信或 QQ 等虚拟聊天记录还要确认对方主体的真实性，聊天记录是不是原始的、完整的。电子证据除对方完全确认或经有权部门已确认外，当事人必须提供其他证据予以佐证形成有效证据链。如果不能形成证据链，是孤立单一的证据，不能认定为有效证据。

三、劳动者在遭遇电子考勤纠纷时，该如何维权呢？

对于劳动者来说，一方面要主动收集证据。根据相关规定，在出现劳动争议时，劳动者必须就劳动关系、加班事实的存在等承担举证责任。就加班而言，打卡记录虽可能被删除，但它并非唯一的证据。劳动者本人或劳动者所在部门主管提出的加班申请、审批、人事部门的备案、用人单位的加班记录、同事的证言等，均可以作为认定加班事实存在的依据，劳动者应主动收集此类证据。

另一方面，劳动者可以要求用人单位提供证据。依据法律规定，因用人单位作出的除名、辞退、减少劳动报酬、是否构成工伤等决定而发生的劳动争议，用人单位负举证责任。而单一的、由用人单位掌握的电子考勤记录，如果未经劳动者确认，并不能单纯地以此作出对劳动者不利的认定，劳动者完全有权抗辩。

作为用人单位，为妥善处理电子考勤不能够单独作为认定事实依据的客观情况，避免出现因劳动者持有异议而无佐证证明的被动局面，最稳妥的办法就是按月汇总考勤记录，交由劳动者本人签字确认。与劳动者签订劳动合同时，应当将考勤制度作为劳动合同的附件，明确以打卡产生的考勤记录必须经本人签字确认，所在部门在向单位人事部门提交本部门劳动者的考勤记录前，也应先经劳动者本人的签字确认。特别对加班工资争议，在提交了电子考勤记录的同时，一并提交公司内部关于加班审批制度的证明材料，比如“加班应填报加班审批表”“并且应经审批签字”等，以此证明公司内部关于员工加班应经审批的程序性规定。

本案中，公司仅凭提供的公司管理制度和未经张某签字确认的电子考勤记录，就认定张某无故旷工 7 天的事实，显然缺乏说服力。经审理后，仲裁庭认为，由于公司提供的电子证据，未经有权部门确认，不能单独将其认定为案件事实的依据，在公司提交不出其他证据佐证的情况下，对其辩称属于张某严重违纪作出处理的决定，因无确凿事实而不予支持。最后，仲裁庭裁决公司支付违法解除张某劳动合同的赔偿金。

特别提示：无论考勤管理的具体方法或者硬件如何先进，都不能代替人力资源部门的严格规范管理。要保证用人单位的利益不受损失，严格考勤是非常重要的，即便是电子考勤，单位人力资源部门也要进行监督。

法条链接：《最高人民法院关于民事诉讼证据的若干规定》第十四条、第十五条

《江苏省劳动人事争议仲裁证据暂行规则》第八条 、第五十四条

《广东省高级人民法院、广东省劳动争议仲裁委员会关于适用〈劳动争议调解仲裁法〉、〈劳动合同法〉若干问题的指导意见》第二十九条

案例 38

微信聊天记录能否证明劳动关系?

案情简介：2019 年 11 月，经人介绍，冯某到某包装设计公司上班，工作内容为做纸箱，口头约定每月工资 3000 元。双方没有签订劳动合同，公司也没有为冯某缴纳社会保险。工作了三个月，公司一直没有付工资，冯某三番五次催要，公司老板总是找各种理由延迟支付。2020 年 1 月，万般无奈之下，冯某提请劳动仲裁。没想到，公司在仲裁庭上竟然否认与冯某之间存在劳动关系。幸运的是，冯某在讨要工资的过程中，找过工会组织，请教过律师朋友，掌握了一些维权知识，收集和保留了相关证据。冯某向仲裁庭提交了与公司负责人微信聊天记录的截图打印件，多次讨要工资的微信语音，以及公司其他职工的证人证言。经审理，仲裁庭认为，冯某提供的相关证据，形成有效的证据链，可以证明自 2019 年 11 月至 2020 年 1 月，冯某在包装设计公司上班，双方形成事实劳动关系。因公司未与冯某签订劳动合同，也未替冯某缴纳社会保险，冯某可以依法解除劳动合同。从 2020 年 1 月 23 日起，冯某就不到公司工作，双方的劳动关系实际已解除，但解除劳动合同的责任在公司，公司依法应向冯某支付半个月的经济补偿金。最后，仲裁庭裁决包装设计公司依法应向冯某支付一个月的工资，以及超过一个月以上未签订书面劳动合同的两个月双倍工资赔偿金和半个月的经济补偿金。

案例解析：微信不仅是最常用的通信工具之一，也融入我们日常的工作生活之中。在司法领域，微信聊天记录也经常作为打官司的证据。那么，随便几张微信聊天截图，真的能当作呈堂证供?

一、如何才能证明劳动者与用人单位存在劳动关系？

劳动关系是劳动者与用人单位之间建立的法律关系。证明劳动者与用人单位存在劳动关系，最正规、最常用的法律文书应该是劳动合同。但是，现实生活中，劳动者维权意识普遍比较淡薄，用人单位又处于强势地位，不签订书面劳动合同的现象仍然较为普遍。那么，在没有签订劳动合同的情况下，如何证明双方存在劳动关系呢？

为此，《劳动和社会保障部关于确立劳动关系有关事项的通知》第一条规定，用人单位招用劳动者未订立书面劳动合同，但同时具备下列情形的，劳动关系成立：（1）用人单位和劳动者符合法律、法规规定的主体资格；（2）用人单位依法制定的各项劳动规章制度适用于劳动者，劳动者受用人单位的劳动管理，从事用人单位安排的有报酬的劳动；（3）劳动者提供的劳动是用人单位业务的组成部分。

从这个规定来看，确认劳动关系，重点要看劳动者是否接受用人单位的管理、指挥或者监督，从事的工作是否属于用人单位业务的组成部分，是否由用人单位支付劳动报酬。其中，有偿性是劳动关系的基本特征，人身隶属性是劳动关系的本质属性。

对于未签订书面劳动合同，《劳动和社会保障部关于确立劳动关系有关事项的通知》规定，认定双方存在劳动关系时可参照下列凭证：（1）工资支付凭证或记录（职工工资发放花名册）、缴纳各项社会保险费的记录；（2）用人单位向劳动者发放的“工作证”“服务证”等能够证明身份的证件；（3）劳动者填写的用人单位招工招聘“登记表”“报名表”等招用记录；（4）考勤记录；（5）其他劳动者的证言等。其中，（1）（3）（4）项的有关凭证由用人单位负举证责任。

二、怎样的微信聊天记录，才能作为“呈堂证供”？

劳动者维权的关键点和难点，在于维权证据的收集和保存。对于确立劳动关系，收集和保存相关的凭证就成为解决问题的关键。

在上文列举的证明劳动关系相关凭证中，我们没有发现微信聊天记录的身影。这其实也很好理解，《劳动和社会保障部关于确立劳动关系有关事项的通知》出台于 2005 年，那时微信还没有出现在我们日常生活中。微信聊天记录能否成为证明劳动关系的凭证，就成了新时期出现的新问题。要解决好微信聊天记录的证据效力问题，我们可以将此拆分为三个递进的问题：

（1）微信聊天记录能否作为证据使用？

《民事诉讼法》第六十三条列举了当事人的陈述、书证、物证、视听资料、电子数据等八个方面的证据。《最高人民法院关于适用〈中华人民共和国民事诉讼法〉的解释》第一百一十六条第二款规定：电子数据是指通过电子邮件、电子数据交换、网上聊天记录、博客、微博客、手机短信、电子签名、域名等形成或者存储在电子介质中的信息。对照这个解释，微信聊天记录内容显然也属于电子数据，故可以作为证据使用。

（2）怎样的微信聊天记录，才能成为有效证据？

虽然微信聊天记录可以作为打官司的证据，但实际生活中，很多人并不熟悉具体操作步骤，以为随便截几张图、提供打印件就可以，但这样的取证，很可能不被法庭认可。

劳动者要学会收集和保存证据的方法和技巧。收集电子数据，特别是微信聊天记录，有其特别严格的程序、方法，而这个程序、方法又直接决定了微信聊天记录的真实性、合法性和证明力。

在收集微信聊天记录等相关证据时，规范的操作程序包括：提供使用终端设备登录微信账户的过程演示；提供聊天双方的个人信息界面；提供完整的聊天记录；保存好微信的原始载体，这个原始载体包括储存有电子数据的手机、计算机或者其他电子设备。更为稳妥的办法，就是对微信聊天记录，请公证部门第一时间依法公证，及时固定相关证据。

（3）微信聊天记录能否确认劳动关系？

这点特别需要提醒，即使提交司法部门的微信聊天记录被确认真实有效，但仅仅依靠微信聊天记录来确认劳动关系，仍显得有些单薄。劳动者要切实维权，应根据《劳动和社会保障部关于确立劳动关系有关事项的通知》要求，尽可能收集和保存可认定双方存在劳动关系时的工资条、工作证、登记表等相关凭证，形成完整的证据链，确保证据有力、维权到位。本案中，冯某最后维权成功，微信聊天记录是重要的物证之一，但并不是唯一物证。

三、劳动者通过微信辞职是否算数？电子劳动合同是否有法律效力？

在解决完微信聊天记录法律效力的基础上，我们把视野放宽，再顺带讨论两个问题，这对于加深理解微信聊天记录能否确认劳动关系，将有着很好的补充、印证作用。

（1）劳动者通过微信辞职是否算数？

通信工具的数字化，既给工作学习带来了极大的便捷性，也不可避免带来了随意性。意气之下，手指一划，一个草率的决定就作出了。现实生活中，劳动者通过微信辞职，事后又以自己没有递交辞职信、微信辞职不是法定的辞职行为反悔。那么，这个反悔理由成立吗？

《劳动合同法》第三十七条规定，劳动者提前三十日以书面形式通知用人单位，可以解除劳动合同。那么，何为书面形式呢？《民法典》第四百六十九条明确规定，书面形式是合同书、信件、电报、电传、传真等可以有形地表现所载内容的形式。以电子数据交换、电子邮件等方式能够有形地表现所载内容，并可以随时调取查用的数据电文，视为书面形式。从这个法律规定可以得出，法律意义上的书面形式不仅包括纸质版，还包括电子版。

劳动者使用微信提出辞职申请，属于《劳动合同法》规定的“以书面形式通知用人单位”要求解除劳动合同的情形，其行为是有效的法律行为，除非劳动者证明自己本人遭胁迫，非本人真实意愿的表达。后期，劳动者再以微信辞职不算数为由反悔，很难得到法律的支持。

（2）电子劳动合同是否有法律效力？

现实生活中，越来越多的用人单位采用电子形式订立劳动合同，不断实现从手动管理到人工智能化管理的转变。2020 年 3 月 4 日，人力资源社会保障部办公厅在《关于订立电子劳动合同有关问题的函》中明确，用人单位与劳动者协商一致，可以采用电子形式订立书面劳动合同。

特别提示：《关于订立电子劳动合同有关问题的函》对于电子劳动合同的适用提出了明确要求，主要包括：（1）采用电子形式订立劳动合同，应当使用符合电子签名法等法律法规规定的可视为书面形式的数据电文和可靠的电子签名。（2）用人单位应保证电子劳动合同的生成、传递、储存等满足电子签名法等法律法规规定的要求，确保其完整、准确、不被篡改。（3）符合劳动合同法规定和上述要求的电子劳动合同一经订立即具有法律效力，用人单位与劳动者应当按照电子劳动合同的约定，全面履行各自的义务。

法条链接：《劳动合同法》第八十二条

《最高人民法院关于适用〈中华人民共和国民事诉讼法〉的解释》第一百一十六条

后 记

《劳动争议风险预警》的出版，既有构建和谐劳动关系的初衷，更有“让法律的光芒照亮劳动者维权之路”的执着。对劳动争议进行“风险预警”，是贯穿本书的一条主线。在多年协调劳动关系的工作实践中，我能深刻地感受到劳动争议对劳动关系双方的伤害。对用人单位来说，劳动争议的破窗效应不可小觑，其对和谐氛围和单位形象的破坏力，可排在用人单位遇到的各种风险前列；对劳动者来说，遭遇劳动争议，那种孤立无援的无奈溢于言表，在与资方的博弈中，强资本弱劳工的表征一览无余。因此，对劳动关系双方来说，最好的维护都是预警。

本书分为劳动争议风险预警提示、劳动者败诉案例和用人单位败诉案例三个部分，标明劳动争议的那些风险“点”，告诫劳动者踩过的那些“雷”，提醒用人单位掉过的那些“坑”，其良苦用心就如扁鹊见蔡桓公，提醒用人单位和劳动者，当劳动争议还处于“疾在腠理”的阶段，就应该提前防范、提前“拆弹”，真正做到防患于未然。

在劳动争议的协调处理中，不管争议发生时双方的情绪如何激烈，不管涉及的案情如何纷繁复杂，也不管是依法裁决还是协商解决，最后我们都要回到法律条文上，最终的胜局，必然是以法制胜。

本书收录的18个风险预警提示、劳动者败诉的23个案例解析以及用人单位败诉的38个案例解析，都无不在告诉读者：要牢记法治理念至上，劳动关系双方都要强化法治信仰，用法治思维、法治方式去化解矛盾；要牢记程序为要，诸如调整工作岗位要协商、解除劳动合同要事先通知工会、劳动规章要过民主程序关等程序要件万万不能缺失；要牢记证据为本，在日常生活中，要注意收集和保留劳动合同、考勤记录、社会保险缴费记录、工作证、入职登记表甚至微信聊天记录等尽可能多的证据，以法制胜最终靠证据说话。

本书在写作过程中得到了中华全国总工会法律工作部、江苏省总工会法律工作部等有关单位以及《工人日报》《中国工运》《工会信息》《江苏工人报》工会媒体的大力支持，在此一并致谢。由于本人水平有限，书中难免存在不足和有疏漏之处，敬请广大读者朋友批评指正。

刘业林

2023 年 5 月